中央民族大学 985 工程项目

南岛语分类研究

吴安其 著

商务印书馆
2009 年·北京

图书在版编目(CIP)数据

南岛语分类研究/吴安其著．—北京：商务印书馆，2009
ISBN 978-7-100-05683-0

Ⅰ．南… Ⅱ．吴… Ⅲ．南岛语系-研究 Ⅳ．H63

中国版本图书馆 CIP 数据核字(2007)第 177810 号

所有权利保留。
未经许可，不得以任何方式使用。

NÁNDǍOYǓ FĒNLÈI YÁNJIŪ
南岛语分类研究
吴安其 著

商 务 印 书 馆 出 版
(北京王府井大街36号 邮政编码 100710)
商 务 印 书 馆 发 行
北京瑞古冠中印刷厂印刷
ISBN 978-7-100-05683-0

2009年2月第1版　　开本 850×1168 1/32
2009年2月北京第1次印刷　印张 11¾
定价：23.00 元

目　　录

绪论 ……………………………………………………………… (1)
第一章　南岛语的分布和南岛人的迁徙 ………………………… (7)
　一　南岛语的分布 …………………………………………… (7)
　　1.中国台湾地区 ………………………………………… (7)
　　2.菲律宾 …………………………………………………… (10)
　　3.马来西亚 ………………………………………………… (11)
　　4.印度尼西亚 ……………………………………………… (11)
　　5.巴布亚新几内亚 ………………………………………… (14)
　　6.所罗门群岛和瓦努阿图 ………………………………… (14)
　　7.密克罗尼西亚和马绍尔群岛 …………………………… (15)
　　8.新喀里多尼亚和太平洋其他地区 ……………………… (16)
　　9.东南亚和马达加斯加 …………………………………… (17)
　二　古南岛文化的分布 ……………………………………… (18)
　　1.台闽粤地区 ……………………………………………… (19)
　　2.东南亚岛屿地区 ………………………………………… (21)
　　3.太平洋地区 ……………………………………………… (23)
　三　南岛人的迁徙 …………………………………………… (24)
　　1.早期的迁徙 ……………………………………………… (25)
　　2.后期的迁徙 ……………………………………………… (27)
　四　遗存的语言证据 ………………………………………… (29)
　　1.南岛语的数词 …………………………………………… (30)

2　南岛语分类研究

　　2.大陆语言的南岛语底层 ……………………………………(33)
第二章　早期的比较研究 ……………………………………(46)
　一　南岛语研究史 ………………………………………………(46)
　　1.早期的研究 …………………………………………………(46)
　　2.近期的研究 …………………………………………………(48)
　二　南岛语的分类 ………………………………………………(50)
　　1.布拉斯特的分类框架 ………………………………………(50)
　　2.台湾省学者的意见 …………………………………………(56)
　　3.分类中的问题 ………………………………………………(58)
　　4.本书的分类 …………………………………………………(59)
第三章　马来—他加洛语 ……………………………………(61)
　一　马来语 ………………………………………………………(62)
　　1.印度尼西亚语、巽他语和爪哇语的语音 …………………(62)
　　2.印尼语辅音的来历 …………………………………………(63)
　　3.印尼语元音的来历 …………………………………………(68)
　　4.原始马来语的音系 …………………………………………(71)
　二　占语 …………………………………………………………(72)
　　1.占语、加莱语、雷德语和亚齐语的语音 …………………(72)
　　2.占语辅音的来历 ……………………………………………(74)
　　3.占语元音的来历 ……………………………………………(84)
　　4.原始占—亚齐语的音系 ……………………………………(92)
　三　他加洛语 ……………………………………………………(93)
　　1.他加洛语、巴拉望语、摩尔波格语和雅美语的语音 ……(93)
　　2.他加洛语辅音的来历 ………………………………………(94)
　　3.他加洛语元音的来历 ………………………………………(100)
　　4.原始他加洛语的音系 ………………………………………(102)
　四　原始马来—他加洛语 ………………………………………(103)

1. 原始马来—他加洛语的辅音 …………………………（103）
　　2. 原始马来—他加洛语的元音 …………………………（108）
　　3. 原始马来—他加洛语的前缀、后缀和中缀 …………（110）
　　4. 原始马来—他加洛语核心词 …………………………（116）

第四章　泰雅—赛夏语 ………………………………………（125）
　一　泰雅—赛夏语的语音 ……………………………………（125）
　　1. 泰雅语、赛德克语和赛夏语的语音 …………………（125）
　　2. 泰雅语辅音的来历 ……………………………………（127）
　　3. 泰雅语元音的来历 ……………………………………（136）
　二　原始泰雅—赛夏语 ………………………………………（138）
　　1. 原始泰雅—赛夏语的音系 ……………………………（138）
　　2. 原始泰雅—赛夏语的前缀、后缀和中缀 ……………（139）
　　3. 原始泰雅—赛夏语核心词 ……………………………（143）

第五章　邹—卑南语 …………………………………………（153）
　一　邹—鲁凯语 ………………………………………………（153）
　　1. 邹语、鲁凯语和卡那卡那富语的语音 ………………（154）
　　2. 邹语辅音的来历 ………………………………………（156）
　　3. 邹语元音的来历 ………………………………………（161）
　　4. 原始邹—鲁凯语的音系 ………………………………（164）
　二　卑南—布农语 ……………………………………………（165）
　　1. 卑南语、邵语和布农语的语音 ………………………（165）
　　2. 卑南语辅音的来历 ……………………………………（167）
　　3. 卑南语元音的来历 ……………………………………（172）
　　4. 原始卑南—布农语的音系 ……………………………（174）
　三　原始邹—卑南语 …………………………………………（175）
　　1. 原始邹—卑南语的辅音 ………………………………（175）
　　2. 原始邹—卑南语的元音 ………………………………（180）

3. 原始邹—卑南语的前缀、后缀和中缀 …………………… (181)
4. 原始邹—卑南语核心词 ………………………………… (184)

第六章　美拉—密克罗尼西亚语 ………………………………… (191)

一　莫图—大瓦拉语 …………………………………………… (192)
1. 莫图语、梅柯澳语、吉立威拉语和大瓦拉语的语音 …… (192)
2. 莫图语辅音的来历 ……………………………………… (194)
3. 莫图语元音的来历 ……………………………………… (200)
4. 莫图—大瓦拉语的辅音和元音 ………………………… (201)

二　玻利尼西亚语 ……………………………………………… (202)
1. 汤加语、萨摩亚语、拉巴努伊语和斐济语的语音 ……… (202)
2. 汤加语辅音的来历 ……………………………………… (204)
3. 汤加语元音的来历 ……………………………………… (207)
4. 原始玻利尼西亚语的音系 ……………………………… (209)

三　密克罗尼西亚语 …………………………………………… (210)
1. 马绍尔语、吉尔伯特语、波那佩语、沃勒阿伊语和
特鲁克语的语音 ………………………………………… (210)
2. 马绍尔语辅音的来历 …………………………………… (213)
3. 马绍尔语元音的来历 …………………………………… (219)
4. 原始密克罗尼西亚共同语的音系 ……………………… (223)

四　新喀里多尼亚语 …………………………………………… (223)
1. 阿杰语、哈拉朱乌语、夸梅拉语、科木希语的语音 …… (223)
2. 阿杰语辅音的来历 ……………………………………… (226)
3. 阿杰语元音的来历 ……………………………………… (232)
4. 原始新喀里多尼亚语的音系 …………………………… (236)

五　原始美拉—密克罗尼西亚语 ……………………………… (237)
1. 原始美拉—密克罗尼西亚语的辅音 …………………… (237)
2. 原始美拉—密克罗尼西亚语的元音 …………………… (242)

  3. 原始美拉—密克罗尼西亚语的前缀和后缀 …………… (244)
  4. 原始美拉—密克罗尼西亚语核心词 ………………………… (245)

第七章　南岛语的分类和构拟 …………………………………… (254)
一　南岛语语音差异的解释 …………………………………… (254)
  1. 邹—卑南语语音比较 ………………………………………… (254)
  2. 泰雅—赛夏语语音比较 ……………………………………… (257)
  3. 马来—他加洛语语音比较 …………………………………… (260)
  4. 美拉—密克罗尼西亚语语音比较 …………………………… (262)

二　南岛语的前缀、中缀和后缀 ……………………………… (263)
  1. 前缀 ……………………………………………………………… (263)
  2. 中缀 ……………………………………………………………… (265)
  3. 后缀 ……………………………………………………………… (266)

三　南岛语的分类 ……………………………………………… (267)
  1. 南岛语系的不同语族 ………………………………………… (267)
  2. 泰雅—赛夏语族 ……………………………………………… (270)
  3. 邹—卑南语族 ………………………………………………… (271)
  4. 马来—他加洛语族 …………………………………………… (272)
  5. 美拉—密克罗尼西亚语族 …………………………………… (273)

四　原始南岛语音系 …………………………………………… (273)
  1. 原始南岛语辅音 ……………………………………………… (273)
  2. 原始南岛语元音 ……………………………………………… (278)

五　原始南岛语核心词 ………………………………………… (279)
  1. 自然事物 ……………………………………………………… (279)
  2. 身体部位 ……………………………………………………… (281)
  3. 动植物 ………………………………………………………… (283)
  4. 动作和感觉 …………………………………………………… (284)
  5. 状态 …………………………………………………………… (286)

   6. 其他 ·· (287)
 六 消亡的平埔语和大陆古南岛语 ····················· (289)
   1. 西部平原消亡的平埔语 ······························· (289)
   2. 早期记录的语言 ·· (290)
   3. 南部沿海的古南岛语 ·································· (292)
   4. 北部沿海古东夷人的南岛语 ························ (294)

附录 诸地区南岛语的分布 ······························· (299)
 一 中国台湾地区 ··· (299)
 二 菲律宾 ··· (303)
 三 马来西亚 ··· (311)
 四 印度尼西亚 ·· (315)
 五 巴布亚新几内亚 ··· (335)
 六 所罗门群岛和瓦努阿图 ···································· (343)
 七 密克罗尼西亚和马绍尔群岛 ······························ (351)
 八 新喀里多尼亚和太平洋其他地区 ······················· (354)
 九 东南亚和马达加斯加 ······································· (360)

主要参考文献 ··· (363)

绪　　论

南岛语系的语言简称南岛语(Austronesian)，旧称马来—玻利尼西亚语(Malay-Polynesian)，主要分布在太平洋的岛屿上。南岛语系包含近千种语言，是语种最多和分布最广的语系。它所包括的语言或认为占世界语言总数的 20%。[①]印度尼西亚的爪哇语的使用者有 7500 万(1990)，是使用者最多的南岛语。马来西亚的马来语和印度尼西亚的印尼语是相近的语言，使用者共有 5200 万(1990)，如果包括以它们为第二语言的使用者，使用人口超过 1 亿。仅仅巴布亚新几内亚就有南岛语系的语言上百种。

中国台湾地区是南岛语分歧最大的地区，台湾地区的考古发掘表明该地区五六千年以来的文化具有一脉相承的特点，史料记载最早的居民是后来被称为高山族和平埔族的使用南岛语的群体。距今三千年前到五六千年前的这段时间里台湾海峡两岸的古代文化一直极为相近，有密切的关系。台湾南岛文化的源头在大陆。今天的南岛语分布与数千年来南岛人的陆续迁徙有密

[①] Darrell T. Tryon, Introduction to the comparative Austronesian dictionary, Comparative Astronesian Dictionary, Part 1: Fasicle 1.

切关系。

17世纪荷兰人入侵台湾,曾调查当地土著的语言。清康熙后的台湾县志留下诸多台湾南岛语的记录。甲午战争之后的数十年间日本学者也对台湾的南岛语进行了多方面的调查。20世纪上半叶日本学者小川尚义、浅井惠伦、安倍明义等留下了有关阿眉斯、卑南、鲁凯、布农、耶眉、噶玛兰七种语言的调查材料。

1956年李方桂先生发表了《邵语记略》,1964年董同龢先生发表了《邹语研究》。此后台湾省学者丁邦新、李壬癸、郑恒雄、何大安、严棉、杨秀芳等对台湾的南岛语进行了全面的调查,发表了一系列的调查报告、论文和专著。其中李壬癸的贡献最大,先后对邹、鲁凯、赛夏、邵、泰雅、阿眉斯、卑南等多种语言进行调查和研究。

日本学者土田滋1964年发表了《赛夏语音系的初步报告》(*Preliminary Report on Saisiyat: Phonology*),1976年发表了《原始邹语语音构拟》(*Reconstruction of Proto-Tsouic Phonology*),1981年出版了《台湾语言地图》。

20世纪80年代以后中国大陆地区学者也陆续出版了十几部描写台湾南岛语的著作和发表了一批论文。80年代大陆的中国少数民族语言简志丛书《高山族语言简志》分别包括对排湾语、阿眉斯语(阿美语)、布嫩语(布农语)等台湾省的语言进行了描写。90年代陈康的《台湾高山族语言》对泰雅、赛德克、邹、排湾、阿眉斯、布农、鲁凯、卑南等13种仍在使用的南岛语的语音、语法和词汇作了简要的介绍。

语言的发生学分类,或称谱系分类,是有关语言历史的讨论。历史语言学从语音、词汇和语法不同方面追溯语言结构的历史演变。索绪尔指出,当语言的创新不能遍及整体时,意味着语言分化为不同的方言。每一种方言在历史演变中把自己的结构特点和创新传给下一代。不同的方言流传于世便成为有亲缘关系的语言。较晚的创新只包含在亲缘关系更为密切的语言或方言中。不同历史时期的创新是我们区分语言亲缘关系的依据。

语言的历史比较是语言发生学分类的基础,对每一个阶段原始语及共同语的构拟(reconstruction)是解释亲属语结构分歧的一种方法。*t是原始南岛语的一个音位,与*t、*k、*q等构成发音部位不同的塞音系列。一部分带*t的词在台湾的邹语、鲁凯语中成为*ts,而在卑南语中没有发生这种情况。那末邹语—鲁凯语可以与卑南语等相近的亲属语区别开来。把较晚发生的语音变化混同于较早的变化就不能合理地解释语言的历史。

萨丕尔认为:"语言最歧异地区就最可能是该语族的起源地。"[①] 一些学者对此深信不疑。我看这个"最可能"应改为"有可能"。譬如说汉语,起源于黄河中下游地区,但目前汉语方言分歧最大的地区是闽方言区。藏缅语起源于黄河中游和上游,但甘青地区目前主要分布着藏语的方言。云南是藏缅语最复杂的地区,分布着彝缅、景颇等不同语支的语言。史前东亚某种原始语的发源地也许是富庶的地方,在后来这个地方可能被别的什么语言所覆盖。而由于地理上的原因,一批一批的外来移民可能沉淀在某交通不便之处,这一处就成为"语言最歧异地区"。福建靠海多山,闽方言区在福建。云南多山,往西的通道难走,藏缅语最分歧的地区是云南。台湾是南岛语最分歧的地方,是岛内南岛语分化的结

---

① 李壬癸《台湾南岛民族的族群与迁移》,第90页。

果,后来大陆和菲律宾移民带去的南岛语显示出新的分歧。

语言学、民族学、体质人类学和考古学是互有密切关系的人类学的学科。南岛语的历史、南岛民族文化的渊源和考古文化的研究成果可以互相印证。

台湾省以外的所有南岛语都来自台湾的假设,与考古和人类体质学的研究得出的结论相左。语言本身也在叙述着自己的历史,解读往往不同。

本书从诸地区相近南岛语的比较开始,区分南岛语不同历史时期的创新,在不同语支构拟的基础上把南岛语划归泰雅—赛夏语、邹—卑南语、美拉—密克罗尼西亚和马来—他加洛语四个语族。

笔者分类的一个重要依据是原始南岛语 $^*ɣ$(即 Blust 构拟的原始南岛语 $^*R$)的演变。原始南岛语的 $^*ɣ$,泰雅—赛夏语共同语和马来—他加洛共同语中仍为 $^*ɣ$(泰雅语、他加洛语中后来成为 g)。邹—卑南语共同语中演变为 $^*ɖ$(阿美语中为 l,邹语支语言中是 $^*r$),美拉—密克罗尼西亚共同语中演变为 $^*l$。

其次是原始南岛语的 $^*t$,在泰雅—赛夏共同语中先与 $^*s$ 合并,然后成为泰雅语 h,卑南语中仍为 t,布农语中与 $^*t$ 合并,在邵语中成为 θ。邹—鲁凯共同语经历了 $^*t > ^*ts$ 的历史。美拉—密克罗尼西亚语早期受马来—他加洛语的影响,多数词中的 $^*t$ 变成 $^*t$。

原始南岛语的 $^*ɖ$,邹—卑南语的 $^*ɖ$,美拉—密克罗尼西亚语或为 $^*ʈ$。

原始南岛语的 $^*ɭ$ 对应于马来—他加洛语 $^*l$,其他诸语 $^*ɭ$。

邹—卑南语族有邹—鲁凯语和卑南—布农语两个语支,分别包括邹、沙阿鲁阿、卡那卡那富、鲁凯、卑南、邵、阿美、布农和巴则海等语言。

泰雅—赛夏语族有泰雅语、赛德克语和赛夏语。

马来—他加洛语族下辖马来、占和他加洛三个语支。马来语支拥有印尼、马来、巽他、米南卡保、爪哇、马都拉等语言,占语支有占、亚齐、加莱、雷德等语言,他加洛语支有他加洛、巴拉望、阿卡拉农、摩尔波格、雅美等语言。

美拉—密克罗尼西亚语族包括莫图—大瓦拉(巴布亚)、波利尼西亚(美拉尼西亚)、新喀里多尼亚和密克罗尼西亚四个语支。莫图—大瓦拉语支有莫图、梅柯澳、大瓦拉等语言,波利尼西亚语支有汤加、萨摩亚、夏威夷、塔希提、毛利等语言,新喀里多尼亚语支有阿杰、科木希、南密等语言,密克罗尼西亚语支有波那佩、特鲁克等语言。

在今南岛语比较的基础上文中还讨论了台湾已经消亡的平埔语和大陆古南岛语。台湾西部平原消亡的平埔语有道卡斯语、猫雾捒语、巴布拉语、洪雅语和西拉雅语。道卡斯语的研究根据19世纪末伊能嘉矩记录道卡斯语的材料。比较表明,道卡斯语当属于卑南—布农语支的邵语语组,而荷兰人17世纪记录的一种语言与今布农语相近。

侗台语与南岛语词汇方面的对应关系使一些学者相信侗台语和南岛语有发生学关系。我们的研究表明,这些词是古代沿海南岛语与侗台语的接触关系留在侗台共同语中的底层词。比如,"太阳",黎、壮傣、侗水语普遍采用南岛语"天的眼睛"语义构词。侗台语 *pra"眼睛", *ʔban"天"。其他南岛语的双音节词,在后来的侗台语中都成为单音节词。"头虱",泰雅语 kuhiŋ,卑南语 kuṭu,阿美语 kutu,鲁凯语 kutsu。侗台语中,水语、毛南语 tu,布央语 ʔa tu²⁴。另外,侗台语不同支系还分别保存着原本属于南岛语不同支系的底层词或借词。

笔者十多年前曾在《论朝鲜语中的南岛语基本成分》(《民族语文》1994年第1期)中讨论过朝鲜语中保存的一批南岛语的词。现联系南岛语的历史旧话重提,强调自己原有的看法。如阿尔泰语使用后缀,而古朝鲜语使用前缀。朝鲜语数词"六""八""十"像早期的南岛语那样,用一个前缀表示是一种加倍的关系。

上古汉语中的南岛语成分并不很多,文中仅举数例说明它们也是古东夷语的遗存。后来遗留在南方汉语方言中的南岛语词,大多数是通过侗台语进入汉语方言的,与古东夷语的遗存无关。

20世纪70年代以前在南岛语的分类中对台湾地区的南岛语不甚了解或不够重视,没有意识到台湾南岛语的重要性,到了70年代也只是把台湾的南岛语和他加洛语(他加禄)、马来语等归为一支。70年代以后欧美和中国的南岛语学者才认识到台湾南岛语在分类中的重要地位。不过在这个基础上仍有不同的看法。目前主流派的看法是:南岛语应分为4支,3支在台湾。台湾以外的南岛语合为一支,称为马玻语支。台湾的3支分别为泰雅、邹和排湾。也有学者认为马玻语支也只是台湾古南岛语6个语群中"西拉雅"语群中的一个语支,认为现存的台湾以外的南岛语都来自台湾。[①] 如此夸大台湾南岛语的重要性有受某种政治意图影响之嫌。

---

① 何大安、杨秀芳《南岛语与台湾南岛语》,《台湾南岛语言》丛书。

第一章 南岛语的分布和
南岛人的迁徙

南岛语主要分布在太平洋的岛屿和东南亚地区,分布在中国台湾、马来西亚、印度尼西亚、菲律宾、巴布亚新几内亚、密克罗尼西亚、所罗门、瓦努阿图、新喀里多尼西亚、马绍尔、吉尔伯特、萨摩亚、汤加、夏威夷、新西兰、复活节岛和马达加斯加等地。马达加斯加语分布在非洲的马达加斯加,拉巴努伊语分布在智利的复活节岛。

一 南岛语的分布

1.中国台湾地区

中国台湾的南岛语居民原本住在山地的称为高山族,住在平地的称为平埔族。高山族居民使用的南岛语有泰雅语(Atayal, Tayal)、赛德克语(Sediq, Sedeq, Taroko)、赛夏语(Saisyat, Saiset)、布农语(Bunun)、邹语(Tsou)、卡那卡那富语(Kanakanabu)、沙阿鲁阿语(Saaroa)、鲁凯语(Rukai, Drukai)、排湾语(Paiwan)、卑南语(Pyuma, Pelam)、阿美语(Amis, Ami)、雅美语(Yami, Lanyu)。平埔族居民使用的语言有凯达格兰语(Ketangalan, Ketagalan)、噶玛兰语(Kavalan)、道卡斯语(Taokas)、巴则海语(Pazeh)、巴布拉语(Papora)、猫雾揀语(Babuza)和安雅语(Hoanya)、邵语(Thao)、西拉雅语(Siraya)、马卡道语(Makato)。[①]

泰雅语分布在台湾北部埔里以北浊水、北港流域,有赛考利克(Sqoleq)和泽敖利(Tsole)两种方言。赛德克语分布在台湾南投县和花莲县,有雾社、春阳和泰鲁阁3种方言。赛德克是泰雅族群的支系,赛德克语是泰雅语相近的亲属语。

赛夏语又叫做萨斯特语,分布在台湾西北部新竹县、苗栗县,有大隘和东河两种方言。

布农语或叫做布嫩语,分布在台湾中部的南投、花莲、高雄、台东等地山区,划分为北部、中部和南部3种方言。

邹语分布在台湾中南部玉山以西的阿里山山区,有达邦、图富雅、鲁赫都3种方言。卡那卡那富语和沙阿鲁阿语分布在台湾南部山区,是相近的语言,或认为是邹语的方言。

鲁凯语分布在阿里山以南、大武山以北的高雄和台东地区,有大南、雾台、茂林、多纳和万山5种方言。大南方言分布在台东县卑南乡,雾台方言分布在屏东县雾台乡,茂林、多纳和万山方言分布在高雄县茂林乡。大南方言和雾台方言分别受到卑南语和排湾语较多的影响,茂林、多纳和万山方言受布农语的影响较大。

排湾语分布在台湾南端的大武山山区屏东、台东县境内,有东

---

① 陈康《台湾高山族语言》,中央民族学院出版社,1992年。陈康、许进来《台湾赛德克语》,华文出版社,2001年。何大安、杨秀芳《南岛语与台湾南岛语》。

南部和西北部两种方言。

卑南语分布在台湾南端的东部沿海卑南溪以南知本溪以北地区,内部有方言差别。

阿眉斯语分布在台湾东部沿海地区,区分为中部阿眉斯(Central Amis)、太巴望—马太鞍(Tavalong-Vataan)、南部阿眉斯(South Amis)、北部阿眉斯(Northern Amis)和成昆—广山(Chengkung-Kwangshan)5种方言。成昆—广山方言与中部阿眉斯方言相近。阿眉斯是阿眉斯人的自称,阿眉斯语又叫做阿美、阿眉语。

雅美语分布在离台湾本岛45海里的大、小兰屿岛上,内部方言差别不大。

凯达格兰语原分布在台湾台北一带,有马赛(Basal)、雷朗(Luilang)和德罗比阿湾(Trobiawan)3种方言,现已消亡。

噶玛兰语分布在台湾北部宜兰一带,20世纪30年代时仅在家庭内使用,1987年时使用者不足百人。

巴则海语分布在台中一带,接近消亡或已消亡。

巴布拉原分布在台中沿海地区,已消亡。

猫雾拺语或叫做巴布萨语,原分布在台湾中西部沿海地区,濒于消亡。

和安雅语原分布在台湾中西部地区,有3种方言,已消亡。

邵语分布在台湾中部日月潭地区,濒于消亡。

西拉雅语原分布在台南地区,内部有多种方言,20世纪初消亡。

道卡斯语也被认为是西拉雅语的方言,原分布在台湾西北沿海地区,现已消亡。

2.菲律宾

菲律宾是岛国,分布着 100 多种南岛语。皮利皮诺语(Pilipino, Filipino)是在他加洛语基础上发展起来的语言,是现代菲律宾的官方语言。学术界通常将菲律宾的南岛语划归马来—玻利尼西亚西支的 5 个语群:菲律宾北部语群(Northern Philippines)、菲律宾中部语群(Meso Philippines)、菲律宾南部语群(Southern Philippines)、南棉兰老语群(South Mindanao)和沙玛—巴贾瓦语群(Sama-Bajaw)。

菲律宾中部语群的语言主要有:他加洛语(Tagalog)、阿卡拉农语(Aklanon)、比科拉诺语(Bicolano)、务宿语(Visayan, Cebuano)、卡皮斯语(Capiznon)、库约语(Cuyonon)、达沃语(Davawenyo)、伊利甘语(Hiligaynon)、卡拉干语(Kalagan)、巴拉望语(Palawano)、基那拉雅语(Kinaray-a)、洛克语(Loocnon)、曼萨卡语(Mansaka)、马斯巴特语(Masbatenyo)、朗布隆语(Romblon, Romblomanon)、陶苏格语(Tausug)和萨马语(Samaran)。

菲律宾北部语群的语言主要有:卡林阿语(Kalinga)、博利瑙语(Bolinao)、班都克语(Bontok)、卡加延语(Cagayan)、本格特—伊戈罗特语(Benguet-Igorot)、伊巴那格语(Ibanag)、伊富高语(Ifugao)、伊洛干诺语(Ilocano)、依斯那格语(Isnag)、依他威特语(Itawit)、依瓦坦语(Ivatan)、康康那伊语(Kankanaey)、邦板牙语(Pampangan)、邦阿西楠语(Pangasinan)和桑巴尔语(Sambal)。

菲律宾南部语群的语言主要有:布基农语(Bukidnon)、卡加延语(Kagayanen)、马京达瑙语(Maguindanao)和马诺波语(Manobo)。

棉兰老语群的语言主要有布拉安语(Blaan)、第波利语(Tiboli)和第鲁拉伊语(Tiruray),沙玛—巴贾瓦语群的语言主要有雅肯语

(Yakan)和沙玛语(Sama)。

3.马来西亚

马来西亚有数十种南岛语,分别划归马来—玻利尼西亚西语支的巽他语群(Sundic)、婆罗洲语群(Borneo)和沙玛—巴贾瓦语群。

巽他语群的语言主要有:马来语(Malay, Bahasa Malaysia)、杜阿诺语(Duano)、米南卡保语(Minangkabau)、文莱语(Brunei)、布吉斯语(Bugis)、伊板语(Iban)和爪哇语(Javanese)。

婆罗洲语群的语言主要有:比萨雅语(Bisya)、杜孙语(Dusun)、卡达仁语(Kadazan)、伦达叶赫语(Lundayeh)、路乌斯语(Rungus)、木鲁特语(Murut)、比亚大赫语(Biatah)、布卡尔沙东语(Bukar Sadong)、达雅克语(Dayak)、贾戈伊语(Jagoi)、梅兰瑙语(Melanau)和杜通语(Tutong)。

分布在马来西亚的还有沙玛—巴贾瓦语群的沙玛语和沙玛—巴贾瓦语群的巴贾瓦语。

4.印度尼西亚

印度尼西亚由苏门答腊、爪哇、加里曼丹、苏拉威西和伊里安等岛屿组成。印度尼西亚的南岛语通常被划归马来—玻利尼西亚的西支和中支。西支的语言分别归于巽他语群、婆罗洲语群、苏拉威西语群。

巽他语群的语言是印度尼西亚使用人口最多的语言,主要分布在加里曼丹、爪哇和苏门答腊,如:印度尼西亚语(Bahasa Indonesian)、马来语、巴厘语(Bali, Balinese)、爪哇语(Javanese, Jawa)、马都拉语(Madura, Madurese)、巽他语(Sunda)、奥兴语(Osing, Banyuwangi)、滕格尔语(Tengger, Tenggerese)、阿赫语(Ahe, Ahe Dayak)、班贾尔语(Banjar, Banjarese)、肯达延语(Kendayan, Kendayan Dayak)、肯尼贾尔语(Keninjal, Keninjal Dayak)、马来达雅克语(Malayic Dayak)、锡拉科语(Selako, Selako Dayak)、萨萨克语(Sasak, Lombok)、松巴哇语(Sumbawa, Semawa)、阿朋语(Abung)、巴塔克语(Batak)、科林基语(Kerinci, Kerintji)、哥友语(Gayo)、科梅棱语(Komering)、克鲁伊语(Krui)、楠榜语(Lampung, Lampong)、卢布语(Lubu)、明打威语(Mentawai)、米南卡保语(Minangkabau)、尼亚斯语(Nias)、穆西语(Musi)、欧根语(Ogan)、巴邻旁语(Palembang)、巴西马赫语(Pasemah, Besemah)、比西西尔语(Pesisir)、浦比安语(Pubian)、雷姜语(Rejang)、锡古勒语(Sikule)和锡默乌卢语(Simeulue)。

婆罗洲语群的语言主要有：安板盎语(Ampanang)、巴古姆巴伊语(Bakumpai)、本雅都语(Benyadu)、比雅达赫语(Biatah, Lundu)、德琼根语(Djongkan)、多荷伊语(Dohoi, Uut Danum)、杜孙语(Dusun)、卡哈延语(Kahayan)、卡丁安语(Katingan)、拉汪安语(Lawangan)、马安延语(Maanyan, Maanyan Dayak)、纳朱语(Ngaju)、帕古语(Paku)、里本语(Ribun)、塞曼当语(Semandang)、西盎语(Siang)和吞君语(Tunjung, Tunjung Dayak)。

苏拉威西语群的语言主要有：巴兰塔语(Balantak)、宾科客语(Bingkokak)、布吉斯语(Bugis, Buginese)、邦库语(Bungku)、布奥尔语(Buol)、坎帕拉几安语(Campalagian)、达阿语(Da'a, Penkawa)、戈龙塔洛语(Gorontalo)、凯伊地邦语(Kaidipang, Dio)、贡诺语(Kondjo)、劳乌吉语(Lauje, Laudje)、勒多语(Ledo, Kaili, Palu)、望加锡语(Makassar, Macassarese)、马马萨语(Mamasa)、马穆朱语(Mamuju)、曼

达尔语(Mandar)、马辛仁普鲁语(Masenrempulu)、默孔加语(Mekongga)、孟温斗语(Mongondow, Bolaang)、莫罗内内语(Moronene, Maronene)、穆纳语(Muna)、帕莫纳语(Pamona)、帕他厄语(Pattae)、拉塔汉语(Ratahan)、隆空语(Rongkong)、萨卢安语(Saluan)、桑义赫语(Sangihe, Sangir)、舍拉雅尔语(Selayar)、塔劳语(Talaud)、托阿拉语(Toala)、托拉基语(Tolaki)、托利托伊语(Tolitoi)、通布鲁语(Tombulu, Tombalu)、托米尼语(Tomini)、通达诺语(Tondano)、通巴杜语(Tombatu, Tonsawang)、通西亚语(Tonsea)、通滕波阿语(Tontemboan)、托拉贾语(Toraja, Toraja-Sadan)、图康伯西语(Tukangbesi)、乌玛语(Uma, Pipikoro)和窝里沃语(Wolio, Buton, Butonese)。

　　印度尼西亚的划归马来—玻利尼西亚中支的语言分布在马鲁古(Maluku)群岛和努沙·登加拉(Nusa Tenggara)群岛的语言主要有:阿鲁纳语(Alune)、拉腊特语(Larat)、葛舍尔语(Geser, Goram)、卡伊语(Kai, Kei)、勒梯语(Letti)、马基安语(Makian)、苏拉语(Sula)、扬德纳语(Yamdena)。另外还有比玛语(Bima, Bimanese)、恩德—里沃语(Ende-Lio)、加洛里语(Galo)、科当语(Kedang, Kedangese)、坎马克语(Kemak, Ema)、曼拜语(Mambai)、芒加莱语(Manggarai, Radjava)、那大语(Ngada)、罗地语(Roti)、萨武与(Sawu, Hawu)、锡加语(Sikka)、索洛语(Solor)、松巴语(Sumba)、德屯语(Tetun, Tetum)、帝汶语(Timor)、土库得得语(Tukudede)、韦叶哇语(Weyewa, Wejewa)和比亚克语(Biak)。

　　分布在印度尼西亚的还有沙玛—巴贾语群的巴贾乌语和占语群的亚齐语(Aceh)。亚齐语与分布在东南亚的占语有相近的亲缘关系应归于一个语群。

5. 巴布亚新几内亚

据统计,巴布亚新几内亚共有 226 种是南岛语系的语言。[①]该地的南岛语或划归马来—玻利尼西亚语的东中部语支,主要有:阿者拉语(Adzera)、阿瓦乌语(Avau)、巴里—维杜语(Bali-Vitu)、波拉语(Bola)、布昂语(Buang)、布因语(Buin)、布卡乌阿语(Bukaua)、布哇伊多卡语(Bwaidok)、达密语(Dami, Ham)、多布语(Dobu)、杜阿乌语(Duau)、金米语(Gimi)、哈里阿语(Halia)、哈姆打伊语(Hamtai)、伊杜那语(Iduna)、卡里阿伊语(Kaliai)、卡乌龙语(Kaulong)、科奥帕拉语(Keopara)、吉立威拉语(Kiriwina, Kilivila)、利希尔语(Lihir)、宁德娄语(Nyindrou)、马乐乌—吉陵厄语(Maleu-Kilenge)、马伦语(Malon)、姆布拉语(Mbula)、马穆斯语(Mamusi)、马那姆语(Manam)、曼达克语(Mandak)、梅柯澳语(Mekeo)、蒙恩语(Mengen)、米斯马—帕尼阿梯语(Misima-Paneati)、莫里马语(Morima, Molima)、莫图语(Motu)、木由语(Muyu)、那卡那依语(Nakanai)、那拉语(Nala)、尼桑语(Nissan)、帕特帕塔尔语(Patpatar)、拉莫阿阿伊那语(Ramoaajna)、罗罗语(Roro)、西那加罗语(Sinagoro)、西奥语(Sio)、索罗斯语(Solos)、苏阿乌语(Suau)、塔儿亚语(Takia)、坦加语(Tangga)、大瓦拉语(Tawala)、梯加克语(Tigak, Omo)、梯坦语(Titan)、托莱语(Tolai)、屯加语(Tungak)、乌沃尔语(Uvol, Lote)、瓦姆帕耳语(Wampar)和雅贝姆语(Yabim)。

6. 所罗门群岛和瓦努阿图

所罗门群岛和瓦努阿图地区的语言有 100 多种,只有几种是

---

① Ethnologue, Language of the World, 2000.

该地区早期居民的语言,其余的是南岛语。这些南岛语或归于马来—玻利尼西亚语东中部语支(Central-Eastern)。

分布在所罗门群岛的语言主要有:阿勒阿勒语(Areare)、阿罗斯语(Arosi)、巴乌罗语(Bauro)、比拉奥语(Birao)、法塔勒卡语(Fataleka)、葛拉语(Gela)、西部瓜达尔卡那尔语(West Guadalcanal)、库沙柯语(Kusaghe)、瓜依沃语(Kwaio)、郎阿郎阿语(Langalanga)、劳语(Lau)、陵沃语(Lingo)、马郎沃语(Malango)、马罗佛语(Marovo)、翁通语(Ontong Java)、罗维阿那语(Roviana)、托阿巴伊塔语(Toabaita)、瓦乐瑟语(Varese)、扎巴纳语(Zabana)、布葛荷图语(Bughotu)、杜科语(Duke, Nduke)、古拉阿拉阿语(Gulaalaa)、卡胡阿语(Kahua)、夸拉阿厄语(Kwaraae)、龙伽语(Lungga)、马林厄语(Maringe)、摩诺语(Mono)、伦内语(Rennell)、沙阿语(Saa)、塔立舍语(Talise)、塔武拉语(Tavula, Vagua)。

分布在瓦努阿图的语言主要有:安比利姆语(Ambrym)、阿帕马语(Apma, Central Raga)、阿钦语(Atchin, Nale)、埃法特语(Efate)、菲拉—梅勒语(Fila-Mele)、夸梅拉语(Kwamera)、蓝巴西语(Lambahi)、乐纳科尔语(Lenakel)、勒窝语(Lewo)、梅尔拉乌语(Merlav, Merelava)、摩特拉乌语(Motlav)、纳马库拉语(Namakula)、纳姆巴斯语(Nambas)、恩杜伊恩杜伊语(Nduindui)、帕马语(Paama)、拉加语(Raga)、莎语(Sa)、莎考语(Sakao)、坦纳语(Tanna)、乌利比武—瓦拉—拉诺语(Uripiv-Wala-Rano)、瓦奥语(Vao)和白沙语(Whitesands)。

7.密克罗尼西亚和马绍尔群岛

密克罗尼西亚的多数南岛语和马绍尔群岛的马绍尔语(Marshallese)、划归于马来—玻利尼西亚的东中部语支,只有加洛林群岛的雅浦语(Yapese)划归于西部语支。

这一地区的其他语言主要有:加洛林语(Carolinian)、卡平阿马朗伊语(Kapingamarangi)、库沙伊埃语(Kusae)、莫基尔语(Mokil)、莫特洛克语(Mortlock)、帕芳语(Paafang)、平厄拉普语(Pingelap)、波那佩语(Ponape)、普卢瓦特语(Puluwat)、特鲁克语(Truk)、乌列梯语(Ulithi)和沃勒阿伊语(Woleain)。

8. 新喀里多尼亚和太平洋其他地区

新喀里多尼亚地区主要分布着:阿杰语(Ajie)、科木希语(Cemuhi)、德胡语(Dehu)、杜姆贝阿语(Dumbea)、富图纳语(Futuna)、佛埃语(Fwai)、牙埃语(Iaai)、爪哇语(Javanese)、南密语(Nami)、能恩厄语(Nengone)、努梅语(Numee)、帕伊西语(Paici)、乌韦阿语(Ouvean)、瓦尔利西语(Wallisian)、雅拉峪语(Yalayu)、峪阿加语(Yuaga)和哈拉朱乌语(Xaracuu)。

太平洋西部的帕劳群岛(Palau)、关岛(Guam)和马里亚那群岛(Marina),中部的基里巴斯(Kiribati)、图瓦卢(Tuvalu)、新喀里多尼亚(New Caledonia)、斐济(Fiji)、汤加(Tonga)、萨摩亚(Samoa)和库克群岛(Cook),南部的新西兰和东部的夏威夷群岛、玻利尼西亚诸岛(Polynesia)、土阿莫土群岛(Tuamotu)、加洛林岛、马克萨斯群岛(Marquese)、塔希提(Tahiti)和复活节岛(Easter Island)等地分别分布着:帕劳语(Palau)、查莫罗语(Chamorro)、吉尔伯特语(Kiribati)、图瓦卢语(Tuvalu)、斐济语(Fiji, Eastern Fiji)、西部斐济语(Western Fiji, Nadroga)、坎达武语(Kadavu)、劳安语(Lauan)、罗图马语(Rotuman)、纽阿托普塔普语(Niuatoputapu)、汤加语(Tonga)、萨摩亚语

(Samoan)、拉罗汤加语(Rarotongan)、拉卡杭加—马尼黑基语(Rakahanga-Manihiki)、夏威夷语(Hawaii)、芒加勒瓦语(Mangareva)、奥斯特拉尔语(Austral)、马克萨斯语(Marquesan)、土阿莫图语(Tuamotu)、塔希提语(Tahitian)、拉巴努伊语(Rapanui)、毛利语(Maori)和纽埃语(Niue,Niuean)。

9.东南亚和马达加斯加

分布在越南、柬埔寨和海南岛的南岛语属于占语群。占语东部方言又称为藩朗占语(Phan Rang),分布在越南的藩朗和藩离(Phan Ri)等地。占语西部方言主要分布在柬埔寨。朱鲁语(Chru)分布在越南的林同省(Lim Dong),有莱和努昂(Noang, La-Dang)两种方言。哈罗伊语(Haroi, Bahnar Cham)分布在越南的富安(Phu Yen)、平定(Binh Dinh)和富本(Phu Bon)等地。加莱语(Jarai)分布在越南的嘉莱—昆嵩省(Gia Lai-Cong Tum)和多乐省(Dac Lac)。雷德语(Rade)分布在越南的多乐省和富庆省(Phu Khanh)等地。洛嘉莱语(Roglai)分布在越南。洛嘉莱语的北部方言又称为拉德莱语(Radlai),分布在芽庄(Nha Trang)西部和南部山区等地;南部方言分布在顺海省(Thuan Hai)等地。

回辉语(Huihui, Hainan Cham)又叫做回辉话,分布在海南岛三亚市羊栏镇。[①]

马达加斯加语(Malagasy)分布在马达加斯加。

关于南岛语的分布情况,请参见下页图"南岛语分布示意图"(图内部分国名略)。

---

① 郑贻青《回辉话研究》,上海远东出版社,1997年。

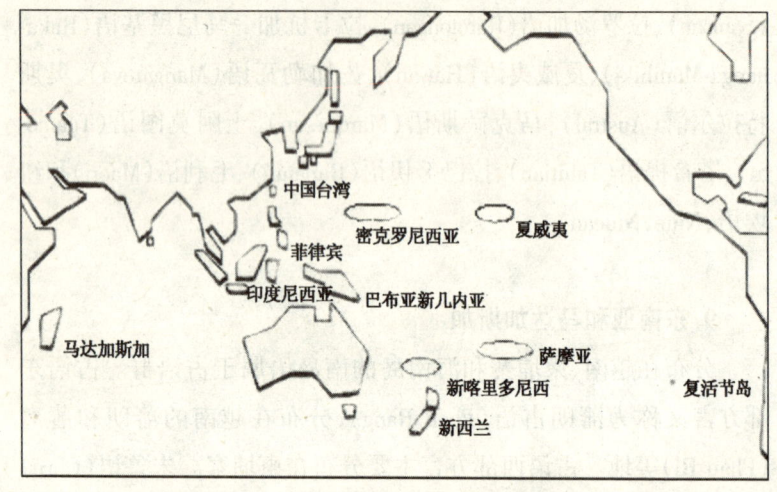

南岛语分布示意图

二 古南岛文化的分布

古代语言的传播与人群的迁徙有直接关系。关于南岛人的早期分布和迁移,学术界有不同的看法。看法的不同,与依据的材料和研究的方法不同有关。有这样五个方面的材料可以依据。一是语言方面的材料。如同印欧语的研究,运用历史语言学的方法比较诸亲属语的亲疏关系可以推测早期使用这些语言民族的关系。二是考古方面的证据。可以用来说明史前不同地区的文化关系。三是体质人类学方面的材料。可以用来说明不同人群体质上的关系。四是民族学方面的材料可以用来说明不同民族的文化渊源关系。五是有关的历史记载可以佐证。

1. 台闽粤地区

台湾地区新石器早期的大坌坑文化的特征与福建闽侯县石山下层文化和江西大源仙人洞下层文化类似。

金门的富国墩、金龟山文化被认为是昙石山文化的源头。金龟山文化的第一阶段大约距今7700—5700年。[1]

台湾史前文化,被确定的序列有:大坌坑文化、芝山岩文化、圆山文化、植物园文化等。大坌坑文化遗址在台湾分布较广,其遗址集中于北部淡水河下游沿岸和西北海岸,中部沿海及西南部海岸,东海岸也有零星分布。距今5千多年(或认为是6千多年)的大坌坑文化中,陶器多质粗含沙、火候低,易碎,可辨认的仅有釜或罐、钵、矮圈足盆等简单器形,拍印粗绳纹。距今5千年至4千年时出现彩陶。距今4千年至3千年的圆山文化中夹沙陶已很少,与台湾南部的凤鼻头文化一样都拥有彩陶。它们与大坌坑文化的彩陶有承传关系,受大陆东南沿海彩陶文化的影响。圆山文化遗址中有有肩石斧、有段石锛、扁平石斧和石锄,墓葬中的人骨有拔齿现象。[2] 有肩石斧、有段石锛是大陆东南沿海新石器晚期文化中所常见。

台东平原及纵谷一带的卑南文化典型遗存为石板棺、石镰。葬式为单人仰身直肢,不论男女,大多拔除侧门齿或犬齿。该文化的鼎盛期为距今3000年。[3]

---

[1] 钟礼强《昙石山文化研究》,岳麓书社,2005年,第171页。
[2] 吴春明《粤闽台沿海的彩陶及相关问题》,《中国考古学会第九次年会论文集》,文物出版社,1997年。
[3] 钟礼强《昙石山文化研究》,岳麓书社,2005年。

福建地区石器时代的文化可以以闽江下游的昙石山文化为代表。距今6千年至5千年的昙石山下层文化的陶器仍是质粗、色杂,器表拍印、压印或戳刻绳纹、贝齿纹等,少量釜罐涂饰红衣。到了距今5千年至4千年时彩陶有所发展。距今4千年至3千5百年时是其彩陶的鼎盛期。

距今1万2千年至1万年时两广地区为使用砾石砍斫器的洞穴文化,已有刃磨光的石器,包括石斧、锛和磨盘、磨棒,陶器尚未出现。到了距今9千5百年至8千年时出现低火候、质地粗疏的夹沙陶,纹饰以粗绳纹为主。珠江三角洲及邻近沿海地区,距今7千年至6千年时陶器仍是火候低、色杂的粗沙陶,粗绳纹、贝齿印纹为常见,仅见圜底釜罐一类的简单器形。已出现彩纹简单的彩陶。在距今6千年至5千5百年的遗址中彩陶的纹饰有较多的变化。金兰寺、万福庵和夏江村等珠江三角洲的遗址中出土霏细岩双肩斧、锛。有意见认为广西发现的双肩器最早的距今6千年至5千年。双肩器应起源于岭南。[①] 双肩石器又发现于台湾大坌坑文化的上层、圆山文化及浙江的良渚文化。广东的史前文化具有一定的稳定性和前后的传承关系。

粤闽台的彩陶文化的形式和发展表现出一定的共性,与黄河流域的仰韶文化等有明显的差异。由于台湾的土著文化是一脉相承的南岛文化,可以断定史前的粤闽台的彩陶文化是南岛文化。

有肩石器、有段石锛的分布也是很值得注意的。有肩石器在珠江三角洲的出现早于有段石锛。如石峡文化第三期的墓中两类

---

① 杨式挺《广东新石器时代文化与毗邻原始文化的关系》,《中国考古学会第七次年会论文集》,文物出版社,1992年。

共存(数据为距今 4330 年和 4020 年)。① 有段石锛主要分布在太平洋西部的沿海地区,包括中国东部、南部沿海和内陆的几个省区,美洲西部海岸,南太平洋诸岛屿及菲律宾等地。最南到新西兰。台湾公元几百年的植物园文化中仍有有段石锛。

凌纯声先生在他的《南亚古代文化研究发凡》中特别指出,"台湾在东南亚古文化区域之中,占有极重要的地位。""台湾土著文化,不仅代表印度尼西安或越獠文化,在他的下层并有小黑人和美拉尼西安,或玻利尼西安等系的文化。"②

2. 东南亚岛屿地区

东南亚在地理上有广狭两义。狭义的东南亚是指亚洲大陆东南的印度支那半岛和马来半岛,广义的东南亚包括印度尼西亚和菲律宾等地的岛屿。关于东南亚古文化的分布,凌纯声先生说:"东南亚古文化的分布,北起长江流域,中经中南半岛,南至南洋群岛,在此广大的区域中又可分为三个副区:一、大陆区;二、半岛区;三、岛屿区。此一文化起源于大陆,向南迁移,初到一地,与当地原有文化混合,住定之后,又有其他文化的侵入,因此三区文化的层次不同,研究任何一种东南亚文化的特质,而明其演变,必先明了所在地区的文化层。在岛屿区东南亚古文化层之下,有小黑人、美拉尼西安、玻利尼西安、最下层为澳大利安四层文化,其后来居上

---

① 傅宪国《论有段石锛和有肩石器》,《考古学报》1988 年第 1 期。
② 凌纯声《东南亚古代文化研究发凡》,《中国边疆民族与环太平洋文化》,台湾联经出版事业公司,1979 年。

者亦有印度、中国、阿拉伯、西洋四层文化。"①

公元前2千5百年至公元前1千5百年,吕宋岛上出现类似与台湾稍晚才有的带红色条纹的彩陶,菲律宾卡加延岛上也有类似的陶器。阿尔库(Arku)洞穴遗址中有公元前1千5百到公元初的类似于台湾的石器。

北婆罗洲、苏拉威西、哈马黑拉、帝汶、俾斯麦群岛和马里亚那群岛已确定的公元前2千年至公元前1千年(新石器时期)的文化是一致的。印度尼西亚地区没有公元前2千年的新石器文化。印度尼西亚地区的遗址中有红色条纹的彩陶,部分带刻印纹。哈马黑拉公元前1千5百年的陶器和石器与早先俾斯麦群岛拉比他文化的相近。

人类学和考古学的证据表明菲律宾地区的一些岛屿和马来半岛上的新石器前的小黑人(Negrito people)与后来进入这些地区的居民曾分别共存了一段时间,菲律宾地区的小黑人可能转用南岛语。②

一方面东南亚岛屿一带有台闽粤古代文化传播的迹象,不能忽视的是稍晚东南亚等地的文化与大陆文化的关系。如越南史前的和平文化是南岛文化,后来为南亚性质的东山文化所代替。百越的铜鼓,未入台湾而进入东南亚及爪哇、帝汶等地。凌纯声先生

---

① 凌纯声《东南亚古代文化研究发凡》,《中国边疆民族与环太平洋文化》,台湾联经出版事业公司,1979年。

② Andrew Pawley, Chasing Rainbows: *Implications for the Rapid Dispersal of Austronesian Languages for Subgroup and Reconstruction*, Selected Paper from the Eighth International Conference on Austronesian Linguistics, Taipei 1999.

称其为"百越民族与南洋土著系出同源的证明"。① 在 3 千多年前古南岛文化向东南亚岛屿和太平洋台岛屿传播之后,两千多年前大陆的百越文化再次向东南亚及印度尼西亚岛屿传播。再晚就是越柬一带的古占婆国解体后古占语的一种方言到了印度尼西亚,成为今天的亚齐语。

3. 太平洋地区

新几内亚和所罗门岛屿发现有 3 万 5 千年历史的人类遗迹。新几内亚中央高地上距今 9 千年至 6 千年前已有独立的不同于东南亚和中国海岛的农业文化。与古南岛文化有关的是太平洋的马里亚纳群岛遗有类似于菲律宾和苏拉威西的红色条纹装饰的泥罐,其年代为距今 3 千多年。帕劳岛上的类似的文化大约是公元前 6 百年。

公元前 1 千 5 百至公元前 8 百年,太平洋中部岛屿上广泛地分布着拉比他文化(Lapita Culture)。这种文化的主要标志是饰有齿形图案的烧制的球形泥罐及平底的盆,磨光的石器和贝壳做的工具。在他们的遗址有狗、猪和鸡的骨头。拉比他文化的遗址现已发现 2 百处。

最早的拉比他文化分布在巴布亚的俾斯麦群岛。在该群岛的岛屿上,此类文化有的延续到公元前 5 百年,有的在公元前 8 百年时消失。西部拉比他文化在玻利尼西亚的圣克鲁斯、瓦努阿图和新喀里多尼亚的存在大约是公元前 1 千 2 百年至公元前 1 千 3 百

---

① 凌纯声《南洋土著与中国古代百越民族》,《中国边疆民族与环太平洋文化》,台湾联经出版事业公司,1979 年。

年,斐济、汤加和萨摩亚的存在是公元前1千年至公元前8百年。拉比他文化认为来自东南亚岛屿。

一段时间后,太平洋的南岛文化向东玻利尼西亚的一些岛屿传播。根据碳14的实验估计,到达马克萨斯群岛的时代是公元3百年至6百年,到达夏威夷是公元6百50年至8百50年,到达社会群岛是公元7百年至1千年,到达南库克岛是公元4百年至1千2百70年。①

南岛人的一种叫做"巴图"(Patu)的兵器,形制多样,因毛利人的叫法得名。较为典型的是长如匕首,一头细一头粗。细端便于手持,粗端扁平。可石制或骨、木制。除分布于太平洋、印尼、菲律宾、台湾、浙江和福建等地外,还分布于日本和美洲。② 日本和美洲的巴图应是旧石器晚期沿海蒙古人种在他们的迁徙中带去的,而太平洋南岛人的巴图当来自大陆。

三 南岛人的迁徙

今台湾、东南亚岛屿和太平洋地区南岛文化最初都来自大陆。大陆东南沿海地区、台湾、东南亚和太平洋岛屿古代一定时期的文化有密切的关系。上个世纪的中期学者们早已注意到古南岛文化和大陆文化的联系。上世纪后期,对这些地区史前文化的联系有

---

① Andrew Pawley, Chasing Rainbows: *Implications for the Rapid Dispersal of Austronesian Languages for Subgroup and Reconstruction*.
② 凌纯声《中国台湾与东亚的巴图石匕兵器及其在太平洋与美洲的分布》《中国古代几种玉石兵器及其在太平洋区的种类》,《中国边疆民族与环太平洋文化》,台湾联经出版事业公司,1979年。

进一步的研究。目前主要的争论是,今天台湾以外的南岛语是否都来自台湾。

1. 早期的迁徙

台湾地区有五六千年延绵的南岛文化,新石器时期台闽粤地区的文化相当一致,台湾地区的南岛文化无疑来自大陆。关于台湾以外的南岛语及其居民的来历主要有两种对立的意见。一种意见认为台湾以外的南岛语即马来—玻利尼西亚语是独立的一支,另一种意见认为马来—玻利尼西亚语是台湾古南岛语的一个分支。

人类体质学方面的研究是这样的。宿兵、金力分析了东南亚、台湾、密克罗尼西亚、美拉尼西亚、玻利尼西亚地区 36 个族群共 551 位男性的 19 个 Y 染色体单一核干酸多态型所组成单倍体基因型,发现台湾原住居民中普遍出现 Y 染色体单倍体基因型,与密克罗尼西亚、玻利尼西亚居民普遍出现的基因型差异极大。而东南亚族群的基因与台湾和密克罗尼西亚、玻利尼西亚这两方面的基因都有一定的相似。他们由此推论,"东南亚提供了两支独立迁移的路线,一支往北迁移至台湾,另一支则往东移入美拉尼西亚与玻利尼西亚。"① 不过英国遗传人类学者特里·密尔顿(Terry Melton)据他的粒线体 DNA 序列的研究,发现台湾与菲律宾的自成一群聚,其近侧姊妹群依次为爪哇、中国大陆、马来西亚、摩鹿加群岛等。他推测台湾为遗传独立区域,环太平洋地区的南岛族群可

---

① 陈叔倬、许木柱《台湾原乡论的震撼——族群遗传基因资料的评析》,Paul Jen-kuei Li,Some Remarks on Austronesian Origins,《语言暨语言学》第二卷第一期,中研院语言学研究所(筹备处)。

能来自台湾。由于粒线体 DNA 的变异速率过快,可能无法确实显示族群遗传的属性,Y 染色体的研究被认为适合于探讨人种的迁移。一些不同研究单位的学者表示赞同宿兵和金力的意见。[1]

值得重视的是台湾学者臧振华的意见。他在《谈南岛民族的起源和扩散问题》中指出把玻利尼西亚人的来源归于台湾与考古方面的证据相左,在台湾派和东南海岛派观点以外提出:"最早的南岛族群是居住在大陆福建和东南沿海的新石器时代居民,大约 5000 至 6000 年前,开始向台湾移民。他们到达台湾之后,可能并没有如 Bellwood 等人所言,继续向南方迁移,而主要是在台湾岛内独立演化发展,并继续透过海上的捕鱼航行活动与大陆东南沿海和岛屿东南亚的人群有所接触,而可能受到若干影响;其间也可能偶有来自华南和东南亚的少数新人群的移入。其结果造成了现代台湾南岛语言和文化的高度复杂性,也使得台湾的南岛语言在整个南岛语言的分类中,呈现出一些语言学者所认为的'特殊性'。而岛屿东南亚和大洋洲的南岛民族可能并不是源自台湾,而是从大陆东南沿海的原居地,逐渐沿中南半岛东岸南下,通过巽他陆棚(Sunda Shelf)到达巴拉望和婆罗洲一带,并继续向北延伸到菲律宾和密克罗尼西亚,向南逐步扩散到马来半岛的南部、向东扩散到印尼群岛,最后从印尼群岛东部进入美拉尼西亚和玻利尼西亚的各个岛屿。"[2]

布拉斯特 1996 年时还提出,"南岛民族和南亚民族同出一源,

---

[1] 林妈利《从 DNA 的研究看台湾原住民的来源》,《语言暨语言学》第二卷第一期,中研院语言学研究所(筹备处)。

[2] 臧振华《谈南岛民族的起源和扩散问题》,《语言暨语言学》第二卷第一期,中研院语言学研究所(筹备处)。

起源地大概在亚洲东南部缅甸的北部,大约在8千年前开始经由水路向外扩散","后来南亚语族的孟—高棉支群沿湄公河南下向中南半岛扩散,门达支群沿布拉马普特河往西向印度北部扩散,南岛语族沿长江上游(金沙江)向东到达长江出海口附近,然后沿海岸南下,到达福建沿海一带,距今大约7千年前,大约再过1千年才到台湾。"①

另外语言学的证据也说明南岛语、南亚语和汉藏语有密切的关系,新石器早期它们都分布在华南地区。②

李壬癸先生的意见是,"南岛民族分七个阶段扩散:

一、B.C4000年从亚洲东南部迁到台湾;

二、B.C3000年从台湾开始扩散到菲律宾北半部;

三、B.C2500年扩散到婆罗洲、苏拉威西、爪哇、帝汶;

四、B.C1200年前到马利安群岛、苏门答腊、新几内亚、斐济、东加;

五、B.C200年前到密克罗尼西亚东区、玻利尼西亚中区;

六、A.D300—400年到夏威夷、复活岛;

七、A.D700—800年到马达加斯加、纽西兰。"③

2. 后期的迁徙

关于南岛人的迁徙,有意见认为南岛人从大陆到台湾的迁徙完成以后有一个停顿,这是南岛人迁徙的第一个停顿。在西玻利

---

① 《南岛民族的前身》地图说明,《语言暨语言学》第二卷第一期,中研院语言学研究所(筹备处)。
② 参见吴安其《汉藏语同源研究》,中央民族出版社,2002年。
③ 李壬癸《台湾原住民史·语言篇》第31页,台湾省文献委员会编印,1999年。

尼西亚,南岛人的迁徙也有一个停顿,这个停顿被称为南岛人迁徙的第二次停顿。在斐济—汤加—萨摩亚地区,最早的拉比他文化(Lapita Culture)遗址距今约 3240 年,而直到公元前 2 世纪南岛人才到东玻利尼西亚马克萨斯群岛。也就是说过了一千年后他们才从西玻利尼西亚迁徙到东玻利尼西亚。

在 1 千 5 百年中,玻利尼西亚的南岛人又折向美拉尼西亚、密克罗尼西亚移民,留下种种证据。①

台湾学者对台湾岛内南岛人的迁徙作了较为全面的研究:②

(1)泰雅人 1 千 5 百年前从仁爱乡向东扩散,分化出赛德克亚族。

(2)布农人 18 世纪初从台湾中西部山区向南向东扩散。

(3)邹人原来分布在台湾中部的西南地区。其南支又分化为卡那卡那富和沙阿鲁阿两支。

(4)鲁凯人原来分布在较现在更北的地区。最早分化出来的是使用万山方言的居民。

(5)排湾人原分布在隘寮溪流域,17 世纪初向南向东扩散。卑南人在排湾人向南向东移动后南下到台湾的南端。

(6)邵人两千年前是西平埔人中的一支,原来大概在浊水溪流域,8 百年前迁移到日月潭一带。西平埔人后来分化出巴则海和赛夏两支,后者又分化为赛夏和龟仑(Kulon)两部。赛夏向内陆扩

---

① Robert Blust, *Subgrouping, Circularity and Extinction: Some Issues in Austronesian Comparative Linguisticds*, Selected Paper from the Eighth International Conference on Austronesian Linguistics, Taipei 1999.

② 《台湾南岛民族的扩散图说明》,《语言暨语言学》第二卷第一期,中研院语言学研究所(筹备处)。该说明中的"泰雅语群""布农族"等本文中分别代之以"泰雅人""布农人"等。

散,龟仑向北扩散到桃园一带。

（7）东台湾人原分布在台湾南部平原,先后分化出巴—噶、阿美斯和西拉雅等分支。巴—噶人先是迁移到花东纵谷平原,后来继续向北,大约两千年前分为巴赛和噶玛兰两支。

（8）雅美人原分布在菲律宾北边的巴丹岛（Batan）,大约1千年前开始向北移动,先到伊他巴亚特岛（Itbayat）,大约7百年到兰屿。

以上的设想大抵是近一二千年中台湾南岛语原住居民的迁移情况。台湾原住居民中除了使用南岛语的居民外还有小黑人,但我们对小黑人的历史了解甚少。根据新石器中、晚期台湾与闽粤沿海文化的密切关系,台湾南岛语的分歧情况,应进一步设想泰雅和邹等不同支系是不同时代从大陆到台湾的。他们从大陆向台湾的迁移有好几批,分别处于不同的时代。最早移居到台湾的应是泰雅—赛夏人,然后是其他支系的语言。从邹—卑南语与马来—他加洛语有较相近的关系看来也可以这样推断。第一批南岛人到了台湾以后,后来的二三千年中两岸有着密切的文化关系,不会再也没有南岛人从大陆迁往台湾。一般说来,密切的文化关系,必定伴随着人群的迁移。交通和通讯不便的石器时代文化的交流主要由人群的迁移来实现。

南岛人的迁徙情况参见下页图"南岛人的迁徙示意图"（图内部分国名略）。

四 遗存的语言证据

台湾的绍语、巴布亚的莫图语和新喀里多尼亚的阿杰语分别保留着五进位等非十进位的数词系统,不同支系的南岛语或有不

30　南岛语分类研究

南岛人的迁徙示意图

同来历的"九"和"十"。这些都说明南岛语的十进位数词是后起的。大陆的侗台语保留着包括十进位数词在内的一些南岛语词,不能说明侗台语和南岛语有发生学关系。

1. 南岛语的数词

现代社会十进位数词系统为最常见,也有非十进位的数词系统或它们的残余存在于不同的语言中。十进位数词往往是后起的。对原始土著的调查我们知道原始社会初期人们甚至没有大于3的概念,随着社会进步的需要逐渐产生十进位和十二进位的数词。现代南岛语至少有3种不同进位的数词。在台湾,如:

	一	二	三	四	五
泰雅语	qutux	saziŋ	tsiwugal	pajat	magal
卑南语	sa	dua	tuɭu	pat	ɭima
排湾语	ita	dzusa	tɕəɭu	səpatɕ	ɭima

邵 语	tata	tuʃa	turu	ʃəpat	rima
雅美语	aʂa	ɖuwa	tejlu	apat	lima
	六	七	八	九	十
泰雅语	tsəzəwuʔ	pituʔ	səpat	qɛruʔ	məpuw
卑南语	ənəm	pitu	waɭu	iwa	puɭuʔ
排湾语	ənəm	pitɕu	aɭu	siva	tapuɭuq
邵 语	katuru	pitu	kaʃəpat	tanaθu	makθin
雅美语	anem	pitu	wawu	ɡiam	puhu

布拉斯特构拟原始南岛语"一"*esa,"二"*duʃa,"三"*telu,"四"*ʃepat。①邵语的"六"和"八"分别用"三"和"四"的倍数表示。ka-是表示倍数的前缀。"七"与其他的语言有相同的来源,"九"和"十"也与其他的语言不同。

雅美语与菲律宾的他加洛语等有更相近的发生学关系,十进位的数词系统也一样。"九",他加洛语 sjiam,巴拉湾语 sjəm,摩尔波格语 siam。"十",他加洛语 sa-m-puʔ(oʔ),巴拉湾语 sɔŋpuluʔ,摩尔波格语 som puluʔ。

试比较巴布亚新几内亚的莫图语、玻利尼西亚的汤加语和密克罗尼西亚的马绍尔语的数词:

	一	二	三	四	五
莫图语	ta	rua	toi	hani	ima
汤加语	taha	ua	tolu	fā	nima
马绍尔语	cuon	ɽuo	cilu	emæn	ɭalɛm

---

① Robert Blust, *Subgroup*, *Circularity and Extinction*: *Some Issues in Austronesian Comparative Linguistics*, Selected Papers from the Eight International Conference on Austronesian Linguistics, Taipei, 1999.

	六	七	八	九	十
莫图语	tauratoi	hitu	taurahani	taurahanita	gʷauta
汤加语	ono	fitu	valu	hiva	hoŋofulu
马绍尔语	cilicino	cilcilimcuon	ɽuwalitək	ɽuwatimcuon	cɔŋul

莫图语的"一""二""三""五""七"与台湾的南岛语有相同的来历。"六"和"八"与台湾的邵语一样,分别是"三"和"四"的派生词。"九"是"八"加"一"。莫图语"十"大约是某种语言的借词。100多年前传教士调查莫图语不同方言的"十"不同。①

汤加语十进位数词与台湾的卑南语等有相同的来历。

马绍尔语"一""二""三""五"与台湾的语言有相同的来历,"六"是"三"的派生词。"七"是复合词,由原来的"六"和"一"复合而成。"八"这个词的前半部分是"二",后一半语素的意义不清楚。"九"是"八"和"一"的复合词。"十"与汤加语的有相同来历。

综合以上的情况可以有以下的看法:

(1) 南岛语的十进位数词是后起的。
(2) 最初的南岛语方言中"六"是"三"的派生词,"八"是"四"的派生词。
(3) 南岛语与十进位有关的大数是在不同方言中产生的。
(4) 分布在大陆东南沿海和马来半岛等地的南岛语十进位数词后来传播到汤加语、拉巴努伊语(分布在复活节岛)等的祖方言中。

大陆不同的南岛语支系除了南下的,当地的成为南下侗台语

---

① 如:科勒布努(Kerepunu)方言"十"harana。参见 Rev. W. G. Lawes, F. R. G. S., *Grammar and Vocabulary of Language Spoken by Motu Tribe*, 1888。

的底层。大陆和台湾的南岛语在十进位数词产生以后还有密切的联系。从考古和语言分化的历史看,这是在距今 3000 年以前的事。马绍尔语的数词和音系的结构表明密克罗尼西亚的语言的特点是二次大规模的移民造成的。后一次的移民带来十进位数词。

2. 大陆语言的南岛语底层

不少南岛语学者相信萨丕尔"语言最歧异地区就最可能是该语族的起源地"的猜想,并认为台湾以外的南岛语都来自台湾。南岛语起源于亚洲大陆的东南地区,但这个地区现在分布的语言不是南岛语。两广、贵州和海南地区的侗台语保留着相当多的南岛语底层成分,包括数词和人称代词。欧美的一些语言学家和人类学家更相信侗台语和南岛语有密切的发生学关系,而不视其为底层。

侗台语是汉藏语系的一支,史前曾分布在长江下游南北岸,夏商时向南传播,与南岛语有密切的接触。

今侗台语有壮傣、侗水、黎和仡央 4 个支系,诸支的共同语(或原始语)来自侗台共同语以及更早时期的原始侗台语。侗台共同语原本分布在长江南岸,分布在长江北岸的古侗台语支系已经灭绝。

在壮傣、黎和仡央等语支语言的比较和构拟的基础上笔者曾构拟以下侗台共同语的辅音音系和元音音系:[①]

    p ph b m
    t th d n s r l

---

① 吴安其《汉藏语同源研究》第 242—247 页。

k kh g ŋ

q qh ɢ ɴ

ʔ

流音 r 和 l 可构成塞音 p、t、k 系列和 s 系列的复辅音。

元音音系为：a e i ə o u。

侗台语的词汇和其他汉藏语系语言的差别较大，侗台语内部也表现出较大的分歧。内部的分歧一方面是各自的演变造成的，另一方面与分化后不同的语言接触环境有关。如唐代以来，壮傣、侗水语支的语言与汉语的接触较多，这些语言就比黎语支和仡央语支的语言有更多不同历史层次的汉语借词。侗台语不同支系的人称代词有一定的差别，有的来自南岛语。现比较如下：

	我	我们	你	你们
泰语	ku²	tu²	mɯŋ²	su¹
临高语	hau²	hau²lo⁴	mə²	mə²lo⁴
侗语	jaːu²	tiu²	ɲa²	ɕaːu¹
水语	ju²	ndiu¹	ɲa²	saːu¹
黎语通什	hou¹	fau¹	meɯ¹	tau¹
村语	kɔ²¹	ha²¹	mɔ²¹	ma³⁵
仡佬语	ʔi⁴²	tau³⁵	mu³¹	tsau³⁵
布央语	ku²⁴	ɕom⁵⁵θa²⁴	ma³³	ɕom⁵⁵ma³³

"我"泰语 ku²，龙州壮语 kau¹ 等 < *ku。侗语 jaːu²，水语 ju² < *m-lu。①"我"，黎语通什话 hou¹，加茂话 kau¹，< *ku。

"你"，诸语的读法有同源关系，< 原始侗台语 *m-nə(-ŋ)。可与古藏缅语南方方言的"你" *m-naŋ 比较。侗语、水语的"你"是早

---

① 侗水语的 j- 对应于老挝语的 ɲ-。如，"祖母"，水语 ja⁴，老挝语 ɲa⁵。（参见梁敏、张均如《侗台语概论》第 396 页。）

期汉语借词。

壮傣、侗水语的"你们"可拟为 *su，来自南岛语。"你"，原始邹—卑南语 *su，原始南岛语 *su。（参见下文南岛语的构拟）

"你"，黎语通什话 meɯ¹，中沙话 meɯ¹，加茂话 məi¹。"你们"，黎语通什话 tau¹，中沙话 meɯ¹tau¹，加茂话 tshau¹ < *su。

侗台语的数词曾是本尼迪克特用来说明侗台语与南岛语有发生学关系的证据。壮傣、侗水语的基本数词借自中古及中古以后的汉语。以下是黎语和仡央语的数词：

	一	二	三	四	五
黎语通什话	ʔeɯ³	ɬau³	tshu³	tsho³	pa⁴
村语	tsi¹³	tθa:⁴²	fu⁴²	hau⁴²	bɔ¹³
仡佬语	s̩⁴²	sa³⁵	tau³⁵	pu³⁵	muɯi³¹
布央语	pi⁵³₍B2₎	θa²⁴₍A1₎	tu²⁴₍A1₎	pa²⁴₍A1₎	ma³³₍A2₎

	六	七	八	九	十
黎语通什话	tom⁴	tso³	gou⁴	fau³	fu:t⁷
村语	tsim¹³	tθet³³	ba:t⁴²	kɔi⁴²	sep³³
仡佬语	ȵaŋ³¹	tsau³⁵	zau³¹	so⁴²	s̩⁴²pe⁴²
布央语	nam²⁴₍A1₎	tu³³₍A2₎	ma⁰ðu³³₍A2₎	va⁵⁵₍B1₎	put⁵⁵₍D1₎

黎—村共同语和仡央共同语的数词来自南岛语，构拟的理由请参阅拙著。①

"一"，版纳傣语 deu¹，水语 ʔda:u³ < 壮傣—侗水共同语的 *k-daᴮ。黎语通什话 ʔeɯ³、保定话 tseɯ³、村语 tsi¹³ < 黎—村共同语的 *teᴮ。仡佬语 s̩⁴²和布央语 pi⁵³来历不同。② 临高语 hə³ < *toᴮ。

---

① 参见吴安其《汉藏语同源研究》有关章节。
② 布央语 pi⁵³ < *biʔ，可能来自南亚语。参见吴安其《汉藏语同源研究》，第223页。

"二",版纳傣语 soŋ¹ 借自汉语"双"。黎语通什话 ɬau³ < 黎—村共同语的 *laᴮ。仡佬语 sa³⁵、布央语 θa²⁴ < 仡央共同语 *s-laᴬ。

"三",版纳傣语 sam¹、临高语 tam¹、侗语 sa:m¹ 和水语 ha:m¹ 借自汉语"三"。黎语通什话 tshu³、加茂话 ta:u¹ < 黎—村共同语 *toᴬ。仡佬语 tau³⁵、布央语 tu²⁴ < 仡央共同语 *tuᴬ。

"四",版纳傣语 si⁵、临高语 ti³、侗语 si⁵ 和水语 ɕi⁵ 借自汉语"四"。

黎语通什话 tsho³、加茂话 tiəu¹、村语 hau⁴² < 黎—村共同语的 *tuᴮ。仡佬语 pa³⁵、布央语 pa²⁴ < 仡央共同语 *paᴬ。

"五",版纳傣语 ha³、临高语 ŋa³、侗语、水语 ŋo⁴ 借自汉语"五"。黎语通什话 pa⁴、村语 bɔ¹³ < 黎—村共同语 *maᴬ。仡佬语 muɯi³¹、布央语 ma³³ < 仡央共同语 *maᴬ。

壮傣、侗水语原本有 A、B、C、D 4 个原始调,后来因声母清浊的不同分化为 8 个调,有的语言中由于元音有长短的不同声调再分化。壮傣语"五"单双数调的不同分别是声母清浊的不同。临高的 ŋa³ 和 ŋu⁴ 分别对应于壮语的 ha³ 和 ŋu⁴,如果说是不同历史时期借来的,必须解释为何汉语的上声经过相当长的一段时间后,在不同时期的壮傣语汉借词调类相同。

"六",版纳傣语 hok⁷、临高语 sok⁷、侗语 ljok⁸、水语 ljok⁸ 借自汉语"六"。通什话 tom⁴、村语 tsim¹³ < 黎—村共同语 *nəmᴬ。仡佬语 ŋaŋ³¹、布央语 nam²⁴ < 仡央共同语 ʔnəmᴬ。

"七",版纳傣语 tset⁷、临高语 sit⁷、侗语 sət⁷、水语 ɕat⁷ 和村语 tθet³³ 借自汉语"七"。黎语通什话 tso³、加茂话 dau¹ < *c-du。仡佬语 tsau³⁵、布央语 tu³³ < 仡央共同语 duᴬ。

"八",版纳傣语 pɛt⁹、临高语 bat⁷、侗语 pet⁷、水语 pa:t⁷ 和村语

baːt⁴² 借自汉语"八"。

黎语通什话 gou⁴、黑土话 ru¹、加茂话 ku¹，< 黎—村共同语 *gru^A。

仡佬语贞丰话 zau³¹、布央语峨村话 ma⁰ðu³³，巴哈话 mu³¹，< *m-lu^A。拉基语 bɔ²³，仡佬语安顺话 vla⁴⁴ < *valu。

"九"，版纳傣语 kău³、临高语 ku³，侗语、水语 ʈu³ 和村语 kɔi⁴² 借自汉语"九"。黎语通什话 fau³ < 黎—村共同语 *pu^B。

仡佬语贞丰话 so⁴²，布央语峨村话 va⁵⁵，郎架话 va¹¹，木佬语 so²⁴ < 仡央共同语 *s-vaʔ。

峨村话 v- 可出现在清调类和浊调类，55 是舒声清调类。与仡佬语声调的对应关系，如峨村话"灶"θou⁵⁵，贞丰话 sau⁴²。"耙子"峨村话 ða:u⁵⁵，贞丰话 tso⁴²。① 元音的对应，如峨村话"马"ŋa³²，贞丰话 ɲo³⁵。可见布央 v- 读作清调类原本前头有 s-。

"十"，版纳傣语 sip⁷、临高语 təp⁸，侗语、水语 ɕəp⁸ 和村语 sep³³ 借自汉语"十"。

黎语通什话、保定话 fuːt⁷，黑土话 phuːt⁷，< 黎—村共同语 *put。

布央语峨村话 put⁵⁵，巴哈话 vaɬ⁵⁵，木佬语 ve⁵³，仡佬语贞丰话 pe⁴²，< 仡央共同语 *plut。仡央语这个词读法的同源对应关系可与"瓜"的读法比较。如，峨村话 pak⁵⁵（冬瓜），巴哈话 vak⁵⁵，木佬语 vɑ⁵³。

现根据以上的构拟将黎、仡央的数词与南岛语的比较如下：

---

① 参见吴安其《汉藏语同源研究》，第 233 页。

	一	二	三	四	五
古黎语	te(-ʔ)	p-la(-ʔ)	to	tu(-ʔ)	ma
古仡央语	si	s-la	tu	pa	ma
马来—他加洛语	isa	duwa	telu	sapat	lima
原始南岛语	tasa	dusa	telu	sepat	lima

	六	七	八	九	十
古黎语	nəm	tu	gru	pu(-ʔ)	put
古仡央语	ʔnəm	c-du	valu	s-vaʔ	plut
马来—他加洛语	ənam	pitu	vlu	sipat-lima	sə-puluh
原始南岛语	ənam	pitu	valu	—	—

"一"，亚齐语 sa，他加洛语、摩尔波格语 isa，原始马来—他加洛语 *isa。

"二"，印尼语 dua，马都拉语 duwaʔ，亚齐语 duwa，他加洛语 dalawa，巴拉望语 duwa，原始马来—他加洛语 *duwa。

他加洛语"九"sijam，印尼语 səmbilam，似为"四" *sipat 和"五" *lima 的约音。

我们未能在南岛语中发现与黎语 *put 有直接联系的读法。黎语 *put 可与仡央语的 *plut 联系起来，也来自南岛语。如，印尼语 sə-puluh，他加洛语 sa-m-puʔ，十进位数词系统在南岛语中也是后来才有的。南岛语不同支系"十"有数种没有词源关系的读法。

上表的比较表明，黎语和仡央语的"二"以后的数词，来自南岛语的古马来—他加洛语。

台语与南岛语的接触关系可区分为两个不同的阶段。第一个阶段是侗台共同语时期，第二个阶段是侗台分化以后的不同支系的诸共同语时期。根据古代文化的分布和迁移情况看来，侗台语与南岛语接触的第一个阶段在商周时期的长江下游地区，第二个阶段在周以后的长江以南的不同地区。侗台语中的南岛语词大多是南岛人转用侗台语的过程中保留下来的。

与侗台语的这些词有对应关系的南岛语,主要台湾的邹—鲁凯语,卑南—布农语和马来—他加洛语,它们现在分布在与今侗台语似乎是不相关的地区。可以设想它们的几种祖方言原来与侗台语分布在同一区域。今浙江南部和闽地汉代之前是瓯越和闽越。而更早以前,在距今5千多年和3千年的这段时间里,粤、闽、台地区一直保持着大致相同的文化传统,那就是古南岛文化。历史语言学比较得出的结论和考古研究的结论是相同的。

早期接触保留在侗台共同语的南岛语词:

(1)月亮

	泰语	龙州	侗语	黎语	贞丰仡佬语
月亮	dɯən^2	bən^2	ljan^1	ɳaːn^1	ta^{31}
花	dɔːk^9	bjɔːk^7			

"月亮",泰语 dɯən^2,龙州壮语 bən^2,侗语北部方言 ljan^1,黎语 ɳaːn^1,贞丰仡佬语 ta^{31},古侗台语 *b-lɯn。

"月亮",印尼语、爪哇语、萨萨克语 bulan,亚齐语 bulɯən,雷德语 mlan,加莱语 blan,原始马来—玻利尼西亚语 *bulan。(布拉斯特)[①]

(2)火

"火",泰语 fai^2,龙州壮语 fai^2,侗语 pui^1,黎语 fei^1,布央语 pui^{54},古侗台语 *C-buj,"火",南岛语 *sapuj。

---

① Robert Blust, *Subgrouping, Circularity and Extinction: Some Issues in Austronesian Comparative Linguistics*, Selected Papers from the English International Conference on Austronesian Linguistics, Taipei, 1999. p. 86.

(3) 头虱

"头虱",水语、毛南语 tu¹,布央语 ʔa⁰tu²⁴。

"头虱",泰雅语 kuhiŋ,卑南语 kuʈu,阿美语 kutu,鲁凯语 kutsu,南岛语 *kuʈu。

(4) 田

"田",古侗台语 *na,印尼语、巴厘语 tanah,亚齐语 tanɔh,达阿语等 tana,古马来语 *tanah。

(5) 黑

"黑",龙州壮语 dam¹,临高语 lam¹,侗语、仫佬语 nam¹,佯僙语 ʔnam¹,黎语通什话 dam³,布央语峨村话 ʔdam²⁴,古侗台语 *q-dam。

"黑",原始马来—玻利尼西亚语 *ma-qitem。

(6) 这

"这",侗台共同语 *C-ni(-ʔ)。泰语 ni³,拉珈语 ni²,黎语通什话 ni⁵,布央语峨村话 ni³³。

布拉斯特拟原始南岛语、原始马来—玻利尼西亚语"这" *i-ni。如台湾的赛德克语 hini < *qini,阿眉斯语 kuni,萨斯特语 hiniʔ。

(7) 儿子

"儿子",泰语 luːk¹⁰,临高语 lək⁸,水语 laːk⁸,黎语 ɟɯːk⁷,布央语 laːk⁵³,古侗台语 *lak。

"儿子",泰雅语 laqiʔ,鲁凯语 lalak,卑南语 walak,邵语 aðaðak,古南岛语 *ʔalak。

(8) 卖

"卖",侗语 pe¹,拉珈语 plɛ¹,古侗台语 *pli。

"卖",布农语 masipul,邵语 ʃəmupiɬ。

(9)站

"站",泰语 jɯːn², 壮傣—侗水语 * ʔ-ndun, 古黎语 * tun。来自古南岛语 * i-ndul。

(10)熊

"熊",泰语 mi¹,临高语 hui¹,侗语南部方言 mei¹,黎语 mui¹,布央语 məi²⁴,古侗台语 * ʔ-məj。

"熊",阿美语 tumaj,卑南语 ṭumaj,古南岛语 * ṭumaj。

(11)手掌

"手掌",泰语 fa⁵,龙州壮语 pha¹,侗语北部方言 pa³,佯僙语 va⁴,古侗台语 ʔ-braʔ。

"手掌",巴厘语 faləl,贡诺语 palaʔ,莫图语 palapala-na。

(12)鼻子

"鼻子",壮傣—侗水语 * ʔ-daŋ,壮语龙州话 daŋ¹、临高语 lɔŋ¹,侗语、仫佬语 aŋ¹,佯僙语 ʔnaŋ¹,峨村话 ʔa⁰tiŋ³³ < * ʔ-diŋ,黎语保定话 daŋ¹(脸)。

"鼻子",亚齐语 idoŋ,雷德语 adǔŋ,加莱语 aduŋ。他加洛语支语言,他加洛语 iloŋ,巴拉望语 ɔruŋ。马来语支语言,印尼语 hiduŋ、巽他语 iruŋ、贡诺语 kaʔmuruŋ。① 原始马来—他加洛语 * hiduŋ,为壮傣—侗水语提供的可能是 * idaŋ。②

侗台共同语的南岛语词同泰雅语、美拉—密克罗尼西亚语差别较大,与邹—卑南语的最为接近。大约是商周时期操邹—卑南

---

① 西方学者将这些语言归为马来—玻利尼西亚语族,太平洋西支。印尼语、占语等归入巽他语支。笔者把马来、占和他加洛语支语言归入马来—他加洛语族。

② "脸",藏文 gdong,墨脱门巴语 doŋ pa,达让僜语 naŋ⁵⁵(< * m-doŋ)。这个词可能是汉藏语先传入南岛语,再由南岛语借入侗台语。

语相近的语言的南岛人转用侗台语留下的底层词。当时这一支南岛人居住在东南沿海浙闽一带，部分人后来迁移到台湾。

壮傣、侗水语保存的南岛语词：

(1)晚上

"晚上"，泰语 kham³，临高语 ham⁴，侗语南部方言 ȵam⁵，水语 ʔȵam⁵，壮傣—侗水语 * k-nam。

"晚上"，菲律宾的卡格因仁语(Kagayanen) kiləm。

布拉斯特拟原始南岛语和马来—玻利尼西亚语为 * beʀɲi (夜)，如邹语 feŋəna，泰雅语 həŋan，鲁凯语 nmauŋ，所罗门群岛的罗维阿那语(Roriana) boɲi，斐济语 boɲi，马绍尔语 pwɔŋ 等。马来—他加洛语"晚上"这个词不同于南岛语其他语族的语言。

(2)"微笑"，龙州话 jəm⁵，侗语南部方言 ȵem³，佯僙语 ʔȵəm³。

"微笑"爪哇语 mɛsəm，马都拉语(Madurese) misəm，巴拉望语 sɔlɔm 等。

(3)舌头

"舌头"，侗语、仫佬语、水语、佯僙语 ma²，拉珈语 ŋwa²，古侗水语 * C-ma。布拉斯特拟原始南岛语"舌头" * ʃema，原始马来—玻利尼西亚语 * hema(及 * dilaq)。台湾的南岛语如排湾语 səma、卑南语 səmaʔ、邵语 ðama。

(4)脑

"脑髓"，布依语 ʔuk⁷，德宏傣语 ʔak⁹ ʔɛk⁹。

"脑"，雅美语 ətək，菲律宾阿卡拉农语(Aklanon) utuk，印尼语 otak。

(5)名字

"名字"，侗语南部方言 kwaːn¹，北部方言 tan¹，仫佬语 ʔɣɛːn¹，水语、毛南语、佯僙语 daːn¹,拉珈语 jaːn¹,古侗水语*k-dan。

"名字"排湾语 ŋadan,阿美语 ŋaŋan,他加洛语支的摩尔波格语(Molbog) ŋadan,马来语支的巴厘语 adan,萨萨克语 aran。"名字",布拉斯特拟原始南岛语、原始马来—玻利尼西亚语*ŋadʒan 不合适,dʒ-在南岛语中是后起的。排湾语 ŋadan,阿眉斯语 ŋaŋan,他加洛语支的摩尔波格语(Molbog) ŋadan,马来语支的巴厘语 adan,萨萨克语 aran,巴布亚新几内亚的宁德娄语(Nyindrou) ŋaran。*-n 是原始南岛语名词的后缀,现代南岛的语言中仍活跃。[①]

(6)借

"借",泰语 juːm²,水语 ʔjaːm¹,壮傣—侗水语*ʔ-dam,来自南岛语*i-dam。

"借",他加洛语 hiram,沙巴语 indam,印尼语 inʤam。

(7)门

"门",侗台语*nto,来自南岛语*pinto,如亚齐语 pinto,印尼语 pintu。

(8)女人

"女人",古侗台语*s-blak,来自南岛语*bilak。

巴厘语"姑姑",bibik。爪哇语"姨妈",buliʔ。

(9)蝴蝶

"蝴蝶",泰语 sɯə³,龙州壮语 fɯ⁴,布依语 ba⁴,水语 ba³,毛南语 ba⁴,古侗台语*s-bla。

"蝴蝶",他加洛语 puro paro,摩尔波格语 tompolapola,古南

[①] 如印度尼西亚语"唱"minum/"饮料"minum-an,"关闭"tutup/"监牢"tutup-an,"抛锚"labuh/"码头"labuh-an。

岛语 * bula-bula。

(10) 沙子

"沙子",邕南壮语 hle[6],古侗台语 * g-res。

"沙子",印度尼西亚的萨萨克语 gǝres,马来西亚的木鲁特语 agis,菲律宾的摩尔波格语 ogis。

(11) 剁

"剁",老挝语 fak[8] < * bak。

"剁",巴厘语 n-bək,巴拉望语 mɔnbak,斐济语西部方言 boka-sia。

仡央语南岛语数词的借用情况上文已经介绍,不再赘述。仡佬语、布央语内部的一些非同源词,一方往往来自南岛语词,现举数例如下:

(1) 舌头

"舌头",南岛语 * ʃema,借到仡央语中,如布央语峨村话 ʔe⁰ma³³,仡佬语贞丰话 dɯ³⁵maɯ³¹。布央语郎架话 m⁰lən¹¹,与壮傣语的"舌头"同源。

(2) 门

"门",贞丰仡佬语,pin⁵³hu³¹,保持着南岛语 * pinto 第一音节的形式。

"门",布央语峨村话 ma⁰tuə³³,与壮傣语的"门"同源。

(3) 蟑螂

"蟑螂",布央语巴哈话 bjo⁴⁵,古侗台语 * ʔbos。巴哈话的 bjo⁴⁵ 来自南岛语,并读作 C1 调(与 * -s 有关)。

"蟑螂"印尼语 lipos,巴塔克语 ipɔs,菲律宾的摩尔波格语 ipos。

"蟑螂",泰语 sa:p⁹,侗语南部方言 kwa:p⁹,古侗台语 *s-glap。这个词在南岛语中增加了后缀,前面的语音成分丢失。

(4)路

"路",贞丰仡佬语 qə³³ʔlan³¹。

"路",加莱语 dʒəlan,雷德语 elan,阿眉斯语 lalan,鲁凯语 ka-dalan-anə。

(5)站

"站",贞丰仡佬语 laŋ⁴²。

"站",印度尼西亚的贡诺语 enteŋ,巽他语 taŋtuŋ。

古侗台语中发生过带前缀的复音词成为单音节词的演变,南岛语的数词大概在那个时代前后借入侗台语,双音节的南岛语数词到了古侗台语中只保留后一音节。南岛语"五"*lima,到了古黎语中成为 *ma,"七" *pitu 成为古黎语的 *tu。

黎语支语言的南岛语数词应是迁移到海南后获得的,因为其他侗台语中没有这样的数词。分布在贵州的侗台语族仡央语支的语言也从南岛语借数词,但不完全一样。

第二章　早期的比较研究

南岛语最初的描写大约可追溯到 17 世纪荷兰人入侵台湾对台湾南岛语的记录和西方的学者对汤加语等的记录。荷兰学者哈德里安·乐蓝德(Hadrian Reland)曾在 1706 年指出马达加斯加与东印度群岛(East Indies)及科科斯岛(Cocos)的语言是相近的。①

一　南岛语研究史

1. 早期的研究

18 世纪已经有学者提出马来—玻利尼西亚语这样的概念。19 世纪 30 年代,有学者在原有分类的基础上又加上密克罗尼西亚语和美拉尼西亚语。威廉·斯密特(Wilhelm Schmidt)1899 年在他的文章中采用南岛语(Austronesian)这个词。②

与印欧语的研究相似,南岛语的研究者也注意到南岛诸语有

---

① 东印度群岛即今天的东南亚地区的岛屿。
② Darrell T. Tryon, *The Austronesian*, *Comparative Austronesian Dictionary*. An Introduction to Austronesian Study.

关动植物等同源词的来历问题。如柯恩(H.A.Kern)1889年就发表论文指出:研究南岛语的起源地可以从植物群和动物群找到证据,尤其限在某种气候范围内才能找到的植物群和动物群。很显然地南岛民族的起源地一定在靠海的地方。因为整个南岛区域对于一些海生物都使用相同的名称:鲨鱼、乌贼或章鱼、龙虾或虾、鳍刺(ray或鹞鱼 rayfish)、海龟等。

谭博夫(Otto Dempwolf)是最早对南岛语进行较为全面的比较和构拟的学者,1920年—1938年期间公布了一系列南岛语的研究成果。在他早期的研究中涉及了92种美拉尼西亚语(Melanesian),1920年—1929年期间他的研究中共出现了143种南岛语。他自称属于新语法学派,不属于结构主义,①从400—500种南岛语中挑选了3种语言,印度尼西亚语、多巴巴塔克语(Toba Batak)和达雅克语(Ngadyu Dayak)构拟南岛语。② 他在构拟尽管也参考了其他的一些语言,但他认为挑选3种语言足以构拟原始南岛语。当时他还不知道台湾南岛语的情况,研究有较大的局限性。太平洋东部岛屿上的南岛语常丢失辅音尾,谭博夫的构拟采用印尼语的形式,并认为南岛语是从东往西传播。

谭博夫之后一段时间里根据南岛语的地理分布把南岛语分为印度尼西亚、美拉尼西亚、密克罗尼西亚和玻利尼西亚4支。

爱斯多勒·戴恩(Isidore Dyen)早期也没注意到台湾的南岛语,他为原始马来—玻利尼西亚语构拟了*q,这一点为后来的学者所赞同。③

---

① Otto Christian Dahl, *Proto-Astronesian*, Student Litteratur Curzon Press,1977.
② 谭博夫用德语 Uraustronesisch 表示原始南岛语。
③ Isidore Dyen,The Proto-Malayo-Polynesian, Yale University,1953.

20世纪40年代,佛克司(C.E.Fox)认为南岛语起源于密克罗尼西亚。

2. 近期的研究

20世纪50年代凌纯声提出,"台湾的土著系属百越,很早即离开大陆","至少可说多数的台湾土著族在远古来自中国大陆,或整个的原马来族,是由亚洲大陆南迁至南海群岛"。不久前李壬癸评述说:"凌先生学说的一个优点就是从中国东南部沿海迁移到台湾远比从其他地方(包括中南半岛、新几内亚等地)近得多,容易得多。"①

20世纪60年代以后,戴恩、布拉斯特(Robert A. Blust)、达荷尔(Otto Christian Dahl)和奥德里古尔(Haudricourt)等学者都注意到研究台湾南岛语的重要性,在南岛语的分类中对台湾的语言有不同程度的重视。

戴恩1963年的文章中把台湾的南岛语分为泰雅、邹和布农三群。1964年他撰文指出台湾南岛语有"羽毛""大""血""云""拉""唱""舌头""年""昨天""二十""猴""穿山甲""蜜蜂""鬼""竹子""松""语言""香蕉""叶子""番薯""数""祖父""月亮""近""无""雪""雷""尿""眼""盐""正确""肝""新""腐朽""阳具""一些""洗"等37个同源词。②

1965年戴恩出版了《南岛语词汇统计分类》(*Lexico-stratistical Classification of the Austronesian Languages*)。他以斯瓦迪什核心词表

---

① 李壬癸《台湾南岛民族的族群与迁徙》,常民文化事业股份有限公司,1997年,第23页。

② 同上书,第36页。

中的词项为比较的基础,对诸地区的南岛语进行比较。他发现有三个地区的南岛语分歧最大:新几内亚—密克罗尼西亚,台湾和苏门答腊及沿其西岸的岛屿。据说泰雅语群跟其他语言之间的同源词最高的只有 13.6%,由此推算其分化年代在公元前 2640 年。台湾地区有 5 种语言的同源词百分比低于 25%,据此推算在公元前 1500 年就已经在台湾了。[1]

1976 年达荷尔出版了《原始南岛语》(*Proto-Austronesian*),对谭博夫的构拟作了修正。南岛语学界普遍同意台湾的南岛语应该分为泰雅(Atayalic)、邹(Tsouic)和排湾(Paiwanic)3 个支系。

戴恩把台湾的南岛语和他加洛语、马来语等归为一支。

布拉斯特把南岛语一分为四。泰雅、邹和排湾各为独立的一支,其他的南岛语为一支称为马来—玻利尼西亚语。(Blust,1978)布拉斯特还把马来—玻利尼西亚语分为西马来—玻利尼西亚语支(Western Malayo-Polynesian)、中东部马来—玻利尼西亚语支(Central-Eastern Malayo-Polynesian)。

台湾学者在赞同布拉斯特分类框架的基础上又有自己的意见。如何大安等学者指出:"由于台湾南岛语保存了早期的特征,她在整个南岛语中地位的重要,也就不言可喻。事实上几乎所有的南岛语学者都同意:台湾南岛语在南岛语的族谱排行上,位置最高,最接近祖语——也就是'原始南岛语'。有争议的只是:台湾的南岛语言究竟整个是一个分支,还是应该分成几个平行的分支。主张台湾的南岛语言整个是一个分支的,可以称为'台湾语假说'。

---

[1] 李壬癸《台湾南岛民族的族群与迁徙》,常民文化事业股份有限公司,1997 年,第 41 页。

这个假说认为,所有在台湾的南岛语都是来自一个相同的祖先:'原始台湾语'。原始台湾语与菲律宾、马来、印尼等语言又来自同一个'原始西部语'。原始西部语,则是原始南岛语的两大分支之一;在这以东的太平洋地区的语言,则是另一分支。这个假说,并没有正确地表现出台湾南岛语的存古特质,同时也过分简单地认定台湾南岛语只有一个来源。"①

欧美学者自上个世纪以来颇为主张侗台与语南岛语有发生学关系。本尼迪克特20世纪40年代提出侗台语与印度尼西亚语等可组成语言联盟,又说与南岛语有发生学关系,于是此类观点在西方占上风。本尼迪克特把印尼语与卡岱语(侗台语)放在一起的设想以及他的论证的方法和材料的处理多有疏漏。

二　南岛语的分类

1.布拉斯特的分类框架

1963年戴恩利用词汇统计比较的办法把台湾的南岛语分为泰雅、邹和布农三群。后来斐热尔(Ferrell)大体上同意戴恩的意见,他在邹语群中增加了沙阿鲁阿和卡那卡那富两种语言。把排湾和布农的这个语群一分为二。第一群的A组包括鲁凯、巴则海、赛夏和绍语,B组包括排湾和卑南。第二群的包括布农、阿美、噶玛兰和雅美等语言。他认为第一群的语言保留了*C和*t的区

---

① 何大安、杨秀芳《南岛语与台湾南岛语》,"台湾南岛语言"丛书。

别,第二语群不能保留这个区别。①

1976年土田滋(Tsuchida)的分类中把台湾的南岛语分为南北两个语群。卑南—鲁凯为南部语群,鲁凯和邹语是南部语群中的一组。②

布拉斯特1978年的分类已成为目前有代表性的主流派的意见。依照他的意见南岛语系的下位共有4支:

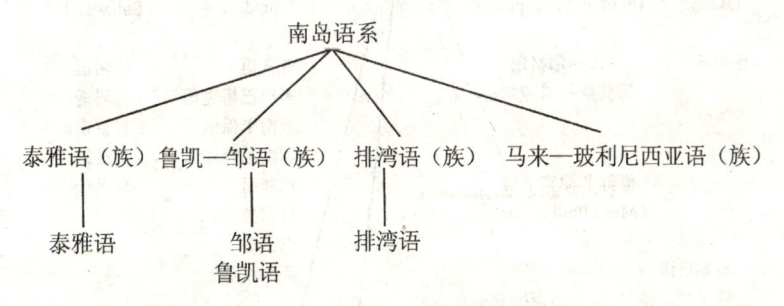

```
                        南岛语系
         ┌──────────┬──────┴──────┬──────────┐
      泰雅语(族) 鲁凯—邹语(族) 排湾语(族) 马来—玻利尼西亚语(族)
         │          │             │
       泰雅语       邹语         排湾语
                   鲁凯语
```

马来—玻利尼西亚语(族)的构成:③

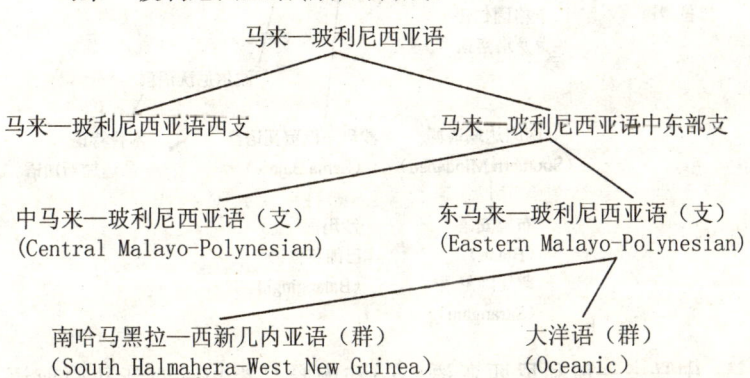

```
                    马来—玻利尼西亚语
           ┌────────────────┴────────────────┐
      马来—玻利尼西亚语西支              马来—玻利尼西亚语中东部支
           │                    ┌──────────────┴──────────────┐
      中马来—玻利尼西亚语(支)      东马来—玻利尼西亚语(支)
      (Central Malayo-Polynesian)  (Eastern Malayo-Polynesian)
                                    ┌──────────────┴──────────────┐
      南哈马黑拉—西新几内亚语(群)            大洋语(群)
      (South Halmahera-West New Guinea)    (Oceanic)
```

---

① 何大安《论鲁凯语的亲属关系》,《历史语言研究所集刊》第五十四本,1983年。
② 陈康《台湾高山族语言》,中央民族出版社,1992年,第8页。
③ Blust 1979, Darrell T. Tryon, The Austronesian, Comparative Austronesian Dictionary, An Introducton to Austronesian Study.

其他的学者在布拉斯特的基础上进一步地完善台湾以外南岛语的分类。

马来—玻利尼西亚语西支的构成：[①]

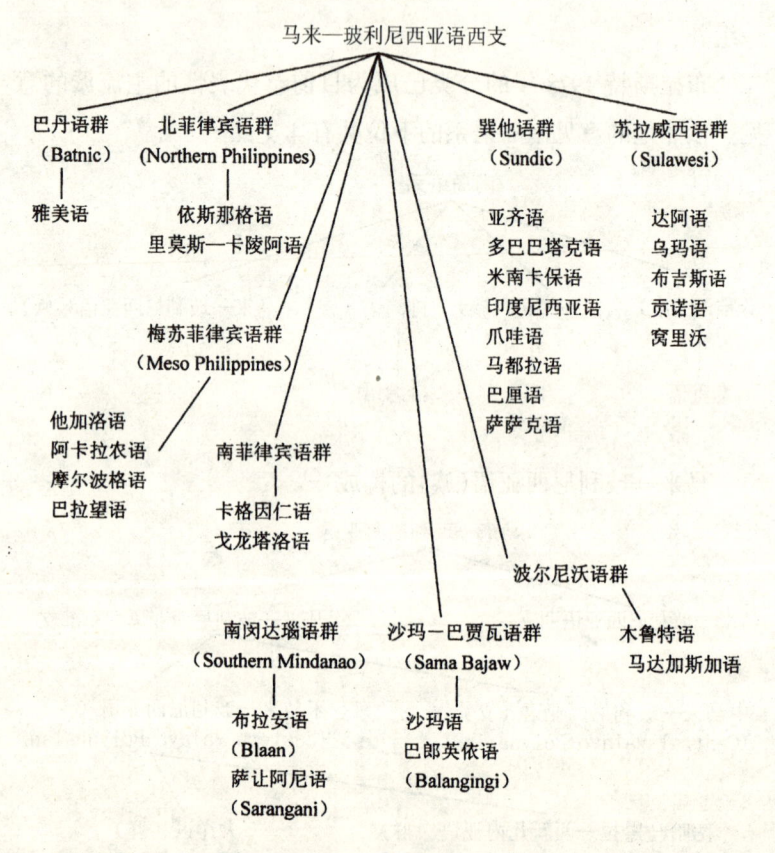

马来—玻利尼西亚语西支

巴丹语群（Batnic）
　雅美语

北菲律宾语群（Northern Philippines）
　依斯那格语
　里莫斯—卡陵阿语

　梅苏菲律宾语群（Meso Philippines）
　　他加洛语
　　阿卡拉农语
　　摩尔波格语
　　巴拉望语

　南菲律宾语群
　　卡格因仁语
　　戈龙塔洛语

　南闽达瑞语群（Southern Mindanao）
　　布拉安语（Blaan）
　　萨让阿尼语（Sarangani）

巽他语群（Sundic）
　亚齐语
　多巴巴塔克语
　米南卡保语
　印度尼西亚语
　爪哇语
　马都拉语
　巴厘语
　萨萨克语

苏拉威西语群（Sulawesi）
　达阿语
　乌玛语
　布吉斯语
　贡诺语
　窝里沃

波尔尼沃语群

沙玛—巴贾瓦语群（Sama Bajaw）
　沙玛语
　巴郎英依语（Balangingi）

木鲁特语
马达加斯加语

中马来—玻利尼西亚语（支）和南哈马黑拉—西新几内亚语（支）的构成：

[①] C.D. McFarland 1980, 1983, M. Ruhlen 1987. Darrell T. Tryon, The Austronesian, Comparative Austronesian Dictionary, An Introducton to Austronesian Study.

中马来—玻利尼西亚语（支）

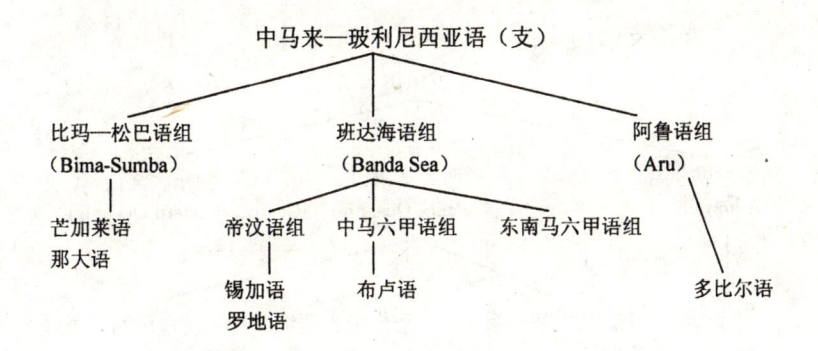

- 比玛—松巴语组（Bima-Sumba）
  - 芒加莱语
  - 那大语
- 班达海语组（Banda Sea）
  - 帝汶语组
    - 锡加语
    - 罗地语
  - 中马六甲语组
    - 布卢语
  - 东南马六甲语组
- 阿鲁语组（Aru）
  - 多比尔语

南哈马黑拉—西新几内亚语(支)[①]

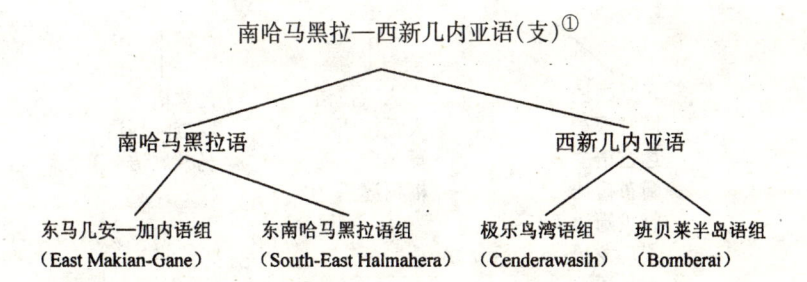

- 南哈马黑拉语
  - 东马几安—加内语组（East Makian-Gane）
  - 东南哈马黑拉语组（South-East Halmahera）
- 西新几内亚语
  - 极乐鸟湾语组（Cenderawasih）
  - 班贝莱半岛语组（Bomberai）

---

① Blust 1978, 1990, Darrell T. Tryon, *The Austronesian*, *Comparative Austronesian Dictionary*, An Introducton to Austronesian Study.

大洋语支的构成:[①]

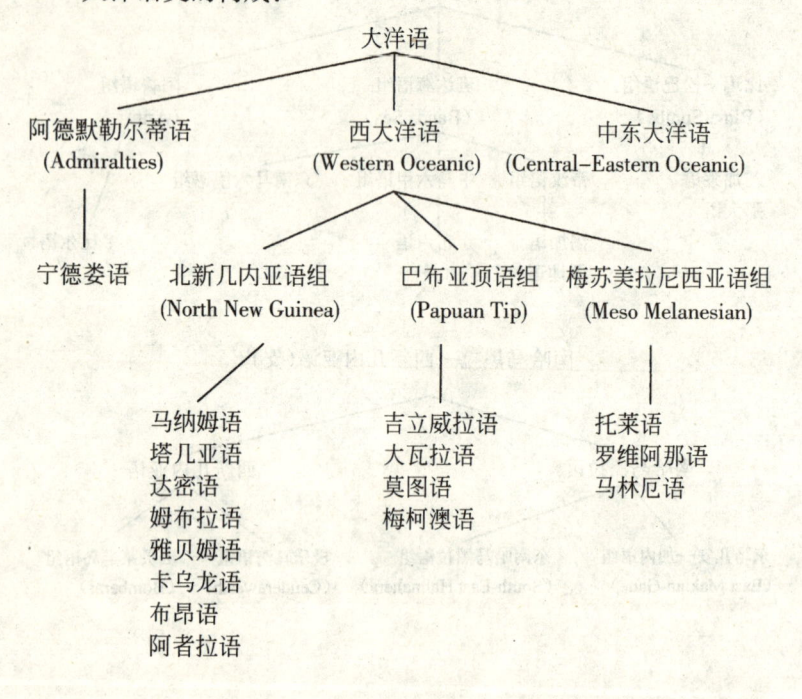

```
                        大洋语
         ┌────────────────┼────────────────┐
   阿德默勒尔蒂语         西大洋语          中东大洋语
   (Admiralties)      (Western Oceanic)  (Central-Eastern Oceanic)
        │
                ┌───────────────┼───────────────┐
     宁德娄语   北新几内亚语组    巴布亚顶语组    梅苏美拉尼西亚语组
              (North New Guinea) (Papuan Tip)   (Meso Melanesian)
```

马纳姆语　　　　吉立威拉语　　托莱语
塔几亚语　　　　大瓦拉语　　　罗维阿那语
达密语　　　　　莫图语　　　　马林厄语
姆布拉语　　　　梅柯澳语
雅贝姆语
卡乌龙语
布昂语
阿者拉语

[①] Ross 1988, Darrell T. Tryon, *The Austronesian*, *Comparative Austronesian Dictionary*, An Introducton to Austronesian Study.

中东大洋语群的构成:[①]

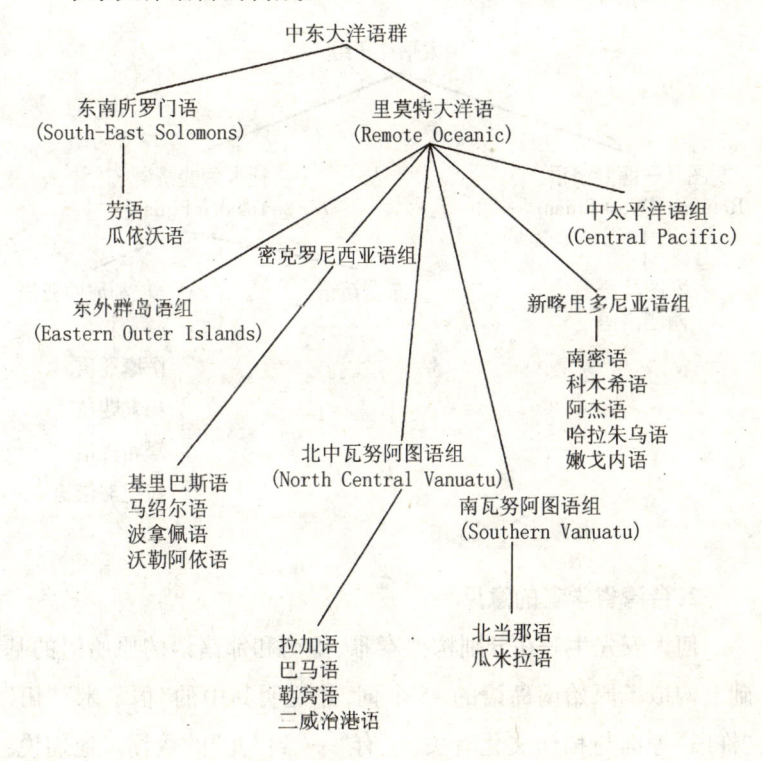

```
                      中东大洋语群
                    ╱           ╲
         东南所罗门语              里莫特大洋语
      (South-East Solomons)    (Remote Oceanic)
```

- 劳语
- 瓜依沃语

密克罗尼西亚语组

中太平洋语组
(Central Pacific)

东外群岛语组
(Eastern Outer Islands)

新喀里多尼亚语组
- 南密语
- 科木希语
- 阿杰语
- 哈拉朱乌语
- 嫩戈内语

- 基里巴斯语
- 马绍尔语
- 波拿佩语
- 沃勒阿依语

北中瓦努阿图语组
(North Central Vanuatu)

南瓦努阿图语组
(Southern Vanuatu)

- 拉加语
- 巴马语
- 勒窝语
- 二威治港语

- 北当那语
- 瓜米拉语

---

① Lynch-Tryon 1985, Darrell T. Tryon, *The Austronesian*, *Comparative Austronesian Dictionary*, An Introducton to Austronesian Study.

中太平洋语的构成:[1]

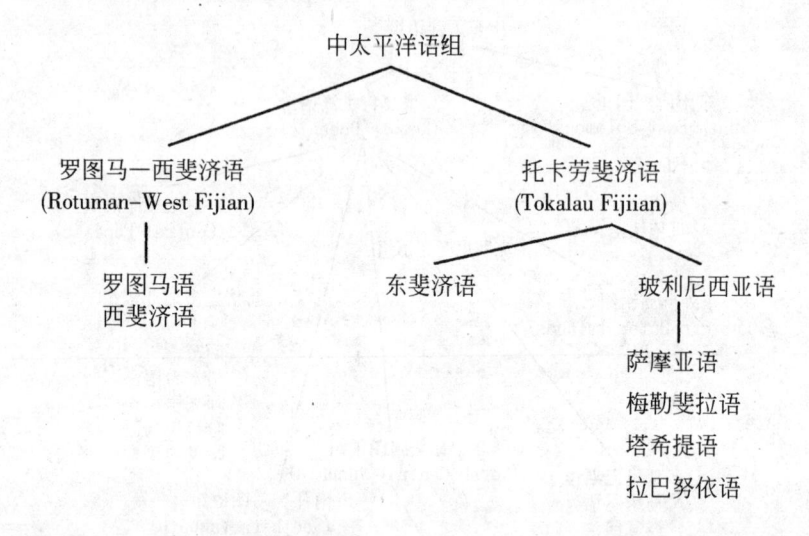

```
                    中太平洋语组
                   /            \
         罗图马—西斐济语          托卡劳斐济语
      (Rotuman-West Fijian)    (Tokalau Fijiian)
              |                /            \
          罗图马语          东斐济语         玻利尼西亚语
          西斐济语                              |
                                            萨摩亚语
                                            梅勒斐拉语
                                            塔希提语
                                            拉巴努依语
```

2. 台湾省学者的意见

何大安先生等在分别构拟泰雅、排湾和邹诸语的原始语的基础上构拟了原始南岛语的95个词,并说明其中的"稻""米""田""杵臼"等词与稻作文化有关,还有"一"到"九"的数词。他们说:"'台湾南岛语',也只是一个笼统的说法,而且地理学的含义大过语言学。那是因为到目前为止,我们还找不出一种语言学的特征是所有台湾地区的南岛语共有的,尤其是创新的特征。"他的这个意见倒是很重要的,即没有一种历史特征是所有台湾地区的南岛语共同的创新。他又说:"要是拿台湾南岛语和'马玻语支'来比较,我们倒可以立刻辨认出两条极重要的音韵创新。""原始南岛语

---

[1] Pawley 1979, Geraghty 1983, Darrell T. Tryon, The Austronesian, Comparative Austronesian Dictionary, An Introduction to Austronesian Study.

'*c:*t'、'*ḷ:*n'在马玻语支中分别合并为't'和'n'。"并认为这类合并的创新还发生在布农、噶玛兰、阿美(阿美斯)、西拉雅等语言。"它们的合并所引起的结构改变,可以作为分群创新的第一条标准。我们因此可将布农、噶玛兰、阿美、西拉雅为一群,他们都有过*c>*t的变化。在布农、噶玛兰、阿美、西拉雅这群之中,在布农、噶玛兰又发生*ḷ>*n的创新,而又自成一个新群。台湾以外的南岛语都经历过这两个阶段的变化,也应当源自这个新群。"[1]

李壬癸先生注意到,布拉斯特等南岛语学者多认为台湾的南岛语没有保存古南岛语舟船的同源词,土田滋(Tsuchida)和达黑尔(Dahl)在他们的研究中也没有对此加以说明。李指出原来居住在台北盆地及台北县一带的巴赛族(Bassay)就有"独木舟"*baŋka一词,台北地名"万华"是它的遗存。泰雅语现在仍称台北为mnkaʔ,称"独木舟"为bnkaʔ,m-bkaʔ指"劈成两半"。bnkaʔ包含有表示"完成"的中缀-n-。[2] 事实上菲律宾、印度尼西亚、巴布亚和密克罗尼西亚的南岛语中都有它的同源词。比如"独木舟",他加洛语baŋkaʔ,印度尼西亚苏拉威西的窝里沃语(Wulio)ʔbaŋka-ʔbaŋk,巴布亚的梅柯澳语(Mekeo)ŋaŋa,玻利尼西亚的拉巴努伊语(Rapanui) vaka poe-poe。

以下是台湾省学者的南岛语分类图:[3]

---

[1] 何大安、杨秀芳《南岛语与台湾南岛语》,"台湾南岛语言"丛书。
[2] 李壬癸《台湾南岛民族的族群与迁移》,第77–84页。
[3] 何大安、杨秀芳《南岛语与台湾南岛语》,"台湾南岛语言"丛书。

```
                            原始南岛语
         ┌────────┬────────┬────────┬────────┬────────┐
         □        □        □        □        □        □
         VI       V        IV       III      II       I
```

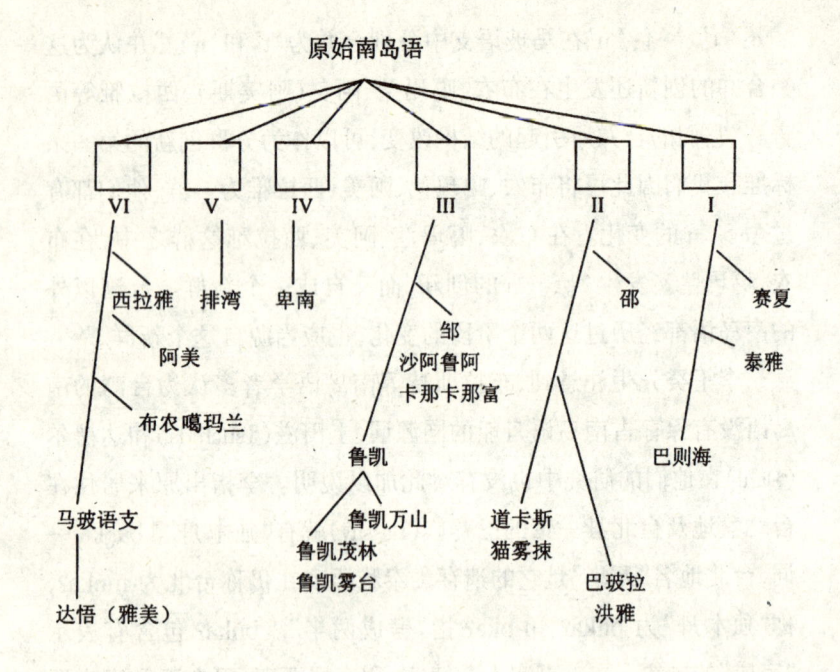

西拉雅　排湾　卑南　　　　　　　　邵　　　　赛夏

　　　阿美　　　　　　邹　　　　　　　　　　泰雅
　　　　　　　　　沙阿鲁阿
布农噶玛兰　　　　卡那卡那富

　　　　　　　　鲁凯　　　　　　　　巴则海

马玻语支　　　　　鲁凯万山　　道卡斯
　　　　　　　　鲁凯茂林　　猫雾拺
　　　　　　　　鲁凯雾台
　　　　　　　　　　　　　　巴玻拉
达悟（雅美）　　　　　　　　　洪雅

3. 分类中的问题

比较结果表明：原始泰雅—赛夏语的 $^*\gamma$ 演变为泰雅语泽敖利方言 γ，赛德克语 g，来自原始南岛语 $^*\gamma$，即布拉斯特构拟的原始南岛语 $^*R(\gamma)$。原始南岛语的 $^*t(^*C)$ 在泰雅—赛夏共同语中先与 $^*s$ 及 $^*t$ 合并，部分成为泰雅语 h。因此我赞同何大安等台湾学者把赛夏语和泰雅语等归入同一支的分类。

卑南语保留了原始南岛语的 $^*t$，布农语中 $^*t$ 与 $^*t$ 合并，在邵语中成为 θ。鲁凯共同语经历了 $^*t > ^*ts$ 的历史。泰雅语（赛考利克方言）的 ts 是 t 在元音 i 前演变的结果。马来—他加洛语的古方言中多数词中的 $^*t$ 变成 $^*t$，但爪哇语、马都拉语及马达加斯加语中仍保留着 t、t 和 k 的对立。

故此布拉斯特和何大安先生等的分类还可以再讨论。问题主要在两个方面,即怎么看台湾的南岛语和台湾以外的南岛语历史上的关系,怎么看台湾以外的马来语和密克罗尼西亚等地语言的历史关系。*t与*t的对立仍存在与台湾以外的南岛语中,*t与*t的合并在台湾和台湾以外的南岛语中都是后来发生的。不能认为布农语等中*t与*t的合并是其他一切合并的原始创新。

如"鸡",布农语 tuɬkuk,鲁凯语 tarukuk,台湾的南岛语有相近的读法。爪哇语 kuʈuʔ,波拿佩语 liʈok(母鸡)有相近的读法。台湾以外和台湾的这些读法有同源关系。雅美语的 manok 和波拿佩语的 malek 读法相近,即汉藏语系一些语言中的"鸟"。爪哇语和波拿佩语中*t与*t的对立应来自原始南岛语,马达加斯加语中*tʻ与*t的对立更能说明问题。(见下文)古代大陆南岛语*t与*t的合并在语音和词汇上都对原本分布在东边和南边海岛上的南岛语有很大的影响。

布拉斯特的分类中台湾以外的马来—玻利尼西亚语分为西支中东部支,后者进一步区分为中马来—玻利尼西亚语文和东马来—玻利尼西亚语支。显而易见,新喀里多尼亚和密克罗尼西亚诸语的特点被忽视,更多的是根据地理的分布。

4.本书的分类

南岛诸语比较的结果依照它们共同创新的情况,本书的分类意见为:

泰雅—赛夏语族包括泰雅语、赛德克语和赛夏语。泰雅语有赛考利克和泽敖利克两种方言。

邹—卑南语族包括邹—鲁凯和卑南—布农两语支。邹—鲁凯语支包括邹语、沙阿鲁阿语、卡那卡那富语和鲁凯语,卑南—布农语支包括卑南语、邵语、阿美语、布农语、排湾语和巴则海语。

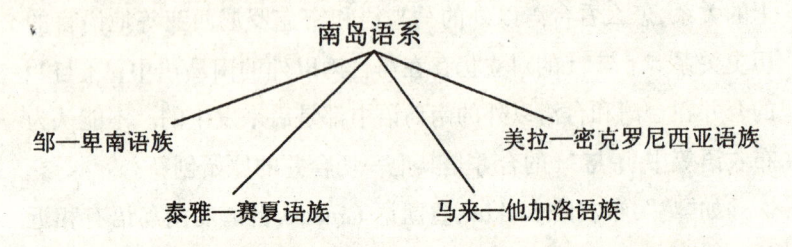

```
                        南岛语系
          ┌──────────┬────┴────┬──────────┐
      邹—卑南语族                          美拉—密克罗尼西亚语族
              泰雅—赛夏语族    马来—他加洛语族
```

马来—他加洛语族辖马来、占语和他加洛三支。马来语支包括印尼、巽他、爪哇、米南卡保、马达加斯加等语言,占语支包括亚齐、加莱和雷德等语言,他加洛语支包括他加洛、巴拉望、阿卡拉农、摩尔波格和雅美等语言。

美拉—密克罗尼西亚语族辖美拉尼西亚、巴布亚、新喀里多尼亚和密克罗尼西亚四语支。美拉尼西亚语支包括斐济语、汤加语、萨摩亚语、夏威夷语、塔希提语等,巴布亚语支包括莫图语、梅柯澳语、大瓦拉语等,新喀里多尼亚语支包括阿杰语、科木希语和南密语等,密克罗尼西亚语支包括马绍尔语、波那佩语、吉尔伯特语和特鲁克语等。

第三章 马来—他加洛语

印度尼西亚语等在现代西方的南岛语分类中为马来—玻利尼西亚西支的成员。印度尼西亚语、占语和他加洛语（他加禄语）等是有密切的发生学关系的语言。它们来自原始马来—他加洛语。原始南岛语*-ɣ-在他加洛语支的语言中读作-g-，印度尼西亚语和占语中读作-r-。如：

	巴拉望语	印尼语	占语
血	duguʔ	darah	darah
针	daɡum	dʒarum	dʒrum
肩	ɔbaga	abara(巴塔克语)	bra

"血"，他加洛语 dugoʔ，依斯那格语 dāga，阿卡拉农语 duguʔ，摩尔波格语 dahaʔ；印度尼西亚的马都拉语 qara，萨萨克语 daraʔ，布吉斯语 darra。

"针"，依斯那格语 dāgum，阿卡拉农语 dāgum，摩尔波格语 do-hum；马都拉语 dʒɦarum，萨萨克语 dʒaum，布吉斯语 dʒaruŋ。这里的马来—他加洛语是依照我个人的意见区分的马来—他加洛语族的语言，也指原始马来—他加洛语或马来—他加洛共同语。马来—他加洛语族至少有马来和他加洛两个语支。占语支的语言比起他加洛语来与马来语有更密切的发生学关系,分立讨论,问题更清楚。

以下分别对印度尼西亚语、占语和他加洛语等语言的不同支系进行讨论,并在此基础上构拟其较早时的形式。

一 马来语

现代马来语分布在马来西亚、文莱、新加坡等地。印度尼西亚语是以原通行于马六甲海峡地区的马来语为基础发展起来的以黏着形态为主的 SVO 型语言,与它们相近的有巴厘语(Balinese)、萨萨克语(Sasak)、戈龙塔洛语(Gorontalo)、巽他语(Sundanese)、罗地语(Roti)、巴塔克语(Batak)、米南卡保语(Minangkabau)等。

1.印度尼西亚语、巽他语和爪哇语的语音[①]

(1)印度尼西亚语的辅音和元音

辅音

    p   b   m

    t   d   n   s   r   l

    k   g   ŋ   h   w

    tʃ   dʒ   ɲ   j

元音

    a   e   i   ə   o   u

---

① 引自 Comparative Austronesian Dictionary, An Introduction to Austronesian Studies, Part 1: Fascicle 1, pp.446-449, pp.461-462, pp.472-473, p.423。原文 č、ǰ、y 和 ñ 分别转写为 tʃ、dʒ、j 和 ɲ。

　　　　ai　　　　　　oi
　　　　au
(2) 巽他语的辅音和元音
辅音
　　　　p　b　m
　　　　t　d　n　s　r　l
　　　　k　g　ŋ　　h　w
　　　　tʃ　dʒ　ɲ　　　　j
元音　a　e　i　ə　ɨ　o　u
(3) 爪哇语的辅音和元音
辅音
　　　　p　b　m
　　　　t　d　n　s　r　l
　　　　ʈ　ɖ
　　　　k　g　ŋ　　h　w
　　　　tʃ　dʒ　ɲ　　　　j
　　　　ʔ
元音　a　ɛ　e　i　ɔ　o　u
辅音 tʃ、w、j 和元音 ə 用于借词。

2. 印尼语辅音的来历

印度尼西亚语的祖语是原始马来语。以下我们从印尼语与巽他语、爪哇语、巴塔克语等比较入手构拟原始马来语的辅音。

(1) p 和 b

	印尼	巽他	爪哇	巴塔克
稻子	padi	pare	pari	—
岛	pulau	pulo	pulo	pulo
潮水	pasaŋ	pasaŋ	rɔp-sɔp-iŋ	pasaŋ
石头	batu	batu	watu	batu
新	baru	aɲar	aɲar	ibbaru
灰(烬)	abu	ləbu	awu	si-rabun

"新"达阿语 na-bou,巴厘语 marə,沙威语(Sawai)n-ɔbɛn 等表明原有的前缀 *n-使得巽他语和爪哇语 *-b- > -ɲ-。

印尼语 p- < *p-,b- < *b-。

(2) t 和 d

	印尼	巽他	爪哇	巴塔克
角	tanduk	tanduk	suŋu	tadduk
虱子	kutu	kutu	tumɔ	hutu
脑子	otak	utik	utək	utoh-utok
闪电	kilat	kilat	ʈaʈit	—
皮	kulit	kulit	kulit	—
少	sədikit	sa-itɨk	siʈiʔ	sa-ɔtik
秃顶	botak	butək	bɔʈaʔ	—

印尼语、巽他语的 t 对应于爪哇语的 t 和 ʈ。

	印尼	巽他	爪哇	巴塔克
洗澡	mandi	mandus	adus	maddidi
眨眼	kədip	kitʃip	kədɛp	makkidop
胸	dada	dada	ɖɔɖɔ	addɔra
蜥蜴	kadal	kadal	kaɖal	—

印尼语、巽他语的 d 对应于爪哇语的 d 和 ɖ。

"眨眼",马都拉语 kəddəp,鲁凯语 wa-kədə-kədəpə。"胸",马都拉语 ɖaɖa,马达加斯加语 tʼatʼa,巴布亚的雅贝姆语 bo-dagi。爪哇语、马都拉语等结构中 d 与 ɖ 的对立,古马来语中曾发生 t 和 ʈ,d 与 ɖ 的合并。

(3) k 和 g

	印尼	巽他	爪哇	巴塔克
贝壳	kəraŋ	kəraŋ	kəraŋ	kɔraŋ
蝴蝶	kupu	kukupu	kupu	lappu
皮	kulit	kulit	kulit	hulikkuliŋ
山	gunuŋ	gunuŋ	gunuŋ	—
乌鸦	gagak	gagak	gagaʔ	si-gak
齿龈	gusi	gugusi	gusi	gosi

印尼语、巽他语的 k 和 g 分别对应于爪哇语和巴塔克语的 k 和 g。

(4) tʃ 和 dʒ

	印尼	巽他	爪哇	巴塔克
噎	-tʃəkik	tʃəkek	—	sɔkkik
杯子	tʃaŋkir	tʃaŋkir	tʃaŋkir	
猫	kutʃiŋ	utʃiŋ	kutʃiŋ	hutiŋ
毒	ratʃun	ratʃun	—	rasun

"噎",巴厘语 sukak。

印尼语、巽他语的 tʃ-似来自 s-和 t-。

	印尼	巽他	爪哇	巴塔克
手指	dʒari	—	dridʒi	dʒari-dʒari
针	dʒarum	dʒarum	dɔm	dʒarum
雨	hudʒan	hudʒan	udan	udan
舔	-dʒilat	-letak	dilat	dilat

"手指",他加洛语 dalīriʔ,阿卡拉农语 tudluʔ。

"针",阿卡拉农语 dāgum。

"雨",他加洛语 udan,阿卡拉农语 uɬan,卑南语 ʔudal,布农语 χudan。

印尼语的 dʒ-当来自 d-。

(5) m、n、ŋ 和 ɲ

	印尼	巽他	爪哇	巴塔克
死	mati	—	mati	matɛ
醉	mabuk	mabok	mabuʔ	mabuk
咱们	kami	—	kami	hami
蚂蚁	səmut	sirɨm	səmut	—
喝	minum	ŋ-inum	ŋ-ombe	minum
地	tanah	tanɨh	ləmah	tanɔ
风	aŋin	aŋin	aŋin	—
手臂	ləŋan	liŋin	ləŋən	—
暗礁	karaŋ	karaŋ	karaŋ	haraŋ
扣子	kanˌtʃiŋ	kanˌtʃiŋ	—	hatʃtʃiŋ
扫	mənˌapu	sa-aspu	ɲapu	sapu

从诸语鼻辅音的对应可以看出印尼语的 m、n 和 ŋ 分别来自原始马来语的 *m、*n 和 *ŋ。

"扣子",马来语 kantʃiŋ,沙玛语 kansiŋ。

"扫",巽他语又读作 ɲapu-an。印尼语 ɲ-< *n-及 *ɲ-。

(6) s 和 h

	印尼	巽他	爪哇	巴塔克
乳房	susu	susu	susu	susu
鳞	sisik	sisit	sisiʔ	sisik
小腿	bətis	bitis	—	bitis
喷嚏	bərsin	bərəsin	—	barsi-ɔn
肚脐	pusat	—	—	pusok

印尼语 s < *s。

	印尼	巽他	爪哇	巴塔克
雨	hudʒan	hudʒan	udan	udan
鼻子	hiduŋ	iruŋ	iruŋ	iguŋ
鲨鱼	hiu	hiu	hiu	iu
黑	hitam	hidiŋ	irəŋ	birɔŋ
脓	nanah	nanah	nanah	nana
舌头	lidah	letah	ilat	dila
汁	gətah	gitah	gətih(血)	—

"雨"，布农语 χudan，卑南语 ʔudal。原始南岛语 *q- 马来诸语演变为 *h-。

"血"，印尼语 darah，排湾语 dʒamuq < *damuq。

印尼语 h < 原始马来语的 *h，原始南岛语 *q-。

(7) l 和 r

	印尼	巽他	爪哇	巴塔克
手臂	ləŋan	liŋin	ləŋən	laŋɔk
苍蝇	lalat	lalɨr	lalər	lanɔk
蛇	ular	oraj	ulɔ	ulok
炭	araŋ	araŋ	araŋ	agɔŋ
干燥	kəriŋ	gariŋ	gariŋ	-hiaŋ
毒	ratʃun	atʃun	—	rasun
头骨	taŋkorak	taŋkorek	—	takkurak

"手臂"，他加洛语支的巴拉望语 loŋon，摩尔波格语 loŋon 等表明印尼语的 l- < *l-。

"炭"，他加洛语支的依斯那格语 ūgiŋ，他加洛语 ūliŋ。"尾巴"，印尼语 ekor，巴塔克语 ihur 等对应于他加洛语支阿卡拉农语 īkug，卡格因仁语 ikug 等。"嘴唇"，印尼语 bibir，巽他语 biwir，对应于阿卡拉农语、卡格因仁语 bibig 等。印尼语 r 应来自马来共同语的 *r，来自原始马来语的 *r 和 *ɣ。后者对应于他加洛语支语言的 g。巴塔克"炭"的读法可能来自他加洛语支的语言。

(8) w、j 和零声母

	印尼	巽他	爪哇	巴塔克
沼泽	rawa	rawa	rɔwɑ	—
云	awan	—	—	ɔbbun

"守卫",印尼语 pəŋ-awal,亚齐语 kawaj 借自泰米尔语 kāval。

"门",印尼语、爪哇语 lawaŋ,马都拉语 labaŋ。

印尼语 -w- < *-w- 和 *-b-。

"木头",印尼语、爪哇语 kaju,巴塔克语 hau。他加洛语支的摩尔波格语、巴拉望语 kaju(木头,树)。

"翅膀",印尼语 sajap,米南卡保语 sajoʔ,亚齐语 sajɯəp。

"鳄鱼",印尼语、巽他语 buaja,爪哇语 bɔjɔ,巴塔克语 buea,他加洛语 buwāja。

印尼语 j- < *j-。

印尼语零声母如:

	印尼	巽他	爪哇	巴塔克
火	api	—	—	api
灰	abu	—	awu	si-rabun
老	tua	—	tuɔ	tuʼa

"火",他加洛语、鲁凯语 apoj。"烟",他加洛语、鲁凯语 abo。印尼语这一类词原本就没有首辅音。

3. 印尼语元音的来历

(1) a

	印尼	巽他	爪哇	巴塔克
脓	nanah	nanah	nanah	nana

木头	kaju	kai	kaju	hou
天	laŋit	laŋit	laŋit	laŋit
月亮	bulan	bulan	rembulan	bulan
脾	limpa	—	limpɔ	lippa
眼睛	mata	—	mɔtɔ	mata

印尼语 a < *a。

(2) e

	印尼	巽他	爪哇	巴塔克
汤匙	sendok	sendok	senḍo?	sɔdduk
尾巴	ekor	—	—	ihur
撒尿	-kemih	kiih	-ujuh	—
冷	pitek	—	pilək	batuk

印尼语 e 与亲属语间较少有"汤匙"这样的对应。"尾巴",如巴厘语 ikut,米南卡保语 ikuᵒ,阿卡拉农语 ikug,排湾语 iku。

印尼语 e < *i。

(3) i

	印尼	巽他	爪哇	巴塔克
闪电	kilat	kilat	tatit	—
鳃	insaŋ	insaŋ	aŋsaŋ	insaŋ-insaŋ
脸颊	pipi	pipi	pipi	—
猪	babi	babi	babi	babi
风	aŋin	aŋin	aŋin	—

印尼语 i 对应于巽他语和爪哇语等的 i,< *i。

(4) ə

	印尼	巽他	爪哇	巴塔克
手臂	ləŋan	liŋin	ləŋən	—
贝壳	kəraŋ	kəraŋ	kəraŋ	kɔraŋ
熊	bəruaŋ	biruaŋ	bruaŋ	—

蚂蚁	səmut	sirim	səmut	—
手镯	gəlaŋ	gilaŋ	gəlaŋ	gɔlaŋ
种子	bənih	binih	winih	bibit

印尼语 ə 大体上对应于巽他语 ə 和 ɨ，爪哇语 ə，< 原始马来语 *ə。

"手臂"，巴厘语 ləŋen，马都拉语 ləŋŋen。由于元音和谐，巴厘语等这个词的元音相同。

(5) o

	印尼	巽他	爪哇	巴塔克
头骨	təŋkorak	taŋkorek	—	takkurak
树干	pokok	—	bɔŋɔl	bɔna
空	kosoŋ	kosoŋ	kɔtɔŋ	kɔsɔŋ
汤匙	sendok	sendok	sendɔʔ	sɔdduk
茅舍	pondok	—	pɔndɔʔ	sɔpɔ

印尼语 o 大体上对应于巽他语 o，爪哇语和巴塔克语 ɔ，应 < *o。

"脑"，印尼语 otak，巽他语 utɨk，爪哇语、马都拉语 utək。该词印尼语 o < *u。

(6) u

	印尼	巽他	爪哇	巴塔克
雨	hudʒan	hudʒan	udan	udan
灰	abu	ləbu	awu	si-rabun
虱子	kutu	kutu	—	kutu
石头	batu	batu	watu	batu
挂	gantuŋ-	gantuŋ	gantuŋ	gattuŋ

印尼语 u 对应于诸亲属语 u，< *u。

(7) ai

	印尼	巽他	米南卡保语	巴塔克
水	air	tʃai	aiᵊ	aɛk
河	suŋai	—	suŋaj	suŋɛ
地板	lantai	lante	lantaj	—
解开	-uŋkai	—	uŋkaj	taŋgal

"水",萨萨克语 ai?,卡格因仁语 waig。

"河",米南卡保语、马都拉语 suŋaj。"地板",米南卡保语、沙玛语 lantaj。

印尼语 ai < *aj 和 *al。

(8) au 和 oi

	印尼	巽他	米南卡保语	马都拉语
绿	hidʒau	hedʒo	idʒaw	—
小刀	pisau	peso	pisaw	—
橡	kasau	kaso	kasau	usuk
叶子	daun	daun	daun	dɑun

印尼语 au < *aw 和 *au。

现代印尼语的俚俗语和借词中较多出现 oi,如 koit "死", toilet "厕所"。"热情",印尼语 asoi, asjmasoj。

4. 原始马来语的音系

根据以上的比较现构拟原始马来语音系如下:

(1) 辅音

p	b	m			
t	d	n	s	r	l
ʈ	ɖ	ɳ	ʃ		
k	g	ŋ		h	w	j

ʔ

(2)元音

a i ə u o e

二 占语

占语支的语言有占语、哈罗伊语(Haroi, Hroi, Hrway, Bahnar Cham)、扎德语(Tsat)、罗格莱语(Roglai)、① 回辉语及亚齐语等。分布在越南的占语有东西两种方言。古占语分布在印度支那半岛,亚齐语是古占语后代语言。亚齐语等占语支语言与马来语支的语言较为接近,亚齐语有不少印尼语借词,一些学者把亚齐语划归巽他语支,也有学者将其归于马来—占语支(Malayo-Chamic)。② 占语支语言内部,及占语与马来语支语言的比较,可以说明这个问题。

1. 占语、加莱语、雷德语和亚齐语的语音

(1)占语西部方言的辅音和元音

辅音

p	ph	b	ʔb	m			
t	th	d	ʔd	n	s	r	l
tʃ	tʃh	dʒ	ʔdʒ	ɲ		j	
k	kh	g		ŋ		w	

---

① 罗格莱语北部方言又叫做 Radlai, Adlai, Rayglay, Raglai。
② Graham Thurgood, *From Ancient Cham to Modern Dialects*, pp.5 - 36.

ʔ h

单元音 a ɛ e i ə ɯ o ɔ u①

弱化元音 ă ɛ̆ Ɩ ɔ̆ ŭ

复元音 au eau iau ai uai ui oa ea ia

(2)加莱语的辅音和元音

辅音

p   ph   b   ʔb   m   ʔm
t   th   d   ʔd   n   ʔn   s   r   l   ʔl
tʃ   dʒ ʔdʒ ɲ   ʔɲ
k   kh   g   ŋ   ʔŋ   h

单元音 a ɛ e i ə ɯ o ɔ u②

(3)雷德语的辅音和元音

辅音

p   ph   b   ʔb   m   f
t   th   d   ʔd   n   s   z   r   l
tʃ tʃh dʒ ʔdʒ ɲ   j
k   kh   g   ŋ   w
ʔ   h

单元音 a ɛ e i ə ɯ o ɔ u③

(4)亚齐语北部方言的辅音和元音

---

① Kvoeu-Hor and Friberg, 1978. Graham, *From Ancient Cham to Modern Dialects*, pp. 274–275.
② Pham Xuân Tin, 1955, *From Ancient Cham to Modern Dialect*, pp. 266–267.
③ Gerod, 1978. *From Ancient Cham to Modern Dialects*, pp. 269–270.

辅音

p	ph	b	bh	m	mb	
t	th	d	dh	n	nd	s r l
tʃ	tʃh	dʒ	dʒh	ɲ	ɲdʒ	ʃ j
k	kh	g	gh	ŋ	ŋg	
ʔ					h	

单元音 a ɛ e i ə(ʌ) ɯ ɔ o u①

2. 占语辅音的来历

(1) p 和 ph

	占语	加莱语	雷德语	亚齐语
拍	pah	pah	pah	—
弓	panih	pənah	mənəh	panah(箭)
四	paʔ	păʔ	păʔ	pɯət
稻子	padai	pədai	mədie	pade
石头	padau	pətəu	bɔh tău	batɛə
旱蛭	plom	plum	plum	—
十	pluh	pluh	pluh	siploh
大	pruŋ	prŏŋ	prŏŋ	*rajuʔ
掌(手脚)	plaʔ	plăʔ	plăʔ	palɯət

占语 p-、pl- 和 pr- 与加莱语的 p-、pl- 和 pr- 分别有对应关系，p-对应于雷德语 p-和 m-等。占语 p-<原始占—亚齐语的 *p-。

	占语	加莱语	雷德语	亚齐语
大腿	pha	pha	pha	pha
苦	phiʔ	phĭʔ	phĭʔ	phet

---

① Durie, 1985. *From Ancient Cham to Modern Dialects*, pp. 262–263.

茎	phǔn	phǔn	phǔn	phen
凿	phaʔ	phǎ	—	phɯət

"大腿",印尼语 paha,"苦"印尼语 pahit。

占语 ph- < 占-亚齐共同语的 *ph-,< 原始占-亚齐语的 *p-h-。

(2) b 和 ʔb

	占语	加莱语	雷德语	亚齐语
嘴	babah	bəbǎh	—	babah
野猪	pabui	bəbui	—	bui
新	bahau	pəhrəu	mrǎu	baro
包起①	bliʔ	blǐʔ	blǐt(拧)	—
劈开	blah	blǎh	blah	plah
稻米	brah	braih	braih	brɯəh
腐烂	brǔ	brǔ	brǔ	broʔ
给	braj	brəi	brəi	bri

"腐烂",巽他语 buruk,巴厘语 bərək,他加洛语 bulok。

"给",印尼语 bari,他加洛语 bigaj。从 -r- 与 -g- 的对应看,占语和马来语的关系更接近。

占语 b- < *b-。

	占语	加莱语	雷德语	亚齐语
头发	ʔbuʔ	ʔbǔk	ʔbǔk	oʔ
伸	ʔbau	ʔbəu	ʔbǎu	
脸	ʔbɔʔ	ʔbɔ̌ʔ	ʔbɔ̌ʔ	—
门	baʔbǎŋ	ʔmaŋ	ʔbǎŋ	
箭	ʔbrə̌m	ʔbrǎm	ʔbrǎm	—

---

① 占语这个词可能借自南亚语。如巴琉语 pjat[53],莽语 vet[55]。

"头发",巴塔克语 obuk,他加洛语 buhok,木鲁特语 abuk。大约由于前一音节元音的关系,后一音节的 b- > *ʔb-。

占语"门""箭"是孟高棉语借词。"门",格木语南谦话 băŋbʏŋ,德昂语南虎话 baŋ boh。"箭",柬埔寨语 pruːɲ。

(3) t 和 th

	占语	加莱语	雷德语	亚齐语
劈	tăʔ	tăʔ	—	taʔ
绳子	talaj	tǎlɛi	klɛi	talɔə
手	taŋən	təŋan	kəŋan	—
土地	tanғh	tǎnah	—	tanɔh
老鼠	takuh	təkuih	kəkuih	tikoh
骨头	talaŋ	təlăŋ	klaŋ	tuluɯŋ
死	matai	—	—	mate
眼睛	mata	məta	—	mata

占语 t < *t。

	占语	加莱语	雷德语	亚齐语
知道	thau	thəu	thău	thəə
年	thŭn	thun	thŭn	thon
干燥	thu	thu	thu	tho

"知道",印尼语 tahu,沙玛语 taʔu。

"年",印尼语 tahun,沙玛语 tahun。

"干燥",沙玛语 tohoʔ,摩尔波格语 tuʔug。

占语 th < 原始占语(占—亚齐共同语) *t-h-。

(4) d 和 ʔd

	占语	加莱语	雷德语	亚齐语
里面	dalăm	həlăm	hlăm	dalam
血	darah	drăh	erah	darah
舌头	dalah	jəlăh	elah	dilah

胸	tada	tə̆da	ʔdahda	dada
快	drah(早)	drah	—	draih
咱们	draj	—	drɛi	

"血",印尼语、米南卡保语 darah,马都拉语 ḍara,依斯那格语 dăga。

占语 d- < *d-。

占语西部方言描写的音系中无 dh,词汇材料中出现这样的词。如"树枝",占语 dhan,加莱语 than,雷德语 adhan,亚齐语 dhɯən。马来语支的南卡保语、巽他语 dahan。古占语当有 *dh-。

	占语	加莱语	雷德语	亚齐语
仰卧	ʔdaŋ	ʔdaŋ	ʔdaŋ	
攀	ʔdiʔ	ʔdiʔ	ʔdiʔ	eʔ
跑、淌	ʔduaiʔ	ʔduaiʔ	ʔduɛ̆ʔ	—
暖、热	paʔdau	pə̆ʔdəu	məʔdau	

"睡",马都拉语 tiḍuŋ,摩尔波格语 iloŋ(躺下),卑南语 miʔədəŋ(躺)。

占语"跑"当为孟高棉语借词。"跑",如莽语 ʔa³¹ dɛ⁵⁵,德昂语南虎话 dau。

占语 ʔd- 是古占语前一元音音节丢失、元音的 *-ʔ 影响后一音节 d- 的结果。

(5) k、kh 和 g

	占语	加莱语	雷德语	亚齐语
砍	karɔ̆m	krɔ̆m	krăm	karəm
树	kajau	kəjəu	kəjău	kajɛə
我	kau	kəu	kău	kɛə
三	klau	kləu	tlău	lhɛə
猴子	kra	kra	kra	—

痒	katăl	gaĭʔ	kətăl	gatai
汁	katăʔ	—	kətăk	gɯtah

"我",占语 kau < *ku(参见下文关于元音的讨论)。

"三",哈罗伊语 tlău,巴塔克语 tolu,他加洛语 tatlo。

"痒",印尼语 gatal,爪哇语、马都拉语 gatəl。

占语 k- < *k-, *g-; kl- < *t-l-。

	占语	加莱语	雷德语	亚齐语
布、毯	khăn	khăn	—	—
硬	khăŋ	khăŋ	khăn	kʌŋ(强壮)
勇敢	khĭn	khĭn	—	—

"硬",占语的读法当来自南亚语。如,德昂语南虎话 khrɤŋ,柬埔寨语 khlaŋ。

占语支语言的 kh-应是后起的,来自*k-。

	占语	加莱语	雷德语	亚齐语
旁边	gah	gah	gah	—
窄	ganiiʔ	gəniäʔ	kəniäʔ	—
累	glɛh	glɛh, dlɛh	—	—
脑	glɔ	dlɔ	dlo	—
牙齿	dagaj	tăgəi	egɛi	gigɔə

"牙齿",印尼语、米南卡保语、巴厘语 gigi。

"累",佤语马散话 glɛih,格木语曼买话 glɪn,巴琉语 kyaːn[11]。

占语 g- < *g-。

"根",占语 gha,加莱语 akha,雷德语 agha,亚齐语 ukhɯə,印尼语 akar,巴厘语 akah。占语 gh-可能来自*g-h-。

(6) tʃ 和 tʃh

	占语	加莱语	雷德语	亚齐语
手指	tʃaʔdiaŋ	tʃəʔdɛŋ	kədieŋ	—

鸟	tʃim	tʃim	tʃim	tʃitʃem
树枝	tʃaʔbaŋ	təʔbaŋ	kəʔbaŋ	tʃabɯəŋ
啄	tʃuh	tʃuh	tʃuh	tʃuh
烧、点	tʃuh(烤)	tʃuh	tʃuh	—
蜥蜴	tatʃă?	kăŋkă?	tăklelo	titʃa?

占语"鸟"借自孟高棉语。如,格木语南谦话 tʃem,佤语马散话 sem,德昂语南虎话 sim,卡西语 ksem。

占语"烧"借自孟高棉语。如,布朗语曼俄话"烘烤"khχah[35]。

"蜥蜴",亚齐语又为 tʃitʃa?,他加洛语 butiki?,布拉安语 tiki。

占语 tʃ- < 占—亚齐共同语 *tʃ-, < 原始占—亚齐语 *t-。

	占语	加莱语	雷德语	亚齐语
舀	tʃhɔ?	sŏ?	—	—
翅膀	tʃheau?	—	siap	sajɯəp

"舀",占语书面语 dʒhauk,罗格莱语北部方言 tʃo?。

"翅膀",占语书面语 thiap,藩朗占语 thjaw。

占语 tʃh- < *th-。

(7) dʒ 和 ?dʒ

	占语	加莱语	雷德语	亚齐语
路	dʒalan	dʒəlan	elan	lɯən
附近	dʒĕ?	dʒĕ?	dʒĕ?	—
断	dʒɔh	dʒoh	dʒɔh	
踏	dʒoa?	dʒuă?	dʒuă?	

"路",印尼语、巽他语 dʒalan,爪哇语 dalan,摩尔波格语、卡格因仁语 dalan。

"针",印尼语、巽他语 dʒarum,爪哇语 dɔm,摩尔波格语 dohum,卡格因仁语 dagəm。

占语 dʒ- < *d-。

	占语	加莱语	雷德语	亚齐语
鼠鹿	ʔdʒoah	ʔdʒruăh	—	gluɯh(吠鹿)

藩朗占语把一种竹子叫做 ʔdʒaw，也叫做 ʔdraw。雷德语 ʔdrau。[①]

占语 ʔdʒ- < *ʔd-。

(8) m、n、ɲ 和 ŋ

	占语	加莱语	雷德语	亚齐语
晚上	malăm	mlăm	mlam	malam
鸡	manŭʔ	mənŭʔ	mənŭʔ	maɔʔ
喝	maɲum	maɲŭm	mənŏm	minom
蚊子	dʒamŏʔ	—	—	dʒamɔʔ
六	năm	năm	năm	nam

占语 m < *m。

	占语	加莱语	雷德语	亚齐语
走	nau	nau	nau	—
六	năm	năm	năm	nam
这	ni	anai	tinɛi	ŋɛɔ
孩子	niʔ	anăʔ	anak	anuɯʔ
月亮	blan	blan	mlan	buluɯn
雨	dʒan	hədʒan	hədʒan	udʒɯən

占语 n < *n。

	占语	加莱语	雷德语	亚齐语
他、她	ɲuh	ɲu	ɲu	—
浸	ɲŭk	pəɲŭʔ	ɲŭʔ	—
黄	kaɲiʔ(橙色)	kəɲɪʔ	kəɲɪʔ	kuɲɛt

[①] *From Ancient Cham to Modern Dialects*, p. 350.

| 梯子 | kaɲan | rěɲan | eɲan | ruɯnuɯn |

"他",占语等为孟高棉语借词。如,达拉英语(Talaing) ɲah,[①] 越南语 nɔ⁵,尼科巴语 na。

"鼻涕",占语 ɲun,加莱语 ɲuih,雷德语 aɲuih,越南语 nɯək(mui),德昂语 muih。

"灵魂",占语 ɲawa,马都拉语 ɲaba,沙玛语 ɲawa。

占语 ɲ- < *ɲ- 及 *n-。

	占语	加莱语	雷德语	亚齐语
风	ŋin	aŋin	aŋin	aŋen
花	baŋur	bəŋă	məŋa	buŋɔŋ
芝麻	laŋɨ	rəŋa	eŋu	—
手	taŋən	təŋan	kəŋan	
白	lasuŋ	rəsŭŋ	esŭŋ	luɯsoŋ
骨头	talaŋ	təlŏŋ	klaŋ	tuɯɯŋ
肠子	tuŋ	tuŋ(胃)	—	

"风",印尼语、巽他语、米南卡保语、爪哇语 aŋin,他加洛语 hāŋin。

"骨头",印尼语、巽他语、米南卡保语、巴厘语 tulaŋ,依斯那格语 tulāŋ。

占语 ŋ < *ŋ。

(9) ʔ 和 h

占语的 ʔ 可出现在音节首和音节尾。占语支语言音节首的 ʔ- 有两类,元音前的 -ʔ 和浊辅音前的 ʔ-。浊辅音前的为先喉塞音,上文讨论过。元音前的 ʔ- 加莱语中表现得较为明显。试比较:

[①] 达拉英语分布在老挝,与越南语的德陵语(Tring)相近。

	占语	加莱语	雷德语	亚齐语
鬼	atau	ʔatəu	atău	ɯntɛə
水	ea	ʔia	ea	iə
乌鸦	aʔ	ʔaʔ	ak	aʔaʔ
衣服	au	ʔau	au	—
膝	taʔuʔ	kətəʔŭt	kəŭt	tuot
篮子	laʔi	rəʔi	ei	—

占语元音开头的音节应来自原始占—亚齐语元音开头的音节。关于占语的-ʔ:

	占语	加莱语	雷德语	亚齐语
前(面)	nauʔ	anăp	anăp	—
烟	sauʔ	ăsăp	săp	asap
灵魂	baŋŭʔ	bəŋăt	məŋăt	—
蛆	hlăʔ	hlăt	hluăt(毛虫)	ulat
肋	lasŭ	rəsŭʔ	—	rusoʔ
蚊子	dʒmŏʔ	—	—	dʒamɔʔ
鸡	manŭʔ	mənŭʔ	mənŭʔ	manɔʔ
腐烂	bruʔ	bruʔ	bruʔ	broʔ

"鸡",占语书面语 minuk,巽他语 manuk(鸟)。

"腐烂",占语书面语 bruk,巽他语 buruk。

占—亚齐共同语中*-k > *-ʔ,如"鸡""腐烂"等词中。

试比较占语词首和词末的 h:

	占语	加莱语	雷德语	亚齐语
哭	hea	hĭa	hia	—
田	hami̇	həmua	həma	umʌŋ
蛆	hlăʔ	hlăt	hluăt(毛虫)	ulat
日	hraj	hrəi	hrue	urɔə
锐利	sah	ăsah	sah(磨)	asah(磨)
嘴	babah	bŏbăh	—	babah

| 远 | tah | ataih | taih | ətuəh |
| 稻米 | brah | braih | braih | bruəh |

"写",占语 hrǎʔ,加莱语 hrǎʔ,亚齐语 surat,他加洛语 sūlat。
"日",印尼语 hari。占语 h-＜原始占—亚齐语的 *h-和 *s-。

"舌头",印尼语 lidah,亚齐语 dilah;"稻子",萨萨克语 bəras;"嘴",他加洛语 bibig。占语-h＜原始占—亚齐语的 *-h、*-s 和 *-ɣ。回辉语"舌头"la^{55}词末的 *-h 已经丢失,与占语支其他诸语一样来自原始占语的 *dilah,不同于印尼语的 lidah。(音节交换)回辉语丢失了所有原始占语的 *-h。回辉语"米"phia^{11}＜原始占语 *brah,词末来自 *-s 的 *-h 同样丢失。

(10) s、r 和 l

占语 s-＜ *s-,试比较:

	占语	加莱语	雷德语	亚齐语
一	sa	sa	sa	sa
烟	sauʔ	ăsăp	săp	asap
好	seam	hiăm	siam	—
盐	sra	hra	hra	sira

占语 r＜ *r,试比较:

	占语	加莱语	雷德语	亚齐语
百	ratuh	rŝtŭh	etuh	sirɯtoh
千	rabau	rŝbəu	ebău	ribəə
盐	sra	hra	hra	sira
写	hrăʔ	hrăʔ	hrăʔ	surat
纸、书	paʔar	məʔar	məar	
花	baŋur	bəŋa	bəŋă	buŋɣu

"花",印尼语 buŋa,鲁凯语 bəŋəɭaj。

占语 l＜ *l,试比较:

	占语	加莱语	雷德语	亚齐语
天	laɲiʔ	ŋit	eŋɨt	laŋɛt
饿	lapa	rəpa	epa	—
五	lamɨ	rəma	ema	limʌŋ
蛇	la	alǎ	ala	lɯə
劈	blah	blǎh	blah	plah
粗	kapaɫ	kəpal	kəpal	—
修理	bal	bal		

"粗",印尼语、巴厘语 təbal。

(11) j 和 w

	占语	加莱语	雷德语	亚齐语
算	jauʔ	jap	jap	—
价钱	jɔm	—	juom	
吹	jǔʔ	ajǔp	ajǔʔ	jop
给	braj	brəi	brɛi	bri
铁	pasaj	pǎsɛi	məsɛi	bɯsɛɔ

"吹",印尼语 məniup,马都拉语 sərrup,沙玛语 tijup,卑南语 mijup。

"给",印尼语 bəri,马都拉语 bərriʔ,摩尔波格语 bogoj,卑南语 bəraj,鲁凯语 baaj。

占语 j < *j。

3. 占语元音的来历

占语西部方言的元音有强弱的不同,除单元音外还有复元音。复元音有 au、eau、iau、ai、uai、ui、oa、ea 和 ia。现分别讨论如下:

(1) a 和 ǎ

	占语	加莱语	雷德语	亚齐语
大腿	pha	pha	pha	pha

一	sa	sa	sa	sa
盐	sra	hra	hra	sira
四	pa?	pă?	pă?	pɯət
掌	pla?	plă?	plă?	palɯət
稻米	brah	braih	braih	brɯəh
月亮	blan	blan	mlan	bulɯən
骨头	talaŋ	tələ̄ŋ	klaŋ	tuɯəŋ
血	darah	drăh	erah	darah
胸	tada	tə̄da	?dah da	dada

以上是占语西部方言元音 a 与其他诸亲属语元音的几种主要的对应关系。单音节词中往往有较为一致的对应关系。在诸亲属语的闭音节中或对应为不同的元音。占语的 a 与马来、他加洛语支语言的 a 对应。如"手掌",巴塔克语 palak(ni taŋan),他加洛语 pālad,木鲁特语 palad。加莱语、雷德语中成为弱读的 ă,亚齐语中成为 ɯə。

占语双音节词的第一音节中的 a 可能另有来历。如"舌头",占语 dalah,雷德语 elah,亚齐语 dilah 当来自 *dilah。

	占语	加莱语	雷德语	亚齐语
痒	katăl	gaɪ?	kətăl	gatai
汁液	kată?	kətăk	kətăk	—
蛆	hlă?	hlăt	hluăt(毛虫)	ulat
晚上	malăm	mlăm	mlam	malam
六	năm	năm	năm	nam
脉管	ră?(线)	arăt	aruăt	urat

占语的 ă 原本大约只出现在复音词的闭音节中,这一类音节通常是末音节。而现代这样的单音节词,原本是双音节词。占语的 ă 原本是非重读音节的 *a。

(2) ɛ 和 ɛ̆

	占语	加莱语	雷德语	亚齐语
屎	ɛh	ɛh	ɛh	ɛʔ
累	glɛh	glɛh	—	—
解(开)	talɛh	tŏlɛh	—	—
绳子	hrɛ̆ʔ	hrɛ̆ʔ	hruɛʔ	urɛt
附近	dʒɛ̆ʔ	dʒɛ̆ʔ	dʒɛ̆ʔ	—
偷	klɛ̆ʔ	klɛ̆ʔ	tlɛ̆ʔ	—
落入	lɛ̆ʔ	lɛ̆ʔ	lɛ̆ʔ	—

占语的 ɛ 和 ɛ̆ 分别只出现在 ɛh 和 ɛ̆ʔ 两种韵中,来自占—亚齐共同语的 *ɛ,原始占—亚齐语的 *a。"绳子",如卡格因仁语 kalat,阿卡拉农语 kaɬat。

(3) e

	占语	加莱语	雷德语	亚齐语
明天	page	pəgi	məgi	—

占语"钱"tʃen,借自越南语。

占语 e 很少出现,无对应规律可寻。

(4) i 和 ɪ

占语开音节和闭音节的 i 与亲属语的对应不同。开音节的 i 对应于雷德语的 ɛi,闭音节的 i 对应于雷德语的 i 和 ɪ。如:

	占语	加莱语	雷德语	亚齐语
这	ni	anai	tinɛi	nœə
我们	kami	gŏməi	həmɛi	kamœə
白	patih	patih		puteh
睡	ʔdih	ʔdih	ʔdih	eh
皮	kliʔ	kŏlit	klɪt	kulet
海	tasiʔ	rəsiʔ	kəsɪʔ	—

占语开音节中的 i,瑟古特拟为来自 *-ɛj,应与闭音节中的 i 一样 < *i。雷德语的 ɛi 等是后来演变的结果。

占语 ɪ 出现在响音尾的闭音节中,与-ʔ 和-h 尾的情况互补,当来自 *i。如:

	占语	加莱语	雷德语	亚齐语
鸟	tʃɪm	tʃim	tʃɪm	tʃitʃem
咸	masɪn	məsɪn	məsɪn	masen
玩	maʔɪn	—	—	mɯʔen
圆	wɪl	wɪl	wɪl	

(5) ə

	占语	加莱语	雷德语	亚齐语
手	taŋən	taŋan	kəŋan	
蚯蚓	lanəŋ	rŏnăŋ	enăŋ	
胖	laməʔ	rŏmăʔ	emăʔ	lumaʔ
做饭	tanəʔ	tənăʔ	kənăʔ	
叫醒	madəh	pədih	mədih	

占语 ə 通常出现在双音节词的第二音节,应来自 *a。如"手",印尼语、米南卡保语、爪哇语 taŋan。"胖""油脂",印尼语 ləmak,木鲁特语 molok。

"叫醒",藩朗占语、占语书面语 midəh,词根-dəh 来自孟高棉语。如格木语南谦话"醒" sɯm drɔh,曼买话 pɯn drɛ̌s。这个词是亚齐语分化出来后借入占语的。

占语 ə < *a。

(6) i

	占语	加莱语	雷德语	亚齐语
父亲	mi	ama	ama	—
母	ni(拇指)	ʔana	ana	inʌŋ

田	hamɨ	həmua	həma	umʌŋ
芝麻	lanɨ	rə̆ŋa	eŋu	—
五	lamɨ	rəma	ema	limʌŋ
孩子	ni?	ană?	anak	anɯ?
弩	haniŋ	hna	həna	

占语在末音节 ɨ 对应于加莱语、雷德语 a,及亚齐语 ʌ。

"父亲",藩朗占语、占语书面语 amɨ,他加洛语、依斯那格语 ama。

"母的",藩朗占语、占语书面语 anɨ,他加洛语 ina。

占语鼻音后的 ɨ 应来自 *ə。亚齐语对应的 ʌŋ 中的 -ŋ 可能是偶发性的增音。

(7) ɔ 和 ɔ̆

	占语	加莱语	雷德语	亚齐语
坐	dɔ?	dɔ̆?	dok	duək
脸	?bɔ?	?bɔ̆?	?bɔ̆?	
削	lɔ?	lok	lok(扒树皮)	pluə?
啄	tʃɔh	tʃɔh	tʃɔh	tʃɔh
河	karɔŋ	krɔŋ	krɔŋ	kruəŋ
教	patɔ	pətɔ	məto	—
脑	glɔ	dlɔ	dlo	
头	kɔ̆?	akɔ̆?	akɔ̆?	
壶	gɔ̆?	gɔ̆?	gɔ̆?	
蚊子	dʒamɔ̆	—	—	dʒamə?
箭	?brɔ̆m	?brə̆m	?brăm	
茄子	trɔ̆ŋ	trɔ̆ŋ	trɔŋ	truəŋ

占语 ɔ 在开音节中对应于加莱语 ɔ 和雷德语 o。占语 ɔ 和 ɔ̆ 对应于亚齐语 uə 和 ɔ。占语 ɔ 和 ɔ̆ 古占语中读法相同,重音的后移造成差别。根据亚齐语的对应假定占语 *ɔ 有两个不同的来历,

亚齐语中读作 uə 的来自 *u，读作 ɔ 的来自 *o。

占语"脸"是孟高棉语借词。如，佤语马散话 bhiuh，格木语曼买话 bŏ。

(8) o

	占语	加莱语	雷德语	亚齐语
圆果	bɔh	bɔh	bɔh	bɔh
鼓起	boʔ	təbŭk	—	—
提	poʔ	—	pŭʔ	—
站起	tagoʔ	dagŭʔ	kəgŭʔ	—
收到	toʔ	tŭʔ	tŭʔ	—
拿	tʃakoŋ	tʃəkuŋ	kəkuŋ	—
稻草	poŋ	—	—	dʒɯmpuŋ

占语 o 对应于加莱语、雷德语 ŭ。占语"圆果"，印尼语、巽他语等"水果"buah，巴拉望语 bwaʔ。原始占—亚齐语这个词成为单音节后带 *-w-，使随后的元音在诸方言中演变不同。

占语 o < *o。

(9) u 和 ŭ

	占语	加莱语	雷德语	亚齐语
落下	labuh	rəbŭh	ebuh	—
老鼠	takuh	takuih	kəkuih	tikoh
白	lasuŋ	ləsŭŋ	cɜŭŋ	lɯεoŋ
喝	maɲum	məɲŭm	mənăm	minom
他	ɲu	ɲu	ɲu	—
膝	taʔuʔ	kətəʔŭt	kəŭt	tuot
吹	jŭʔ	ajŭp	ajŭʔ	jop
咳嗽	patŭʔ	pətŭk	mətŭk	batoʔ
腐烂	brŭʔ	brŭʔ	brŭʔ	broʔ
树干	phŭn	phŭn	phŭn	phon
年	thŭn	thŭn	thŭn	thon

占语 u 和 ǔ 对应于亚齐语 o,加莱语、雷德语的 u 和 ǔ。

占语 u 和 ǔ 的不同是后起的,占语书面语的亚齐语中不作区别。书面语中如"落下"libuh,"老鼠"takuh,"树干"phun,"年"thun 等。

占语 u、ǔ < 原始占—亚齐语闭音节 *u。

(10) au、eau 和 iau

	占语	加莱语	雷德语	亚齐语
石头	batau	pətəu	bɔh tău	batɛɔ
鬼	atau	ʔatəu	atău	ɯtɛɔ
狗	sau	asəu	asău	asɛɔ
体毛	blau	bləu(羽毛)	mlău	bulɛɔ
杵	hlau	hləu	hlău	alɛɔ
新	bahau	pəhrəu	mrău	baro
绿	dʒau	—	—	idʒo

占语 au 对应于加莱语 əu,雷德语 ău 和亚齐语的 ɛɔ 及 o。

占语 au < 原始占—亚齐语开音节 *u。

"石头",印尼语、巽他语 batu。"杵",印尼语、米南卡保语 alu。"新",印尼语、米南卡保语 baru。

	占语	加莱语	雷德语	亚齐语
翅膀	tʃeauʔ	—	siap	sajɛp
猫	maɲiau	—	mieo	miə
喊	iau	iao	ieo	—
糯米	diau	ʔdiəǔʔ	ʔdĩɔ̃ʔ	—

"翅膀",藩朗占语 thjawʔ,占语书面语 thiap,印尼语 sajap。

"猫",藩朗占语 mijaw,德昂语硝厂沟话 ʔa ɲiau。

占语 eau < *ja,iau < *ju。

(11) ai、uai 和 ui

	占语	加莱语	雷德语	亚齐语
雌	banai	bĕnai(处女)	mənie(女儿)	—
肝	tai	hŏtai	tie	ate
死	matai	—	—	te
稻子	padai	pədai	mədie	pade

占语 ai 对应于加莱语 ai, 雷德语 ie, 亚齐语 e。

"肝", 藩朗占语 hataj, 他加洛语、阿卡拉农语 ataj。

"死", 藩朗占语 mitaj, 他加洛语、阿卡拉农语 mataj。

"稻子", 藩朗占语 padaj, 他加洛语、摩尔波格语 padoj。

占语 ai < *aj。

	占语	加莱语	雷德语	亚齐语
拒绝	luai	lui	lui	—
苍蝇	ruai	ruaĭ	rue	—
脖子	takuai	tŏkuai	kəkue	takuə
慢	suai	sui	sui	—
爬	ruai	rui	rui	—

藩朗占语"拒绝"loj,"苍蝇"roj,"脖子"takoj,"慢"soj。

占语 uai < *oj。

	占语	加莱语	雷德语	亚齐语
火	pui	pui	pui	apui
野猪	pabui	bŏbui	—	bui
背(起)	gui	gui	gui	—
跟随	tui	tui	tui	—

"火", 藩朗占语、依斯那格语、巴拉望语、摩尔波格语 apuj。

占语 ui < *uj。

(12) oa、ca 和 ia

	占语	加莱语	雷德语	亚齐语
寻找	doah	həduah	duah	

吃饭	hoaʔ	huǎʔ	huǎʔ	—
踏上	dʒoaʔ	dʒuǎʔ	dʒuǎʔ	—
二	doa	dua	dua	duwa

藩朗占语"寻找"dwah,"吃饭"hwǎʔ,"踏上"dwǎʔ,"二"dwa。加莱语、雷德语 ua 和 uǎ 的不同与塞音韵尾有关。

占语 oa < *wa。

	占语	加莱语	雷德语	亚齐语
红	mareah	mriǎh	hrah	mirah
热(天)	paʔdeaʔ	poʔiǎʔ	—	—
哭	hea	hǐa	hia	—
胃	tean	kiǎn	tian	tijɯən

藩朗占语"红"mɨrjǎh,"热(天)"paʔdjǎʔ,"哭"hja,"胃"tjan。

占语 ea < *ja。

	占语	加莱语	雷德语	亚齐语
颊	miaŋ	mɛŋ	mieŋ	miəŋ
蟹	riaŋ	arɛŋ	arieŋ	
喂(食)	kiam	tʃɛm	tʃiem	
夹(菜)	giam	gɛp	—	—

藩朗占语"蟹"arieŋ,"喂"tʃiem。

占语 ia 分布在-m 和-ŋ 尾韵,与 ea 互补, < *ja。

4.原始占—亚齐语的音系

(1)辅音

p   b   m
t   d   n   s   r   l
k   g   ŋ   j   w
ʔ   h   ɣ

(2)元音

a i ə o u

三 他加洛语

他加洛语又称菲律宾语或他加禄语。他加洛语支的语言,如巴拉望语、阿卡拉农语、摩尔波格语和他加洛语,西方学者或划归梅苏菲律宾语群,依斯那格语和卡陵阿语划归北菲律宾语群,雅美语划归巴丹语群。

1. 他加洛语、巴拉望语、摩尔波格语和雅美语的语音

(1)他加洛语的辅音和元音

辅音

p b m
t d n s r l
k g ŋ h w j
ʔ

元音 a e i o u

重读音节中为 ā ē ī ō ū

(2)巴拉望语的辅音和元音

辅音

p b m
t d n s r l
  ɲ
k g ŋ h w j

ʔ
元音 a i u c u

(3) 摩尔波格语的辅音和元音

辅音

p b m
t d n s r l
k g ŋ h w j
ʔ

元音 a i o u

(4) 雅美语的辅音和元音

辅音

p   b   m   v
t   ḍ   n   ṣ   z   r   l
tʃ dʒ
k   g   ŋ   w   j
                ʁ

元音 a i ə o

2. 他加洛语辅音的来历

(1) p 和 b

他加洛语的 p 和 b 分别对应于巴拉望语、摩尔波格语的 p 和 b，雅美语的 p 和 v：

	他加洛	巴拉望	摩尔波格	雅美
火	apoi	apuj	apuj	apoj
苦	paʔit	məpəjt	poit	makopad
杀	pataj	patəjn	patoj	—

石头	bato	batug	batu	vato
月亮	buwan	bulan	bulan	vəlan
灰	abo	—	abu	avo
胸	dibdib	dɔbdɔb	dobdob	vatavata

他加洛语 p < *p, b < *b。

(2) t 和 d

	他加洛	巴拉望	摩尔波格	雅美
石头	batu	batu	batu	vato
天	lāŋit	laŋit	laŋit	aŋit
闪电	kidlat	kilat	kilat	tʃitʃilat
二	dalawa	duwa	dua	aḍwa
路	daʔan	dalan	dalan	zazaʁan
脊背	likod	likud	—	likoḍ
膝	tūhod	—	tukud	atoḍ
肚脐	pūsod	pinɔpɔdan	pusod	pəṣeḍ

他加洛语 t 和 d 分别对应于巴拉望语 t、d, 摩尔波格语 t、d, 雅美语 t、ḍ。

他加洛语 t < *t, d < *d。

(3) k 和 g

	他加洛	巴拉望	摩尔波格	雅美
木头	kāhoj	kaju	kaju	kavano
闪电	kidlat	kilat	kilat	tʃitʃilat
虱子	kūtu	kutu	kutu	koto
头发	buhok	buwɔk	nuok	avok
雨	ūtak	utɔk	utok	ətək
山	bundok	bukid	bukid	tokon

他加洛语 k 对应于其他诸语 k, < *k。

他加洛语的 g 大体上对应于诸语的 g, 如:

	他加洛	巴拉望	摩尔波格	雅美
夜	gabi	gɔbi	gobi	—
树林	gūbat	rupaʔ	gobaʔ	—
血	dugoʔ	duguʔ	dahaʔ	zˌala
扔	hāgis	—	—	ageṣh
硬	tigas	—	—	tʃigraŋ
脖子	liʔig	ljɔg	liog	ragaw

"夜",吉立威拉语 bogi,那大语 kobe。他加洛语这个词中的 g 当 < *g。

"针",巴拉望语 dagum,摩尔波格语 dohum,印尼语、米南卡保语 dʒarum。

"稻米"他加洛语 bigas,印尼语 baras。

"新",他加洛语 bāgo,印尼语 baru。

"血",印尼语、米南卡保语 darah。布拉斯特拟这个词的原始南岛语为 *daRaq。

"脖子",印尼语 leher,排湾语 ḷiqu。"硬",印尼语 kəras,贡诺语 teras。他加洛语这些词中的 g 当 < *ɣ。

(4) m、n 和 ŋ

	他加洛	巴拉望	摩尔波格	雅美
眼睛	mata	mata	mata	mata
错的	maliʔ	mɔ-salaʔ	salaʔ	malaṣ
手	kamaj	kɔramut	—	kakamaj(手指)
喝	inom	minum	inum	inom
六	ānim	ɔnom	onom	aːəm

他加洛语 m 对应于诸语 m,< *m。

	他加洛	巴拉望	摩尔波格	雅美
脓	nānaʔ	nanaʔ	nanaʔ	nana

偷	nākaw	takɔwɔn	takow	manakaw
咽	lunok	tɔlɔnɔn	tolon	itlən
母亲	ina	indu?	indu?	ina
牙齿	ipin	nipɔn	nipon	ŋəpən

他加洛语 n 大体上对应于诸语 n，< *n。

"母亲"，阿卡拉农语 inah，巴塔克语 ina，排湾语 kina，鲁凯语 t-ina。巴拉望语、摩尔波格语的 -d- 是增音。

	他加洛	巴拉望	摩尔波格	雅美
名字	paŋalan	ŋaran	ŋadan	ŋaẓan
天	lāŋit	laŋit	laŋit	aŋit
腭	paŋa	saŋat	saŋat	ṣaŋi
颊	pisŋi	pɔsiŋil	sopiŋil	poṣŋi
臼	lusoŋ	lɔsuŋ	losuŋ	aṣoŋ

他加洛语 ŋ 对应于诸语 ŋ，< *ŋ。

(5) s 和 h

	他加洛	巴拉望	摩尔波格	雅美
九	sijam	sjam	siam	ṣjam
他	sija	ja	sia	ija
他们	sila	djɔ	sida	ṣiẓa
鳃	hāsaŋ	asaŋ	asaŋ	aẓaŋan
树枝	saŋa	saŋa	saŋa	jaŋaw
毒	lāson	rastun	rastun	—
夹子	sīpit	—	kokoripit	ṣoṣopit
奶	gātas	gatas	gatas	—
蟑螂	īpis	ipɔs	ipos	ipəṣ

他加洛语 s 对应于巴拉望语、摩尔波格语 s，雅美语 ṣ，< *s。

他加洛语"九"sijam 似为"四"*sipat 和"五"*lima 的约音。与印尼语"九"来历不同。

	他加洛	巴拉望	摩尔波格	雅美
裸的	hubad	lɔbas	lobas	—
生的	hilaw	mɔʔilɔw	ilow	—
成熟	hinog	inog	—	minoj
头发	buhok	buwɔk	nuok	avok
渴	ūhaw①	tuknɔw	lahak	mawaw

他加洛语"裸的"等的 h- 对应于巴拉望语、摩尔波格语 l-。"裸的"卡格因仁语 palaw，木鲁语 labas，布拉安语 f-lawih。h- < *l-。

"头发"，卡棱阿语 buʔūk，萨萨语 bulu，巽他语 buuk。

"渴"，卡棱阿语 ūwaw，多比尔语 maraw-ni，排湾语 ma-qu-saw。-h- < *-ɬ-。

(6) l 和 r

	他加洛	巴拉望	摩尔波格	雅美
男人	lalāki	lɔlaki	lolaki	maʀkaj
虮卵	lisaʔ	lijɔs	lios	kolit
皮	balat	kubal	kulit	kolit
头	ūlo	ulu	ulu	oʀo
体毛	bulbul(阴毛)	bulbul	bulbul	bobow
冷	lamig	mɔramig	ramig	—

他加洛语 l < *l 及 *ɭ。

"头"，巽他语 hulu，排湾语 quɭu。

	他加洛	巴拉望	摩尔波格	雅美
太阳	āraw	ɔldɔw	oddow	azˌaw
针	karājom	dāgum	dagum	zˌajom
方法	pa-raʔan	dalan	—	—
多	ma-rāmi	mɔdɔram	doram	azˌo

---

① 他加洛语"渴"(名词)ūhaw，"渴的"(形容词)uhaw。

他加洛 r 对应于巴拉望语、摩尔波格语 d 和 r,雅美 $z̧$, $<{}^*ḍ$ 和 ${}^*r$。

(7) j 和 w

	他加洛	巴拉望	摩尔波格	雅美
他	sija	ja	sia	ija
九	sijam	sjam	siam	şjam
火	apoj	apuj	apuj	apoj
瘸	pilaj	pilaj	pilɔj	mapilaj
肝	ataj	atɔj	atoj	ataj

他加洛 j 对应于诸语 j, $<{}^*j$。

	他加洛	巴拉望	摩尔波格	雅美
八	walo	walu	walu	wawo
乌鸦	uwak	uwak	uwak	akwawi
二	dalawa	duwa	dua	aḍwa
月亮	buwan	bulan	bulan	vəan
太阳	āraw	ɔlḍɔw	oddow	az̧aw
渴	ūhaw	tuknɔw	—	mawaw

他加洛语 w 对应于诸语 w, $<{}^*w$。

"月亮",他加洛语中的 -w- 应是后起的。

(8) ʔ

	他加洛	巴拉望	摩尔波格	雅美
拉屎	tāʔe	məgtaʔi	toʔoj	—
吃	kāʔin	mərɡaʔan	okon	koman
脓	nānaʔ	nanaʔ	nanaʔ	nana
油脂	tabaʔ	tabaʔ	tabaʔ	tava
远	lājuʔ	mərajuʔ	odu?	maz̧ai
腿	paʔa	paʔa	paʔa	appa

他加洛语 ʔ 对应于诸语 ʔ, $<{}^*ʔ$。

"拉屎",邹语 tʔē,排湾语 pə-tsaqi,萨摩亚语 tiʔo,与他加洛语 tāʔe 有同源对应关系。ʔ- < 原始南岛语 * q-。

"吃",印尼语 makan,巴塔克语 maŋan < *ma-kan。雅美语 koman 中的-om-是中缀。他加洛语 kāʔin 可能是丢失中缀后的读法,在这个基础上巴拉湾语又加前缀 mə-。原南岛语"吃"词干为 *qan。

3. 他加洛语元音的来历

他加洛语基本元音有 a、e、i、o 和 u 5 个,重读音节中或分别成为 ā、ē、ī、ō 和 ū。他加洛语的 ā、ē、ī、ō 和 ū 是重读形成的,与巴拉望语等元音的对应看与 a、e、i、o 和 u 同。试比较他加洛语的元音与巴拉望语等元音的对应:

(1) a 和 ā

	他加洛	巴拉望	摩尔波格	雅美
耳朵	tēŋa	tɔliŋa	toliŋa	taliŋa
三	tatlo	tɔlu	tolu	atlo
油脂	tabaʔ	tabaʔ	tabaʔ	tava
眼睛	mata	mata	mata	mata
太阳	āraw	wɔlɔw	oddow	azˌaw
男人	lalāki	lɔlaki	lolaki	maʁakaj
肝	ataj	atɔj	atoj	ataj

他加洛语 a(ā)对应于巴拉望语 a 和 ɔ,摩尔波格语 a 和 o,雅美语 a, < *a。

(2) e 和 ē

他加洛语 e 和 ē 较少出现,如:

	他加洛	巴拉望	摩尔波格	雅美
耳朵	tēŋa	tɔliŋa	toliŋa	taliŋa
拉屎	tāʔe	mɔgtaʔi	toʔoj	—

他加洛语 e(ē)巴拉望语等 i，< *i。他加洛语 e(ē)多出现在较晚的借词中。如，"布"tēla，借自西班牙语 tela。"皇后"rejna，借自西班牙语 reina。

(3) i 和 ī

	他加洛	巴拉望	摩尔波格	雅美
他	sija	ja	sia	ija
虱卵	lisaʔ	lijɔs	lios	lişa
舌头	dīlaʔ	dilaʔ	dilaʔ	lila
五	lima	lima	lima	lima
六	ānim	ɔnɛm	onom	anəm
胸	dibdib	dɔbdɔb	dobdob	vatavat
牙齿	īpin	nipɔn	nipon	ŋəpən

他加洛语 i 和 ī 除了对应于诸亲属语 i 外，在"六""胸"等词中另有对应关系。他加洛语 i(ī) < *i。

(4) o 和 ō

	他加洛	巴拉望	摩尔波格	雅美
三	tatlo	tɔlu	tolu	atlo
爪子	kuko	kuku	kuku	koko
乳房	sūso	duduʔ	dududʔ	şoşo
头	ūlo	ulu	ulu	oʁo
火	apoj	apuj	apuj	apoj
海湾	loʔok	luʔuk	luʔuk	—
祖父	lōlo	—	—	—

他加洛语 o 对应于巴拉望语、摩尔波格语 u，雅美语 o，< *u。他加洛语 ō 较少出现。"祖父"，阿卡拉农语 lōlo。

雅美语只有 o,没有 u。
(5)u 和 ū

	他加洛	巴拉望	摩尔波格	雅美
头发	buhok	buwɔk	nuok	avok
爪子	kuko	kuku	kuku	koko
虱子	kūtu	kutu	kutu	koto
脑	ūtak	utək	utok	ətək

他加洛语 u(ū)对应于巴拉望语、摩尔波格语 u,雅美语 o 等,< *u。

"虱子",印尼语、巽他语 kutu,爪哇语 tumɔ,巴塔克语 hutu。
"脑",巽他语 utɨk,爪哇语 utək,巴塔克语 utoh-utok。
他加洛语的 o 和 u 来自他加洛语等共同语的*u。
根据它们的对应关系,可以设想原始他加洛语如同雅美语是 4 元音结构的语言。

4.原始他加洛语的音系

(1)辅音

p　b　m
t　d　n　s　　　r　l
　　ḍ　　　　　　　ḷ
k　g　ŋ　h　ɣ
ʔ

(2)元音

a　i　ə　u

四 原始马来—他加洛语

原始马来—他加洛语是马来、占和他加洛诸语的祖语。原始南岛语*-ɣ- 他加洛语支中成为-g-,马来语支和占语支中成为-r-。如"血",他加洛语 dugoʔ,印尼语 darah,占语西部方言 darah,马都拉语 dara,原始马来—他加洛语*daɣaq。

在上文对印尼语、占语和他加洛语语音构拟的基础上我们进一步构拟原始马来—他加洛语的语音。原始马来—他加洛语的辅音和元音拟为:

(1)辅音

p　b　m　　v
t　d　n　s　　　r　ɬ　l
ṭ　ɖ　　　　　　　　　l
k　g　ŋ　h　ɣ
ʔ

(2)元音

a　i　ə　u

1.原始马来—他加洛语的辅音

印尼语、占语和他加洛语的 p、b、t、d、k、g 分别有一定的对应关系。特别要讨论的是构拟*ṭ 和*ɖ 等的理由。

(1)塞音*ṭ 和*ɖ

马来语支的爪哇语和马都拉语有 t 和 k,d 和 ɖ 的对立,试比较:

	爪哇语	印尼语	占语	他加洛语
少	siti?	sədikit	taki?	unti?
秃顶	bɔṭa?	botak	—	panot
猴子	kətɛk	kəra	kra	—
聪明	pintər	pandai	—	—

"少",原始马来—他加洛语 *s-ṭik,原始南岛语 *s-ṭikal。如排湾语 satsəqal < *saṭəqal(轻),泰雅语赛考利克方言 tsikaj < *tikaj。

"秃顶",马都拉语 bɦiṭak,新喀里多尼亚的嫩戈内语 baḍi。

"猴子",马都拉语 bɦuḍəŋ,沙阿鲁阿语 tapuɬatsuŋu (< *-laṭuŋ)。

"聪明",摩尔波格语 pikir(当为 *t 和 *ṭ 合并后从有 ṭ、k 对立的语言借入该词以 k 表示 ṭ),汤加语 poto,斐济语 βuku。①

关于 *ḍ,试比较:

	爪哇语	印尼语	马都拉语	他加洛语
他	ḍɛwɛ?	dia	—	sija
胸	ḍɔḍɔ	dada	ḍaḍa	dibdib
眨	kəḍəp	kədip	kəḍḍəp	kurap
叶子	gɔdɔŋ	daun	ḍaun	dāhon

"眨",鲁凯语 wa-kəḍəkəḍəpə,嫩戈内语 aḍeḍ。

"雷",爪哇语 blədʒɛk,马都拉语 gɦaludɦuk,鲁凯语 ḍərəḍərə,排湾语 tsəḷaḷaq。

"角",马都拉语 tanḍu?,印尼语 tanduk,马达加斯加语 tanḍruka。

---

① 参见下文有关玻利尼西亚语的讨论。

爪哇语和马都拉语 t 和 ʈ, d 和 ɖ 的对立,及排湾语等同源词 t (ts)和 q 的对应关系说明古马来—他加洛语有 *t 和 *ʈ, *d 和 *ɖ 的对立,爪哇语等保存了这种对立。

(2)擦音 *h

印尼语 h-的对应关系如:

	印尼语	爪哇语	加莱语	他加洛语
雨	hudʒan	udan	ulan	hədʒaːn
鼻子	hiduŋ	iruŋ	iloŋ	aduŋ
白天	hari	—	āraw	hrəi
黑	hitam	irəŋ	itim	hətam
大腿	paha	—	pha	

"雨",布农语 χudan < *qudan。

"白天",印尼语 hari < *haraj,他加洛 āraw < *haraw,来历不同,分别与泰雅语泽敖利方言 qaɬj(-an) < *qalaj,排湾语 qadaw (太阳、白天)有同源关系。

韵尾-h 的对应关系如:

	印尼语	爪哇语	加莱语	他加洛语
舌头	lidah	—	dʒəlăh	dilaʔ
脓	nanah	nanah	rənah	nānaʔ
血	darah	gətih	drăh	dugoʔ
湿	baʂah	—	pŏsăh	baʂaʔ

印尼语-h 对应于加莱语-h,他加洛语-ʔ。

"脓",布农语 nanaχ < *nanaq,邵语 naðaq < *nalaq,赛德克语 nalaq。

对应于他加洛语 h-和-ʔ 的印尼语的 h < 原始马来—他加洛语 *h, < 原始南岛语 *q。

印尼语的-h 与他加洛语等另有一种对应关系:

	印尼语	亚齐语	他加洛语	卡格因仁语
红	merah	mirah	—	minug
愚蠢	bodoh	—	—	barug
雷	guruh	—	kulog	—
睾丸	buah-	bɔh(果实)	bajag	—

"愚蠢"爪哇语 boḍo,巴厘语 bəlog。

对应于他加洛语等-g 的印尼语的-h < 原始马来—他加洛语 *-g。

(3)擦音 *ɣ

原始马来—他加洛语 *-ɣ-,他加洛语-g-,印尼语-r-:

	他加洛语	摩尔波格语	印尼语	占语
血	dugoʔ	dahaʔ	darah	darah
新	bāgo	baʔgu	baru	bahau
肿	magaʔ	bagaʔ	—	barah
根	ugat			răʔ

"血",排湾语 damuq,卑南语 damuk,-am-为中缀。巴塔克语 mudar,mu-是前缀。赛德克语 daraʔ,戈龙塔洛语 duhu。

"新",赛德克语 bugurah,沙阿鲁阿语 varuʔa,戈龙塔洛语 bahu。戈龙塔洛语-h-对应于他加洛语-g-,印尼语-r-。

原始马来—他加洛语 *-ɣ,他加洛语支语言-g,印尼语等-r,如"尾巴",印尼语 ekor,巴塔克语 ihur 等对应于他加洛语支阿卡拉农语 īkug,卡格因仁语 ikug。"嘴唇",印尼语 bibir,巽他语 biwir 对应于阿卡拉农语、卡格因仁语 bibig。

(4)擦音 *s

原始马来—他加洛语 *s,他加洛语 s,印尼语 s 或 tʃ:

	他加洛语	摩尔波格语	印尼语	爪哇语
乳房	sūso	—	susu	susu

夹子	sīpit	—	səpit(钳子)	—
肚脐	pūsod	pusod	pusat	—
毒	lāson	raston	ratʃun	—

(5)擦音 *v

原始马来—他加洛语 *v，他加洛语 w，印尼语丢失，爪哇语 w：

	他加洛语	摩尔波格语	印尼语	爪哇语
八	walo	walu	—	wɔlu
二	dalawa	dua	dua	
工作	gawaʔ	—	—	gawa

"八"，鲁凯语 valu，卑南语 waḷu < *vaḷu。

(6)半元音 *w

原始马来—他加洛语词末的 *-w，他加洛语 -w，印尼语、爪哇语中成为 u：

	他加洛语	摩尔波格语	印尼语	爪哇语
湖	lānaw	ponow	danau	—
船	paraw	—	pərahu	prau
肝	ataj	atoj	hati	ati

(7)半元音 *j

	他加洛语	摩尔波格语	印尼语	巴塔克语
火	apoj	apuj	api	api
稻子	pālaj	padoj	padi	—

"稻子"，排湾语 padaj，赛夏语(萨斯特语)pazaj。

原始马来—他加洛语 *-j，他加洛语 -j，印尼语等成为 i。

(8)流音 *l

原始马来—他加洛语 *l，他加洛语 l(个别为 j 或丢失)，印尼语 l：

	他加洛语	摩尔波格语	印尼语	巴塔克语
男人	lalāki	lolaki	laki-laki	—
天	laŋit	laŋit	laŋit	laŋit
脖子	liʔig	liog	leher	—
舌头	dīlaʔ	dilaʔ	lidah	dila
体毛	bulbul(阴毛)	bulbul	bulu	ibbulu
耳朵	tēŋa	toliŋa	təliŋ	—
羞愧	hijaʔ	kojaʔ	—	ila

(9)流音 *r

原始马来—他加洛语 *r,他加洛语 l(部分为 r),印尼语、亚齐语 r:

	他加洛语	摩尔波格语	印尼语	亚齐语
榕树	balīti?	boriŋin	bəriŋin	—
冷	lamig	ramig		
船	parau	—	pərahu	puuraho(独木舟)
房子	—	—	rumah	rumɔh

"房子",沙玛语 luma,邹语 rmū,莫图语 ruma。

2.原始马来—他加洛语的元音

(1)前元音 *a

原始马来—他加洛语 *a,他加洛语 a(ā),印尼语 a,亚齐语 a(闭音节中为 uə):

	他加洛语	摩尔波格语	印尼语	亚齐语
眼睛	mata	mata	mata	mata
大腿	paʔa(腿)	paʔa	paha	pha
肝	ataj	atoj	hati	ate
树木	kāhoj	kaju	kaju(木头)	kajɛe(木头)
耳朵	tēŋa	toliŋa	təliŋa	guluŋuəŋ

(2)前元音*i

原始马来—他加洛语*i,他加洛语 i(ī)印尼语 i,亚齐语 i(闭音节中为 ɛ):

	他加洛语	摩尔波格语	印尼语	亚齐语
肘	sīko	siku	siku	siŋkɛə
天	lāŋit	laŋit	laŋit	laŋɛt
五	lima	lima	lima	limœ
风	hāŋin	—	aŋin	aŋɛn

(3)中元音*ə

原始马来—他加洛语*ə,他加洛语中或为 i,印尼语 ə,亚齐语 ɯ(或丢失):

	他加洛语	摩尔波格语	印尼语	亚齐语
眨	kurap	porok	kədip	klɛp
耳朵	tēŋa	toliŋa	təliŋa	gɯlunॢuəŋ
小腿	bintiʔ	—	bətis	bɯteh
打嗝	sinok	siʔdok	sədak	tʃɯkɔʔ

"眨",他加洛语 kurap < *kɯrap, < 原始马来—他加洛语 *kədip。

(4)后元音*u

原始马来—他加洛语*u,他加洛语 ū(u、o),印尼语 u,亚齐语 u(或 ɛə):

	他加洛语	摩尔波格语	印尼语	亚齐语
骨头	—	tuʔlaŋ	tulaŋ	tulɯəŋ
头	ūlo	ulu	—	ulɛə
脑	ūtak	utok	otak	etaɛ
鼻子	iloŋ	oduŋ	hiduŋ	idoŋ
肘	sīko	siku	siku	siŋkɛə

3. 原始马来—他加洛语的前缀、后缀和中缀

现代语言的一些词中往往遗留着祖语形态的凝固形式，或者早期的形态活动仍可能以一定的形式保留下来。原始马来—他加洛的缀音(前缀、后缀和中缀)在今天的语言中可能不再活动，但语族内部及外部的构拟仍能反映出它们早期的活动情况。

(1)前缀

I.前缀 *p-

原始马来—他加洛语的 *p-是使动前缀，也是构成名词的前缀。

他加洛语中 pa-既是使动前缀，也是名词的前缀。如，kīta"看见"，pa-kīta"叫看"；sūsu"乳房"，pa-susūh-in"喂奶！"(命令式，-in 是表示被动的后缀)pa-又是把动词变成名词的前缀。如，tālo"打败"，pa-nālo"胜利"。

印尼语的 per-前缀放在动词前表示使动，放在名词前表示使成为等。如 tiŋgi"高"，mem-per-tiŋgi"加高"；kuat"强"，mem-per-kuat"加强"。isteri"妻子"，mem-per-isteri"使成为妻子"；tuduŋ"盖子"，mem-per-tuduŋ"用作盖子"。印尼语 per- < *p-r-。r-在多比尔语中仍活跃，放在及物动词前使之成为不及物动词。[①]

印尼语的 pe-前缀放在词根前构成名词。如 muda"年轻"，pe-muda"青年"；henti"停止"，pe-henti"停下"。

巴拉望语 pɔ-和亚齐语 pɯ-是使动前缀。*pɯ 认为是原始占语的使动前缀。[②]

---

① *Comparative Austronesian Dictionary*, Part 1: Fascicle 1, p.646.
② *From Ancient Cham to Modern Dialects*, p.238.

"还",他加洛语 balik,沙玛语 pa-balik,印尼语 məŋmblikan,亚齐语 pulaŋ。"伤害",阿卡拉农语 sakit,沙玛语 pa-kaʔat,木鲁特语 pilat。沙玛语中仍有前缀 pa-,亚齐语和木鲁特语的这两个词中带古前缀的遗存。

II. 前缀 *m-

原始马来—他加洛语的 *m-是动词的前缀。

印尼语中 mə-放在词根前构成动词。如 sapu"扫帚",mə-sapu"扫除";masak"煮过",mə-masak"煮"。me-是动词的前缀,表示制作、采集、运动等。如 sadʒur"蔬菜",me-sadʒur"做菜";sapu"扫帚",me-sapu"用扫帚扫"。me-还能和后缀-kan 一起把自动词变为使动动词,或不及物动词变成及物动词。如 bangun"醒",me-mbaŋun-kan"唤醒";tidur"睡",me-nidur-kan"催眠";kawin"结婚",me-ŋawin-kan"为儿女完婚"。①

他加洛语的 ma-是构成动词的前缀,如名词"选择"pīli,动词 mamīliʔ(词根的首辅音变为同部位的鼻音)。

雅美语的动词前缀 mi-放在名词词根前构成动词。如 anak"孩子",mi-anak"生孩子"。ma-放在名词或形容词词根前使成为动词。如 iŋən"病",mə-jŋən"生病";iliq"窄",mə-liq"是窄的"(前缀元音与词根的结合产生音变)。

"承认",木鲁特语 akon,印尼语 məŋ-aku,巽他语 ŋ-aku,贡诺语 aʔ-pau。巽他语 ŋ-和贡诺语 p-当来自古前缀 *m-。

III. 前缀 *t-

原始马来—他加洛语的 *t-应是把名词变成动词的前缀,如同

---

① 沙平《印度尼西亚语语法》,人民出版社,1951 年,第 141—142 页。

泰雅语的 tə-和 sə-。

巴塔克语 tar-是这样的前缀。如 eo"尿"，tar-eo-eo"撒尿"。巽他语 ti-和亚齐语 tɯ-是不及物动词的标志。①

IV. 前缀 *k-

原始马来—他加洛语的 *k-是名词派生为动词的前缀。

试比较马来—他加洛诸语名词"牙齿"如何派生为动词"咬"的。

	印尼语	马都拉语	他加洛语	巴拉望语
牙齿	gigi	gɦigɦi	īpin	nipɔn
咬	məŋ-gigit	kikki?	kagat	kagat-ɔn

原始马来—他加洛语"牙齿" *gigi，"咬" *ka-gigi-t。他加洛共同语时代"牙齿"为其他的说法所代替，"咬"仍是原来的派生词，但其原来的前缀 *ka-还凝固在原来的词根上。现代爪哇语 kə-是不及物动词的前缀。②

V. 前缀 *s-

原始马来—他加洛语的 *s-是名词的前缀。

现代印尼语名词前缀 sə-出现在，如 dikit"小"，sə-dikit"一点儿"；ragam"曲调"，sə-ragam"制服"。布拉安语，satu"一"，sa-satu"单一"。

古马来—他加洛语在早餐名前加前缀。如"早饭"，依斯那格语 sīra，印尼语 sarapan，巽他语 sa-sarap。巴塔克语，"食品" si-paŋan-on。

VI. 前缀 *g-和 *ɣ-

---

① *Comparative Austronesian Dictionary*, Part 1: Fascicle 1, p.415.
② 同上书, p.477.

前面语音部分已提到某些词中印尼语 r、戈龙塔洛语 h 与他加洛语 g 有对应关系,来自原始马来—他加洛语的 *ɣ-。在他加洛语支的语言中,如,阿卡拉农语祈使式主动态前缀为 pag-(< *pa- + *ɣ-)。巴拉望语的前缀 pəg-和 məg-用于强调某一句子成分。布拉安语的前缀 ga-表示"能",如 fnoʔ"填上",ga-fnoʔ"能填上"。[①]

马来语支语言古前缀 *ɣ-成为现代前缀的尾音。如,印尼语使用使动前缀 ber-,表示被动的前缀有 ter-。戈龙塔洛语 mo-是动词(及物和不及物)的前缀,moh-用来强调施动。mo-hi-黏附在名词(与衣着有关的名词)前构成动词。

原始马来—他加洛语的 *g-和 *ɣ-是动词的前缀,大约可交替。

"挖空",摩尔波格语 ruaŋ,沙玛语 lowaŋ,亚齐语 pɯ-rɯhuŋ,爪哇语 ŋ-growoŋ。爪哇语保留着古代的 *g-。"滚",巴拉望语bəruruŋ-ɔn,他加洛语 gūloŋ,印尼语 məŋ-gəlindiŋ。

(2)中缀

现代马来—他加洛语诸语的构词中普遍有中缀的使用。

I.中缀 *-m-

原始马来—他加洛语 *-m-是不及物动词的中缀。

现代印尼语-əm-用于动词,表示动作重复或形式。如,gəntar"震动",g-əm-əntar"颤抖";surut"退去",s-əm-urut"(潮水)陆续消退"。构成名词的复数形式。如,tali"绳子",t-əm-ali"绳索";guruh"雷",g-əm-uruh"隆隆的雷声"。

亚齐语-ɯm 是不及物动词的中缀。戈龙塔洛语的-um-是不

---

① *Comparative Austronesian Dictionary*, Part 1: Fascicle 1, p.348.

及物动词和状态动词的中缀,限于出现在首辅音为 t-、d-、l-、h-和 ʔ-的后面。①

现代马来—他加洛语诸语中仍有古中缀*-m-构词的残存。如,"跑",巴拉望语 dumadak(*d-əm-adak),卡陵阿语 toddak。

"出去",巴拉望语 lumiwan(< *l-əm-ua-n),② 摩尔波格语 luas,沙玛语 luwas,印尼语 kə luar。

"回来",印尼语 kəmbali(< *k-əm-əbalik),马都拉语 a-bali,他加洛语、沙玛语 balik。

II. 中缀*-n-

*-n-可能是原始马来—他加洛语名词的中缀。

亚齐语-ɯn-是名词的中缀,加莱语同源的中缀是-ən-,藩朗占语-an-,瑟古特为原始占语构拟了工具中缀*-ən-。③

他加洛语中缀-in-用来表示工具、地点和方向。④

III. 中缀*-l-

*-l-可能是原始马来—他加洛语名词的中缀。

印尼语名词中缀-əl-有多种构词的意义。如,tiŋkah"行为",t-əl-iŋkah"种种行为"; tapak"手掌", t-əl-apak"脚掌"; tundʒuk"指示", t-əl-undʒuk"食指"。

戈龙塔洛语中缀-olo-用于动词词根以示宾语是焦点,中缀-alo-用于动词词根以示方向是焦点。-il-是构成名词的中缀。如,mate"死", m-il-ate"尸体"; ʔaalo"吃", ʔila"稻子"。

---

① *Comparative Austronesian Dictionary*, Part 1: Fascicle 1, p.415, p.524.
② 或 liwan。
③ *From Ancient Cham to Modern Dialects*, p.246.
④ *Comparative Austronesian Dictionary*, Part 1: Fascicle 1, p.340.

"二",他加洛语 dalawa,巴拉望语 duwa,摩尔波格语 dua,戈龙塔洛语 du-luwa,爪哇语 loro,*-l-当为早期的中缀。

(3)后缀

I.后缀*-n

*-n 是原始马来—他加洛语名词的后缀。

印尼语-an 构成的名词,minum"喝",minum-an"饮料";tutup"关闭",tutup-an"监狱";labuh"抛锚",labuh-an"码头";laut"海",laut-an"海洋";darat"陆地",darat-an"大陆";datar"平坦",datar-an"平原";manis"甜",manis-an"甜食"。

他加洛语 ka-...-an 构成的名词如,dāgat"海",ka-dāgat-an"海洋""深海";bata"年轻",ka-bata-an"年轻人";latag"铺开",ka-latag-an"表面";tipon"收集",ka-tipon-an"协会"。

"毒",印尼语 ratʃun,他加洛语 lāson,那大语 rasu,锡加语 rasoŋ。① 印尼语等的-n 来自古后缀*-n。

另外-an 是构成他加洛语被动态的后缀。巴拉望语中-an 是动词前缀的辅助性后缀。爪哇语中-an 是表示状态、习惯、持续状况的不及物动词的后缀。②

*-n 可能还是原始马来—他加洛语不及物动词的后缀。

如,"回来",他加洛语 b-um-alik,沙玛语 balik,巴拉望语 muliʔ,卡棱阿语 ulin,卡格因仁语 malik,巴塔克语 m-ulak。卡棱阿语-n 当来自古*-n 后缀。

"坐",印尼语 duduk,亚齐语 duəʔ,摩尔波格语 aduŋ,巴拉望语

---

① 那大语和锡加语西方学者归于中马来—玻利尼西亚语支。
② *Comparative Austronesian Dictionary*, Part 1:Fascicle 1, pp.354 – 357, p.477.

maduŋ。韵尾的不同当与古*-n 后缀有关。

Ⅱ.后缀*-i

-i 是印尼语动词的后缀。如,mən-duduk"坐",mən-duduk-i"坐在";mə-lompat"跳",mə-lompat-i"跳过";mən-dʒiram"浇",mən-dʒiram-i"浇遍";nama"名字",nama-i"起名";bulu"毛",bulu-i"拔毛"。

-i 是爪哇语及物动词的标记。窝里沃语的-i 或-(C)i 构成及物动词。①

*-i 可能是原始马来—他加洛语派生及物动词的后缀。

如,"下去",卡棱阿语 doba,他加洛语 babaʔ,沙玛语 duwaʔi。"到达",萨萨语 sampe,印尼语 sampai,米南卡保语 sampaj。

Ⅲ.后缀*-ɣ

*-ɣ 应是原始马来—他加洛语某类性质名词的后缀。

"石头",印尼语 batu,他加洛语 bato,巴拉望语 batug < *batu(-ɣ)。

4.原始马来—他加洛语核心词

根据以上的讨论参照斯瓦迪什的词表构拟原始马来—他加洛语 100 核心词如下(原始马来—他加洛语以 PMT 来代表):

(1)自然事物

"太阳",印尼语 mata hari,亚齐语 mata urɔe,他加洛语 āraw。喻"太阳"为"天的眼睛"是古南岛文化的遗存,马来语和占语中相当一致。他加洛语 āraw 和摩尔波格语的 oddow 与台湾排湾语的

---

① *Comparative Austronesian Dictionary*, Part 1: Fascicle 1, p.578.

qadaw,卑南语的 kadaw 有同源关系。PMT *hadaw,*mata haraj。

"月亮",印尼语 bulan,亚齐语 buluɯn,他加洛语 buwan,PMT *bulan。

"星星",印尼语 bintaŋ < *bitaŋ,占语书面语 bituk,他加洛语 bitūwon,PMT *bitik。

"水",印尼语 air,多莱语 tāvə(淡水),他加洛语 tūbig。PMT *t-bi-ɣ。他加洛语支摩尔波格语和巴拉望语的 danam,与台湾布农语的 danum、邵语的 saðum 有同源关系。

"雨",印尼语 hudʒan < *hudan,亚齐语 udʒɯən,他加洛语 ulan,PMT *hudan。

"石头",印尼语 batu,亚齐语 batɛə,他加洛语 bato,巴拉望语 batug,PMT *batu(-ɣ)。

"沙子",巴厘语 bias,阿卡拉农语 baɬas(细沙),PMT *bilas。雅美语 anaj,亚齐语 anɔə,PMT *anaj。

"土",印尼语 tanah,亚齐语 tanɔh,雅美语 tana,PMT *tanah。

"云",巴厘语 guləm(乌云),马都拉语 undəm,他加洛语 ūlap,PMT *huləm。

"火",印尼语 api,马都拉、亚齐语 apuj,他加洛语 apoj,PMT *apuj。

"烟",印尼语 asap,雅美语 aob,PMT *asup。米南卡保语 asoʔ,占语书面语 săk,他加洛语 ūsok,PMT *asuk。

"灰烬",印尼语 abu,爪哇语 awu,亚齐语 abɛə,他加洛语 abo,PMT *abu。

"山",印尼语、爪哇语 gunuŋ,亚齐语 gunɔŋ,PMT *gunuŋ。印尼语 bukit(小山),巴拉望语 bukid,PMT *bukid。

"夜",印尼语 malam,马都拉语 maləm,亚齐语 malam,PMT *malam。

"路",印尼语 dʒalan,爪哇语 dalan,加莱语 dʒəlan,他加洛语 daʔan,摩尔波格语 dalan,PMT *dalan。

(2)身体部位

"头",巽他语 hulu,亚齐语 ulɛə,他加洛语 ūlo,雅美语 oʁo,PMT *hulu。

"头发",巽他语 buuk,占语书面语 ʔbuk,他加洛语 buhok,巴拉望语 buwɔk,PMT *buluk。

"眼睛",印尼语 mata,亚齐语 mata,他加洛语 mata,PMT *mata。

"鼻子",印尼语 hiduŋ,亚齐语 idoŋ,他加洛语 iloŋ,PMT *hiduŋ。

"耳朵",印尼语 təliŋa,占语书面语 taŋɪ,他加洛语 tēŋa,摩尔波格语 toliŋa,PMT *təliŋa。

"嘴",巴塔克语 baba,亚齐语 babah,他加洛语 bibig,摩尔波格语 babaʔ,PMT *babah。

"牙齿",印尼语 gigi,亚齐语 gigɔə,PMT *gigi。他加洛语 īpin,摩尔波格语 nipon,PMT *nipun。

"舌头",印尼语 lidah,亚齐语 dilah,他加洛语 dilaʔ,PMT *dilah。

"脖子",印尼语 leher,马都拉语 liʔir,他加洛语 liʔig,PMT *lihiɣ。

"手",巴厘语 limə(手,手臂),摩尔波格语 lima,PMT *lima。

"乳房",印尼语、爪哇语 susu,他加洛语 sūso,PMT *susu。

"脚",爪哇语 sikil,巽他语 suku,占语书面语 kakai(< *kakaj),阿卡拉农语 siki,PMT *sikal。

"皮肤",印尼语、爪哇语 kulit,亚齐语 kulet,摩尔波格语 kulit,PMT *kulit。

"胃",爪哇语 wətəŋ,巽他语 bitiŋ,巴拉望语 botəŋ,PMT *bətuŋ。

"心",印尼语、爪哇语 dʒantuŋ,亚齐语 jantoŋ,摩尔波格语 dʒantuŋ,PMT *datuŋ。

"肝",印尼语 hati,亚齐语 ate,他加洛语 ataj,PMT *hataj。

"骨头",印尼语、马都拉语 tulaŋ,亚齐语 tulɯəŋ,巴拉望语 tulaŋ,PMT *tulaŋ。

"膝盖",巽他语 tuur,亚齐语 tuʔot,他加洛语 tūhod,PMT *tuhur。

"血",印尼语 darah,马都拉语 dara,亚齐语 darah,他加洛语 dugoʔ,PMT T *daɣah。

"肌肉",巴厘语 isi,亚齐语 asɕə,加莱语 ăsar,雅美语 as̪is̪i,PMT *asir。

(3)动植物

"鸟",巽他语 manuk,爪哇语 manuʔ,雅美语 manok(鸡),巴拉望语 manuk(鸡),PMT *manuk。

"鱼",印尼语、占语书面语 ikan,那大语、布鲁语 ika,PMT *ika-n。

"狗",爪哇语 asu,亚齐语 asɕə,他加洛语 āso,PMT *asu。

"虱子",印尼语、马都拉语 kutu,亚齐语 gutɕə,他加洛语 kūto,PMT *kutu。

"树",印尼语 kaju(木头),亚齐语 kajɛe(木头),雅美语 kajo,巴拉望语 kaju,PMT *kaju。

"种子",印尼语 bənih,爪哇语 winih,沙玛语 binihʔ,PMT *binih。

"叶子",印尼语 daun,马都拉语 ɖaun,亚齐语 on,他加洛语 dāhon,巴拉望语 daʔhon,PMT *ɖahun。

"根",巴塔克语 urat,马都拉语 ramuʔ,亚齐语 urat(血管),他加洛语 ugat(根,血管),巴拉望语 gamut,PMT *uɣ-əm-at。

"肉",阿卡拉农语 bābuj,PMT *babuj。印尼语、爪哇语 dagiŋ "肉,肌肉";他加洛语 bāboj "猪"。而达阿语"肉"和"鱼"叫做 bau。

"油脂",印尼语 ləmak,亚齐语 luɯmaʔ,木鲁特语 lomok,PMT *lamuk。

"蛋",印尼语 təlur,马都拉语 təllur,他加洛语 itlog,巴拉望语 tilug,PMT *tiluɣ。

"角",印尼语 tanduk,马都拉语 tanɖuk,巴拉望语、摩尔波格语 tanduk,PMT *taɖuk。

"尾巴",印尼语 ekor,亚齐语 iku,阿卡拉农语 īkug,木鲁特语 ikuʔ,PMT *ikuɣ。

"毛""羽毛",印尼语 bulu,爪哇语 wulu,亚齐语 bulɛə,巴拉望语 bulbul,PMT *bulu。

(4)动作和感觉

"吃",印尼语 makam,爪哇语 maŋan,马都拉语 kakan,他加洛语 kāʔin,雅美语 koman,PMT *k-m-ʔan。

"喝",印尼语、巴塔克语 minum,亚齐语 minom,他加洛语 iom,PMT *m-inum。

"咬",印尼语 gigit,他加洛语 kagit,PMT *ka-gigi-t。

"说",亚齐语 marit,卡棱阿语 ūgud,PMT *m-ɣut。

"看见",他加洛语 kīta,阿卡拉农语 kītaʔ,木鲁特语 kito,PMT *kita。

"听见",印尼语 dəŋar,他加洛语 diŋig,摩尔波格语 doŋog,PMT *diŋəɣ。

"知道",印尼语 tahu,亚齐语 thɵə,沙玛语 taʔu,PMT *tahu。

"睡",印尼语 tidur,马都拉语 tiɖuŋ,他加洛语 tūlog,PMT *tiɖuɣ。

"死",印尼语、爪哇语 mati,他加洛语、阿卡拉农语 mataj,PMT *mataj。

"杀",他加洛语 pataj-in,阿卡拉农语 pataj,PMT *pa-taj。

"走",爪哇语 m-laku,巴厘语 laku(去),他加洛语 lakad,PMT *laku。

"飞",巽他语 hibər,爪哇语 m-abur,占语书面语 pər,PMT *habər。他加洛语 lipad,雅美语 ʂomalap,PMT *lip。

"游泳",爪哇语 ŋ-laɲi,亚齐语 mɯɯ-laŋuə,他加洛语 laŋoj,PMT *m-laŋuj。

"来",他加洛语 hali,阿卡拉农语 mali,藩朗占语 mɨrɑj,PMT *m-laj。

"坐",印尼语 duduk,亚齐语 duə?,巴拉望语 maduŋ,PMT *m-duk。

"站",摩尔波格语 tiʔdog,米南卡保语 tagaʔ,布拉安语 tadag,PMT *tidag。

"躺(下)",米南卡保语 ba-goleʔ,他加洛语 higaʔ,阿卡拉农语

ɫubuɡ,PMT *ɡaliʔ。

"给",印尼语 bəri,米南卡保语 bari,亚齐语 bri,他加洛语 biɡaj,PMT *biɣaj。

"烧",他加洛语 silab,木鲁特语 solob,PMT *silab。

"燃烧",卡棱阿语 ɡīlab,爪哇语 m-urup,PMT *m-lab。亚齐语 tutoŋ,巴拉望语 tutuŋ,PMT *m-tutuŋ。

(5)状态

"新",印尼语 baru,亚齐语 baro,他加洛语 bāɡo,PMT *baɣu。

"好",印尼语 baik,马都拉语 bətʃtʃiʔ,达阿语 na-belo,PMT *balik。

"热",印尼语 haŋat(暖和),爪哇语 aŋət,他加洛语 īnit,PMT *haŋit。

"冷",爪哇语 aḍəm,他加洛语 lamig,巴拉望语 mɔramig,PMT *ḍəmiɣ。

"满",印尼语 pənuh,亚齐语 pɯnɔh,他加洛语 punoʔ,PMT *pənuh。

"干燥",巴厘语 tuh,他加洛语 tujoʔ,摩尔波格语 tuʔug,PMT *tuhuɡ。

"红",印尼语 merah,米南卡保语 sirah,锡加语 mera-ŋ,PMT *mirah。

"黄",印尼语 kuniŋ,亚齐语 kunɛŋ,摩尔波格语 kuniŋ,巴拉望语 məkunit,PMT *kuniŋ。

"白",印尼语 putih,亚齐语 puteh,他加洛语 putiʔ,PMT *putih。

"黑",印尼语 hitam,亚齐语 itam,他加洛语 itim,PMT *hitam。

"大",爪哇语 gəɖe,米南卡保语 gadaŋ,卡格因仁语 bakəd,PMT *bagədi。

"小",巽他语 litɨk,他加洛语 liʔit,PMT *litik。

"长",他加洛语 hābaʔ,贡诺语 labbu,马达加斯加语 lava,PMT *laba。

"多",巽他语 loba,亚齐语 lɯbɐh(更多),巴拉望语 lɔba(更多),PMT *lubah。

"圆",印尼语 bundar,他加洛语 biloŋ,摩尔波格语 biluɡ,PMT *buduɣ。

(6)其他

"一",亚齐语 sa,他加洛语、摩尔波格语 isa,PMT *isa。

"二",印尼语 dua,马都拉语 ɖuwaʔ,亚齐语 duwa,他加洛语 dalawa,巴拉望语 duwa,PMT *ɖuwa。

"我",印尼语 aku,亚齐语 kɛə,他加洛语 ako,PMT *aku。①

"我们",印尼语 kami,亚齐语 kamɶ,他加洛语 kami,摩尔波格语 kaj,PMT *kamij。

"你",亚齐语 kah,他加洛语 ikaw,卡棱阿语 sīka,PMT *si-kah。

"这",印尼语 ini,占语西部方言 ni,PMT *ini。

"那",印尼语 itu,他加洛语 itu(这),PMT *itu。

"谁",亚齐语 sɶ,他加洛语 sīno,PMT *si-nuh。②

---

① 马都拉语 siŋkuʔ < *si-kuh,*s-是古南岛语的前缀。如泰雅语"我"sakuʔ。
② R. David Zorc 拟原始菲律宾语 *si-anuh。

"什么",他加洛语 ano,阿卡拉农语 anuh,PMT *anuh。[①]

"人",戈龙塔洛语 tawu,他加洛语 tāʔo,阿卡拉农语 tāwuh,PMT *ta-ʔu。印尼语 oraŋ,亚齐语 urɯəŋ,PMT *ʔuraŋ。

"女人",印尼语 pər-əmpu-an,亚齐语 binɔə,巴拉望语、摩尔波格语 libu,PMT *li-bu-an。

"男人",印尼语 laki-laki,亚齐语 lakɔə,他加洛语 lalāki,PMT *laki-laki。

"不",印尼语 tidak,米南卡保语 indaʔ,他加洛语 hindiʔ,巴拉望语 diki,PMT *ti-dak。

"名字",巽他语 ŋaran,他加洛语 paŋālan,摩尔波格语 ŋadan,PMT *ŋadan。

"箭",印尼语 panah,阿卡拉农语 panaʔ,PMT *panah。

"针",印尼语 dʒarum,亚齐语 dʒarom,依斯那格语 dāgum,PMT *daɣum。

---

① 达阿语 nuapa < *anu-apa。*apa 亦意为"什么",如印尼语"谁"siapa。

第四章 泰雅—赛夏语

布拉斯特1978年的分类把泰雅语作为南岛语系下位4支中的第一支,此后学术界大致同意他的意见。这一支中还有赛德克语和赛夏语。泰雅语分布在台湾省北部埔里以北浊水、北港流域,有赛考利克(Squliq)和泽敖利(TsʔoIe)两种方言。泽敖利(TsʔoIe)方言还包括多种不同的土语。赛德克语分布在台湾省南投县和花莲县,有雾社、春阳和泰鲁阁3种方言。赛夏语又叫做萨斯特语,分布在台湾省西北部新竹县、苗栗县,有大隘和东河两种方言。

赛夏语早期可能与邹—卑南语族的语言有较为密切的接触关系,但从它的语音历史和核心词看都应与泰雅语有更密切的发生学关系。

一 泰雅—赛夏语的语音

1. 泰雅语、赛德克语和赛夏语的语音
(1) 泰雅语赛考利克方言的辅音和元音

辅音

p b m ` w
t n s z ts r l
k g ŋ x j
q
ʔ h

元音

a ɛ i ə u e u

倒数第二音节的元音一般是长元音,多音节词的重音通常在末音节。

(2) 泰雅语泽敖利方言汶水土语的辅音和元音

辅音

p m ß w
t n r ɟ
ʃ ʒ j
tʃ
k ŋ x ɣ
q
ʔ h

元音

a i ə u

重音在末音节。

(3) 赛德克语的辅音和元音[①]

[①] 陈康、许进来《台湾赛德克语》,华文出版社,2001年,第6—8页。

辅音

p　b　m　　　　　w
t　d　n　s　ts　r　l
k　g　ŋ　x　　j
q　　　h

元音

a　e　i　o　u

重音通常在倒数第二音节。

(4) 赛夏语的辅音和元音

辅音

p　b　m　　　w
t　　n　s　z　r　l
k　　ŋ　ʃ　　j　ɭ
ʔ　　h

b 为双唇浊擦音 ß, s 为舌齿清擦音 θ, z 为舌齿浊擦音 ð。

元音

a　æ　œ　i　ə　o

多音节词的重音在末音节。

2. 泰雅语辅音的来历

以下通过泰雅语赛考利克方言和泽敖利方言、赛德克语及赛夏语的比较来构拟原始泰雅—赛夏语的辅音。

(1) p 和 h

赛考利克方言的 p 对应语泽敖利方言、赛德克语和赛夏语的 p：

	赛考利克	泽敖利	赛德克	赛夏
火	puniq	hapuniq	puneq	hapoj
翅膀	paliʔ	paɬiʔ(羽毛)	palit	palir
肚脐	puɢaʔ	puɣaʔ	puɢa	poʐok
钱	pilaʔ	piɬaʔ	pila	—
梦	səpiʔ	ʃumapi-aɬ	sepi	ʔiʃpiʔ

泰雅语 p < 原始泰雅—赛夏语的 *p。

赛考利克方言的 b 对应语泽敖利方言、赛德克语和赛夏语的 b：

	赛考利克	泽敖利	赛德克	赛夏
风	bɛhuj	βujhu	bugihul	baḻiʔ
炭	baɢah	βatah	bawah	biʐoʔ
卖	bazij	ʃi-βajnaj	bari	ʃibaḻiw
雷	bisuw	βitʃuɣ	buluwa	biḻwaʔ

赛考利克方言 b < 原始泰雅—赛夏语的 *b。

(2) t 和 r

泰雅语 t 对应于赛德克语的 ts 和 t，试比较：

	赛考利克	泽敖利	赛德克	赛夏
石头	bətunux	βutu-nux	butunux	batoʔ
灵魂	ʔutux	—	ʔutux	—
羊	mit	mit	milits	—
獠牙	ʔuwaqit	—	uwaqits	—
咬	kat	k-um-āt	qumijuts	komaḻas
四	pajat	ʃapat	sepat	ʃəpat

泰雅语 t < *t。

个别词中泰雅语 t 对应于赛夏语的 s。如，"咬"，排湾语 ʔəmats，鲁凯语 kats，卑南语 kəmaraʈ。"眼睛"，排湾语 matsa，赛夏语 masaʔ。可解释为：泰雅语—赛德克共同语 *t 是原始泰雅—赛

夏语 *t 和 *ţ 合并的结果。赛夏语中又发生 *ţ > s。

泰雅语 r 对应于赛德克语 d, 赛夏语 r。如：

	赛考利克	泽敖利	赛德克	赛夏
房顶	ramuw	r-in-amu-a-ɣ	denamox	—
竹子	rumaʔ	—	—	raromæq
脸	rəqiʔas	raqi-na-ʃ	daqaras	—
马	rəmɛʔ	ramaiʔ	dumai	—
手指	turiŋ	ta-tiruɬiŋ	tuludiŋ	tatriʔ
嘴唇	pərahɔm	parahum	padahuŋ	—

"冷(水)", 泰雅语 tərətuʔ, 赛德克语 turutʔ。赛德克语方面可能是借词。而泰雅语 j 对应于赛德克语 r, 泰雅语 r 当 < *d 等。

(3) k 和 g

	赛考利克	泽敖利	赛德克	赛夏
腿	kakaj	kukuj	qaqaj	ʔæʔæj
头虱	kuhiŋ	kuhiŋ	quheŋ	kosoʔ
咬	kat	k-um-at	qumijuts	komaḷas
闻到	sɔk	ʃ-um-auk	sumukenux	somazək
年	kawas	kāɬ	kawas	—
麻	kəgij	—	keguj	kakḷiw
衣服	lukus	—	lukus	—

泰雅语 k 对应于赛德克语 q 和 k, 赛夏语 k, < *k。泰雅语 q 对应于赛德克语 q (见下文的比较)。

	赛考利克	泽敖利	赛德克	赛夏
根	gamil	ɣamiɬ	gamil	ḷaməs
打开	gɛh	ɣ-um-awah	lawah	ḷawæh
麻	kəgij	—	keguj	kakḷiw
肚脐	pugaʔ	puɣaʔ	puga	pozok
炭	bagah	βatah	bawah	bizoʔ
村子	qalaŋ	qaɬaŋ	ʔalan	ʔasaŋ

赛考利克方言 g 对应于泽敖利方言 ɣ，赛德克语 g，赛夏语 ɻ 和 z，< *ɣ 和 *g。

(4) q 和 ʔ

	赛考利克	泽敖利	赛德克	赛夏
水	qəsijaʔ	quʃijaʔ	qasia	—
灰	qəbuliʔ	qaβu-ɬiʔ	qabulit	ʔæbu
鼠	qɔliʔ	—	qolit	
沙子	bənaqij	βunaqij	bunaquj	bonaz
火	puniq	hapuniq	puneq	hapoj
虱子(身上)	sumiq		tsumiq	somæh
鸟	qəhəniq	kaβah-niq	qubeheni	

泰雅语 q 对应于赛德克语 q，< *q。泰雅语"火"的 -niq 来自后缀。

	赛考利克	泽敖利	赛德克	赛夏
谁	ʔima	ʔimaʔ	ima	hiaʔ
不	ʔiniʔ	—	ini	
血管	ʔuwiq	ʔuwiq	urat	—
米	buʔax		baras	
灰	qəbuliʔ	qaβu-ɬiʔ	qabulit	ʔæbu
翅膀	paliʔ	—	palit	palir
尾巴	ŋuŋuʔ	ŋaʔŋuʔ	ŋuŋuʔ	
今天	sɔniʔ	ʃawniʔ	sjaʔ	

泰雅语 ʔ- < *ʔ-，-ʔ < *-ʔ 等，-ʔ- < *-ɣ-。

"血"，赛考利克方言 ramuʔ，排湾语 dʑamuq，泰雅—赛夏共同语 *-ʔ < *-q。

(5) m、n 和 ŋ

赛考利克方言的 m 对应于泽敖利方言、赛德克语和赛夏语的 m：

	赛考利克	泽敖利	赛德克	赛夏
看	mitaʔ	k-um-ita-aɬ	mita	komitaʔ
生气	məsəʔaŋ	ma-ʃaŋ	musaaŋ	—
盐	tsimux	timuʔ	timu	timoʔ
虱子(身上)	sumiq	—	tsumiq	—
根	gamil	ɣamiɬ	gamil	lamǝs
油脂	siʔam		siaŋ	—

泰雅语 m < 原始泰雅—赛夏语 *m。

赛德克语个别词中的 -ŋ 对应于泰雅语的 -m。

	赛考利克	泽敖利	赛德克	赛夏
火	puniq	hapuniq	puneq	hapoj
沙子	bǝnaqij	βunaqij	bunaquj	bonaz
头	bǝtunux	tunux	tunuh	tonoʔ(脑髓)
明天	suxan	tʃaʃan	kusun	
编	tsinun	t-um-inuq	tuminum	tomnon

"编",排湾语 tɕǝmǝnun,卑南语 tǝmǝnun。

泰雅语 n < *n。

	赛考利克	泽敖利	赛德克	赛夏
苍蝇	ŋǝliʔ	aŋriʔ	luŋedi	laŋaw
尾巴	ŋuŋuʔ	ŋaʔŋuʔ	ŋuŋuʔ	—
想	ŋǝluŋ	ɬ-um-aŋɬuŋ	lumuŋeluŋ	—
乌鸦	tsiʔaquŋ	ɬaqu	tujaquŋ	ʔaŋʔaʔ
头虱	kuhiŋ	kuhiŋ	quheŋ	kosoʔ

泰雅语 ŋ < *ŋ。

(6) s 和 z

	赛考利克	泽敖利	赛德克	赛夏
今天	sǝniʔ	ʃawniʔ	sajaʔ	kajsaʔan
闻到	sɔk	ʃ-um-auk	sumukenux	somazǝk
梦	spiʔ	ʃumapi-aɬ	sepi	ʔiʃpiʔ

水	qəsijaʔ	quʃijaʔ	qasia	—
回答	siʔuk	tʃ-um-ijuk	tsumijuh	tomiskobaḷih
我们	samij	ʔi-tʃami	jami	jami
湖	siluŋ	watʃiɬuŋ	lutsiluŋ	—
虱子(身上)	sumiq	—	tsumiq	somæh

赛考利克方言 s 对应于泽敖利方言 ʃ 和 tʃ,赛德克语 s 和 ts,赛夏语 s 和 ʃ。如"中间",赛考利克方言 səbəkaʔ,赛德克语 tseka,鲁凯语 kabətsiaka。"缝"(衣服),赛考利克方言 saqis,泽敖利方言 tʃ-um-aʔiŋ,赛德克语 sumais,赛夏语 ʃomæʔiʃ,邹语 təmeʔəsiyu,鲁凯语 tsaisi,卑南语 ţəmki。

"(身上的)虱子",赛考利克方言 sumiq,赛德克语 tsumiq,阿美语 tuməʃ。赛考利克方言对应于赛德克语 ts 的可能来自原始语的 *ţ。

对应于赛德克语 s-的赛考利克方言的 s-<*s-。泽敖利方言中 ʃ 和 tʃ 的不同与后随元音有关。

	赛考利克	泽敖利	赛德克	赛夏
左	gəzil	ʔiɬ	ʔiril	—
麻雀	pəzit	—	puruts	—
卖	bazij	ʃi-βajnaj	bari	ʃibaḷiw
眼睛	lɔziq	rawiq	doliq	—
肝	sizik	ʃajik	—	—
吹(火)	ziʔup	ʔ-um-ijup	miijuk	hœmiop
猪	bəziʔok	βauwak	bojak(野猪)	—

赛考利克方言 z 对应于赛德克语 r 或 j,赛夏语 ḷ 等,<*ḷ。

(7) ts 和 l

	赛考利克	泽敖利	赛德克	赛夏
乌鸦	tsiʔaquŋ	taqu	tujaquŋ	ʔaŋʔæʔ

盐	tsimux	timuʔ	timu	timoʔ
编	tsinun	t-um-inuq	tuminun	tomnon
少	tsikaj	tikaj	tiquh	titiʔan
屎	qutsiʔ	—	quti	—

赛考利克方言 ts < *t,条件为后随元音 i 和 y。这一点李壬癸在他的《原始泰雅语语音构拟》中已经指出。①

	赛考利克	泽敖利	赛德克	赛夏
儿子	laqiʔ	ʔuɬaqiʔ	laqi	—
眼睛	lɔziq	rawiq	doliq	—
白	luhuŋ	ɬuh-i-uŋ	duhuŋ	lœhœŋ
飞	lakaʔ	—	sukija	—
五	maɣal	ʔima-ɣaɬ	rima	ḷasəb
湖	siluŋ	watʃiɬuŋ	lutsiluŋ	—
鼠	qɔliʔ	—	qolit	—
左	gəzil	ʔiɬ	iril	—
死	hɔqil	minuqiɬ	huqin	—

赛考利克方言 l 对应于泽敖利方言 ɬ 和 r,赛德克语 l、r 和 d 等。

赛考利克方言 l < *l 和 *ḷ。"五",如卑南语、排湾语 ḷima。

(8) h 和 x

泰雅语 h- < 泰雅—赛德克共同语 *h- < 原始泰雅—赛夏语 *h-。

	赛考利克	泽敖利	赛德克	赛夏
花	həpah	pahpah	pehepah	poŋḷæh
肌肉	hiʔ	hiʔ	hije	—

---

① Paul Jen-kuei Li, *Reconstruction of Proto-Atayalic Phonology*,《历史语言研究所集刊》第五十二本第二分,1981 年。

	树	qəhəniq	kahuniq	quhuni	kæhœj
	鱼	quɬəh	qulih	qatsuruh	—

泰雅语 h 除了对应于赛夏语 h,还对应于赛夏语 s 和 l̩。如:

	赛考利克	赛德克语	赛夏语	邹语	布农语
白	luhuŋ	duhuŋ	lœhœŋ	suhəŋu	nusuŋ
弓	—	bahenek	bœhœl̩	fəsu	busuɬkavi
头虱	kuhiŋ	quheŋ	koso?	ʔətsuu	kutu
鼻子	ŋuhuw	muhiŋ	kaŋosəlan	ŋətsu	ŋutus
风	bəhuj	bugihul	bal̩i?	poepoe	ɬuvɬuv

在邹语和布农语方面,我们可以看出,"头虱""鼻子"等词中泰雅语的 h 对应于赛夏语的 s,<原始泰雅—赛夏语*s-、*t-和*l-。

赛考利克方言-h<*-q。如"花",布农语 ɬipuaχ。

	赛考利克	泽敖利	赛德克	赛夏
盐	tsimux	timu?	—	timo?
热	kilux	ma-kiɬux	mutiluh	—
鹿	pəpqanux	waqanux	raqenuh	wæʔæʔ
头	bətunux	tunux	tunuh	—
黑	qalux	ma-ɣaɬawaʔ	mukaluh	—
雨	qəwalax	quaɬax	qujuh	—

赛考利克方言-x 对应于泽敖利方言-x 和-ʔ,赛德克语-h,赛夏语-ʔ,<泰雅—赛夏语*-s。如"米",赛考利克方言 buʔax,赛德克语 baras,卑南语 bəras。赛德克语 baras 是借词(-r-应对应于赛考利克方言-z-)。

(9) w 和 j

	赛考利克	泽敖利	赛德克	赛夏
太阳	ʔuwagiʔ	waɣiʔ	—	hæhilal̩
獠牙	ʔuwaqit	—	waqits	—
血管	ʔuwiq	ʔuwiq	urat	—

线	ʔuwajaj	wāj	wale	—
雷	bisuw	βitʃuɣ	buluwa	biḷwaʔ
房顶	ramuw	r-in-amu-a-ɣ	denamox	—
脏	məʔuraw	maʔuraɣ	suturax	ḷaraḷiʔ
喝	nəbuw	m-nuβu-a-ɣ	mimah	romæʔœḷ

赛考利克方言 w- 对应于泽敖利方言和赛德克语 w- < *w-。

赛考利克方言-w 对应于泽敖利方言-ɣ,赛德克语-x 和-h,赛夏语-ḷ, < *-ɣ。

泰雅语"房顶"或对应于一些语言的"房子",如排湾语 umaq,布农语 ɬumaq,卑南语 rumaʔ 等。泰雅语这个词的韵尾辅音应来自一种后缀,暂拟为 *-ɣ。"雷",布农语 biɬva,赛夏语 biḷwaʔ。泰雅语这个词的 w 来自 *w,早期可能是 *v。

	赛考利克	泽敖利	赛德克	赛夏
痰	tujɔq	—	turoq	
藤	quʔajux	—	puarux	
他	hijaʔ	ʔi-hijaʔ	hija	sia
水	qəsijaʔ	quʃijaʔ	qasia	
沙子	bənaqij	βunaqij	bunaquj	bonaz
风	bəhuj	βajihu	bugihul	
酸	məŋihuj	—	muŋehol	

赛考利克方言 j- 对应于泽敖利方言 j-,赛德克语 r- 和 j-, < *r-、*l-和 *j-。

赛考利克方言-j 对应于泽敖利方言-j,赛德克语-l 和-j, < *-l 和 *-j。

"痰",邹语 tsizoʉ,阿美语 tiluhu。

"风",卑南语 baḷi,赛夏语 baḷiʔ。

3. 泰雅语元音的来历

泰雅语赛考利克方言有 6 个元音。试比较与泽敖利方言和赛德克语元音的对应:

(1) a

	赛考利克	泽敖利	赛德克	赛夏
翅膀	paliʔ	paɬiʔ(羽毛)	palit	palir
炭	baɡah	βatah	bawah	bizoʔ
年	kawas	kāɬ	kawas	—
村子	qalaŋ	qaɬaŋ	ʔalaŋ	ʔasaŋ
他	hijaʔ	ʔi-hijaʔ	hija	sia
花	həpah	pahpah	pehepah	poŋḷæh

赛考利克方言与泽敖利方言、赛德克语及赛夏语的 a 大体上有对应关系,< *a。

(2) ɛ

	赛考利克	泽敖利	赛德克	赛夏
打开	gɛh	ɣ-um-awah	lawah	ḷawæh
风	bɛhuj	βajhu	buɡihul	—
芋头	sɛhuj	—	sali	—
女人	kənɛriɬ	kanajiriɬ	muqidil	—
坏	ʔijaqɛh	aqil	naqah	ʔæwhæj

赛考利克方言 ɛ 与泽敖利方言、赛德克语的 a 及赛夏语的 æ 有对应关系,< *a。

(3) i

	赛考利克	泽敖利	赛德克	赛夏
钱	pilaʔ	piɬaʔ	pila	—
羊	mit	mit	milits	—
盐	tsimux	timux	tima	timoʔ
编	tsinun	t-um-inuq	tuminun	tomnon

| 眼睛 | lɔziq | rawiq | doliq | — |
| 儿子 | laqiʔ | ʔuɬaqi | laqi | — |

赛考利克方言与泽敖利方言、赛德克语的 i 有对应关系，< *i。

(4) ə

	赛考利克	泽敖利	赛德克	赛夏
脸	rəqias	raqi-na-ʃ	daqaras	—
嘴唇	parahɔm	parahum	padahuŋ	—
灰	qəbuliʔ	qaβu-ɬiʔ	qabulit	ʔæboʔ
沙子	bənaqij	βunaqij	bunaquj	bonaz
水	qəsijaʔ	quʃijaʔ	qasia	
数(数)	ləməpuw	ɬ-um-puɣ	sumepu	ʃoməpəl
梦	səpiʔ	ʃumapi-aɬ	sepi	ʔiʃpiʔ
麻	kəgij	—	keguj	kakḷiw
苍蝇	ŋəliʔ	aŋri	liŋedi	ḷaŋaw
捆	məhul	m-huɬ	mekuj	—
豹子	kəliʔ	—	rukelits	ḷoklaw
松鼠	bəhut	—	belihot	kabhœt

赛考利克方言 3 音节词首音节的 ə 可与泽敖利方言、赛德克语的 a、u 等有对应关系，应是其他元音的弱化形式。双音节词中与赛德克语的 e 及赛夏语 ə 有对应关系可能来自 *ə。赛考利克方言末音节及单音节词中不出现 ə。

(5) ɔ

	赛考利克	泽敖利	赛德克	赛夏
闻到	sɔk	ʃ-um-auk	sumukenux	somazək
死	hɔqil	minuqiɬ	huqin	
嘴唇	pərahɔm	parahum	padahuŋ	
眼睛	lɔziq	rawiq	doliq	
今天	sɔniʔ	ʃawniʔ	sajaʔ	kajsaʔan

鼠	qɔliʔ	—	qolit	—
猪	bəziʔok	βauwak	bojak(野猪)	—
桥	hɔŋuʔ	hakriʔ	hako	

赛考利克方言的 ɔ 对应于泽敖利方言的 u 和 a，赛德克语的 u 和 o 等，及赛夏语 o 和 a，当有不同来历，< *u 和 *a。

（6）u

	赛考利克	泽敖利	赛德克	赛夏
火	puniq	hapuniq	puneq	hapoj
肚脐	puɣaʔ	puɣaʔ	puɣa	pozok
头虱	kuhiŋ	kuhiŋ	quheŋ	koso?
尾巴	ŋuŋuʔ	ŋaʔŋuʔ	ŋuŋuʔ	—
回答	siʔuk	tʃ-um-ijuk	tsumijuh	tomiskobaḽih
湖	siluŋ	watʃiɬuŋ	lutsiluŋ	—
白	luhuŋ	ɬuh-i-uŋ	duhuŋ	lœhœŋ
热	kilux	ma-kiɬux	mutiluh	

赛考利克方言 u 对应于泽敖利方言、赛德克语的 u，赛夏语 o，< *u。

二 原始泰雅—赛夏语

1.原始泰雅—赛夏语的音系

（1）辅音

p	b	m		w
t	d	n	s	r	l
ṭ	ḍ			ʃ		ḻ
k	g	ŋ			

q
ʔ   h   ɣ

与李壬癸先生1981年发表的原始泰雅语的辅音系统比较,多了 *ɖ 和 *ɣ,少了 *g 和 *y, *c 用 *t 来代替。

(2)元音

a ə i u

李壬癸先生的元音系统中还有 *aw、*ay 和 *uy,不过同我们构拟所代表的时代不同。

2.原始泰雅—赛夏语的前缀、后缀和中缀

泰雅语和赛德克语有复杂的前缀、后缀和中缀。现代诸方言和语言的形态系统是古语形态系统演进的结果。古语的前缀、后缀和中缀有的为今天的语言所继承,或丢失,有的可能是后起的。

(1)前缀

赛考利克方言的前缀有:kə-、kinə-、ləkə-、ləmə-、mə-、məkə-、mələ-、pə-、sə-、tə-、tsi- 等。①

泽敖利方言的动词前缀有:ma-、man-、mana-、maɣ-、ma-ʃa-、ma-ʃi-、pana-、mati-、iʔ-、pa-、ʃi-、ga-、kan-、ma-ka-、maki-、mati-、mi-、paʃ-、ta-...-an-、tiɣi-、tu-等。②

赛德克语的前缀有:mu-、ku-、pu-、ta-、su-、sa-、munu-、mupu-、muku-、musu-、mutu-、mugu-、mumu-、punu-、puku-、kunu-、sumu-、sunu-、suku-、supu-、tumu-、tunu-等。③

---

① 陈康《台湾高山族语言》,第7—8页。
② *Comparative Austronesian Dictionary*, Part 1: Fascicle 1, pp.287–289.
③ 陈康《台湾高山族语言》,第30—32页。

赛夏语的前缀有:ka-、kama-、kapaj-、ki-、ɭin-、mil-、ti 等。①

I. *mə-

赛考利克方言前缀 mə-表示主动态,能把名词变为动词。

泽敖利方言前缀 mə-表示主动态。

赛德克语前缀 mə-表示主动态,能把名词变为动词,是形容词的标志。如:

	赛考利克		泽敖利	赛德克	赛夏
听	mə-puŋ	→ muŋ	muŋ	mu-bahaŋ	bazæʔ
看	mə-kitaʔ	→ mitaʔ	k-um-ita-aɬ	mita	—
推	mə-ruruw	→ muruw	h-um-uɬuj	—	—
劈	mə-səbəkaʔ	→ məbəkaʔ	pa-tβaɣβuɣ	pusutsax	—
吃	mə-qaniq	→ maniq	man-iq		s-om-iʔæl

赛夏语使用 mil-和中缀-om-缀加名词构成相关的动词。

试比较"呕吐",赛考利克方言 putaq,泽敖利方言 mutaq,赛德克语 mutaq,赛夏语 momotæʔ。"给",赛考利克方言 biq,泽敖利克方言 maiq,赛德克语 mege,赛夏语 mobəɭaj。原本有一个前缀 *m-,赛考利克方言中不显示,其他的语言或方言的说法还有保留下来的 m-。

*m- 是原始泰雅—赛夏语表示动词主动态的前缀,在现代赛考利克方言中成为前缀 mə-。泽敖利方言中往往用-um- 中缀来代替。如"看",赛德克语中古前缀成为首辅音。

赛考利克方言形容词前缀 mə-对应于泽敖利方言 ma-,赛德克语的 mu-。试比较:

---

① 陈康《台湾高山族语言》,第 204 页。

	赛考利克	泽敖利	赛德克	赛夏
黄	mə-hibuŋ	maɣ-turakiʃ	mutsajis	—
红	mə-talah	ma-tanah	mutanah	
相同	mə-tanaq	—	munutuna?	—
酸	mə-ŋihuj	—	meŋehol	?æhl̪is
冷	—	—	musəkui?	maskəs

现代赛夏语已经没有对应的前缀,只是保留着原本有过原始泰雅—赛夏语形容词前缀 *mə- 的痕迹。

II. *sə-

赛考利克方言 sə- 是把名词变成动词的前缀。如,"风"bɛhuj,"刮风"sə-bɛhuj;"屎"qutsi?,"拉屎"sə-qutsi?;"尿"həmɔq,"撒尿"mə-sə-həmɔq。

赛德克语"风"buɡihul,"风吹"su-buɡihul。

但早期的 *s- 已成为 h-。如"喊",赛考利克方言 hu?aw,排湾语 qivu。

*s- 是原始泰雅—赛夏语把名词变成动词的前缀。

III. *pə-

赛考利克方言 pə-,泽敖利方言 pa-,赛德克语的 pu- 是使动前缀。如,赛考利克方言"写"biru?,"叫写"pə-biru?;"继续"?ubuj,"使继续"pə-?ubuj。

*pə- 可能是原始泰雅—赛夏语的使动前缀。

(2)后缀

I. *-an

赛考利克方言 -an 是把动词变成名词的后缀,用来表示实现行为的用具、动作和对象。泽敖利方言类似的功能由后缀 -an 和 -un

来担任。① 赛德克语-an 加在动词之后表示处所。

"晚上",赛德克语 keeman < *qiḍim-an,*qiḍəm"黑"。如卑语"黑"ʔuḍəḍəm,"晚上"ḍəmkakələm。

*-an 是原始泰雅—赛夏语名词的后缀。

泽敖利方言和赛德克语的-un 用来表示动作涉及的对象。

如赛德克语"射"ts-um-ebu,"靶子"bubu-un;"知道"mu-kela,"知识"kula-un;"弄平"t-um-abun,"平地"tubun-un;"给"biq,"赠品"biq-un。②

现代赛夏语用 ka-和-an。如"坐"ʃomaləŋ,"椅子"kaʃaləŋan。

II. *-s

"扫帚",泽敖利方言 tʃa-tʃapuh,赛夏语 sasapœh,排湾语 sua-pan。泰雅语、赛夏语-h < *-s。

---

① 泽敖利方言有一类男子用语的后缀,如:
-niq　hapu-niq"火",kahu-niq"树""木头"
-iq　　ran-iq"路",ʃiβil-iq"午饭饭盒"
-ʔiŋ　ʃa-ʃa-ʔiŋ"线"
-hiŋ　ku-hiŋ"头虱"
-iŋ　　qaβuβ-iŋ"帽子",ʃitu-iŋ"衣服"
-tiŋ　βua-tiŋ"月亮"
-niʔ　raq-niʔ"树枝",qua-niʔ"藤"
-nux　lata-nux"前院",ɣiʔ-nux"牙齿"
-ux　 quri-ux"姜",ramu-ux"血"
-hu　 k-um-ai-hu"挖"
-u　　 βuliq-u"星星"
-al　　ʔunij-al"来",ʃ-um-api-al"做梦"
-liʔ　 qumu-liʔ"米饼",qaβu-liʔ"灰烬"
-kaʔ　li-kaʔ"轻"
-ha　 ptsiɣ-ha"胸"
这一类后缀也分布在赛考利克方言和赛德克语。

② 陈康、许进来《台湾赛德克语》,第 28—29 页。

(3) 中缀

*-um-

赛考利克方言动词中缀-əm-与敖利方言和赛德克语的动词中缀-um-,赛夏语的-om-对应。试比较诸语"扫帚"和"扫"的读法：

	泽敖利方言	赛德克语	排湾语	赛夏
扫帚	tʃa-tʃapuh	sukesik	suapan	sasapœh
扫	tʃ-um-apiŋ	s-um-ukesik	s-əm-uap	sapœh

泰雅语和赛德克语"扫"是"扫帚"的派生词。

	泽敖利方言	赛德克语	邵语
指甲	kamil	kukuh	kukuh
搔	kamil	k-um-awah	k-əm-uɬaw

泽敖利方言"搔"kamil 的-m-是古中缀的凝固形式。

"看",赛考利克方言 mitaʔ,泽敖利方言 k-um-ita-aɬ,赛德克语 mita,赛夏语 komitaʔ。共同语的词根是 kita。

赛考利克方言中缀-ən-的功能是把动词变为名词,赛德克语中缀-un-表示动作的对象。赛考利克方言中,如,"吃"qaniq,"食品"q-ən-aniq;"编织"tsinun,"命运"ts-ən-inun。赛德克语,"刮(胡子)"k-əm-ugus,"刮了胡子的人"k-ən-ugus;"盖草房"d-ən-amuh,"草房顶"d-ən-amuh;"拔穗"k-əm-eti,"拔下的穗"k-ən-eti。

3. 原始泰雅—赛夏语核心词

根据以上的讨论,同时参照斯瓦迪什的词表,构拟原始泰雅—赛夏语 100 核心词如下。原始泰雅—赛夏语以 PAS 来代表。

(1) 自然事物

"太阳",赛考利克方言 ʔuwagiʔ,泽敖利方言 waɣiʔ, PAS *ʔwagiq。①

"月亮",赛考利克方言 bəjatsiŋ,泽敖利方言 βua-tiŋ;赛德克语 idas,赛夏语 ʔilaʃ。PAS *bula,* qilas。②

"星星",赛考利克方言 biŋah,泽敖利方言 βuliq,赛德克语 puŋerah,PAS *biliŋas。

"水",赛考利克方言 qəsijaʔ,泽敖利方言 quʃijaʔ,赛德克语 qasia,PAS *qəsilaq。

"雨",赛考利克方言 qəwalax,泽敖利方言 quaɬax,赛德克语 qujuh,赛夏语 ʔæʔœral,PAS *qədas。

"石头",赛考利克方言 bətu-nux,泽敖利方言 βatu-nux,赛德克语 butunux,赛夏语 batoʔ,PAS *batu。

"沙子",赛考利克方言 bənaqij,泽敖利方言 βunaqij,赛德克语 bunaquj,赛夏语 bonaz,PAS *bunaquj。

"土",赛德克语 deheral,赛夏语 raɭiʔ,PAS *disiraɣi。

"云",泽敖利方言 hamhum,赛夏语 ɭəmɭəm,PAS *ɣam。③

"火",赛考利克方言 puniq,泽敖利方言 hapuniq,赛德克语 puneq,赛夏语 hapoj,PAS *sapuj。

"烟",泽敖利方言 ɣuhiɬuq,赛德克语 gureŋun,PAS *guli。

"灰烬",赛考利克方言 qəbuliʔ,泽敖利方言 qaβu-ɬiʔ,赛德克语 qabulit,PAS *qabu。

"山",赛考利克方言 rəgijax,泽敖利方言 raɣijax,赛夏语

---

① 赛德克语 hido 另有来历,对应于排湾语 qadav 等。
② 赛德克语 idas 对应于排湾语 qilas 等。
③ 赛考利克方言 ʔiwuluŋ,赛德克语 pulabu。

koḷkoḷol,PAS *giɣu。①

"夜",赛考利克方言 həŋan,赛夏语 roḷhanan;赛德克语 keeman。PAS *saŋan,*kid̪əm-an。

"路",泽敖利方言 raniq,赛德克语 elu,赛夏语 raḷan,PAS *raḷa-n。

(2)身体部位

"头",赛考利克方言 bətunux,泽敖利方言 tunux,赛德克语 tunuh,PAS *bətunus。

"头发",赛考利克方言 hənənux,赛德克语 sununuh,PAS *sənanus。

"眼睛",赛考利克方言 lɔziq,泽敖利方言 rawiq,赛德克语 doliq,PAS *daliq。

"鼻子",赛考利克方言 ŋuhuw,泽敖利方言 ŋuhuɣ,赛德克语 muhiŋ,PAS *ŋusiŋ。

"耳朵",泽敖利方言 tʃaŋia?,赛夏语 saliʔiḷ,PAS *taŋia?。②

"嘴",赛考利克方言 nəquʔaŋ,泽敖利方言 ŋaquaq,赛德克语 qowaq,PAS *ŋaquaq。

"牙齿",赛考利克方言 ʔənux,泽敖利方言 ɣiʔnux,PAS *giʔə。③

"舌头",赛考利克方言 həmaliʔ,泽敖利方言 hmaʔ,赛德克语 hema,PAS *səma。

"脖子",泽敖利方言 warijuŋ,赛德克语 nudujuŋ,PAS

---

① 赛德克语 lumiq。
② 赛考利克方言 papak,赛德克语 birats。
③ 赛德克语 rupun。

*nudujuŋ。

"手",赛考利克方言 qəbaʔ,泽敖利方言 qaβaʔ,赛德克语 baga,PAS *baga。

"乳房",赛考利克方言 bubuʔ,泽敖利方言 xuxuʔ,PAS *bubuʔ。

"脚",赛考利克方言 kakaj,泽敖利方言 kukuj,PAS *kakuj。①

"皮肤",赛考利克方言 kiʔahil,泽敖利方言 kuahiɬ,PAS *kiʔasil。

"胃",赛考利克方言 kətuʔ,泽敖利方言 ʔakhuɬ,赛夏语 biskol,PAS *bukəṭul。

"心",赛考利克方言 həluk(肺),泽敖利方言 βahɬuk(肺),赛德克语 tamabalaq,赛夏语 bæḷæʔ(肺),PAS *basəɣuq。②

"肝",赛考利克方言 sizik,泽敖利方言 tʃajik,PAS *ṭarik。

"骨头",赛考利克方言 qəniʔ,泽敖利方言 βaqiniʔ,赛德克语 buts,赛夏语 bœʔœl,PAS *baqutul。

"膝盖",赛考利克方言 tari,泽敖利方言 tarʔ,PAS *tadiʔ。③

"血",赛考利克方言 ramuʔ,泽敖利方言 ramux,赛夏语 ramoʔ,PAS *damuq。

"肌肉",赛考利克方言 hiʔ,泽敖利方言 hiʔ,赛德克语 hije(肉),PAS *sijiʔ。

(3)动植物

"鸟",赛考利克方言 qəhəniq,泽敖利方言 kaβah-niq,赛德克

---

① 赛德克语 papak。
② 赛考利克方言 kuʔalun,泽敖利方言 qaqarijat。
③ 赛德克语 puɲu papak。

语 qubeheni,赛夏语 kabkabæhæl,PAS *qəbasu。

"鱼",赛考利克方言 qulɛh,泽敖利方言 quɬih,赛德克语 qa-tsuruh,赛夏语 ʔælaw,PAS *qətulu。

"狗",赛考利克方言 huzil,泽敖利方言 xujiɬ,赛德克语 huliŋ,赛夏语 ʔæhœʔ,PAS *sujil。

"虱子",赛考利克方言 kuhiŋ,泽敖利方言 kuhiŋ,赛德克语 quheŋ,赛夏语 kosoʔ,PAS *kuʈu。

"树",赛考利克方言 qəhɔniq,泽敖利方言 kahuniq,赛德克语 quhuni,赛夏语 kæhœj,PAS *qəsuj。

"种子",赛考利克方言 gahap,泽敖利方言 ɣa-ɣhap, PAS *gasap。

"叶子",赛考利克方言 ʔabaw,泽敖利方言 ʔaβaɣ,赛夏语 biḷæʔ,PAS *biɣaw。①

"根",赛考利克方言 gamil,泽敖利方言 ɣamiɬ,赛德克语 gamil,赛夏语 ḷaməs,PAS *ɣamil。

"肉"、"肌肉",PAS *sijiʔ。

"油脂",赛考利克方言 siʔam,赛德克语 siaŋ,PAS *siʔam。

"蛋",赛考利克方言 baziŋ,赛德克语 baluŋ,PAS *baḷu。

"角",赛考利克方言 ŋuɥij,泽敖利方言 taŋuqḷj,赛德克语 uruŋ,赛夏语 kæhʔœŋ,PAS *ŋuquruŋ。

"尾巴",赛考利克方言 ŋuŋuʔ,泽敖利方言 ŋaʔŋuʔ,赛德克语 ŋuŋuʔ,PAS *ŋuŋuʔ。

"毛",赛考利克方言 bukil,赛德克语 ʔubal,赛德克语

---

① 赛德克语 wasau,可与排湾语"叶子"asav 比较。

ʔœlobœh,PAS *kubul。

"羽毛",赛考利克方言 bukil paliʔ,赛德克语 palit(羽毛、翅膀),PAS *kubul。

(4)动作和感觉

"吃",赛考利克方言 qaniq,泽敖利方言 man-iq,赛德克语 mekan,PAS *qan。

"喝",赛考利克方言 nəbuw,泽敖利方言 m-nuβu-a-ɣ,PAS *nəbu。①

"咬",赛考利克方言 kat,泽敖利方言 k-um-āt,PAS *kat。②

"说",泽敖利方言 m-hatʃu,赛德克语 mesa,PAS *saʈu。

"看",赛考利克方言 mitaʔ,泽敖利方言 k-um-ita-aɬ,赛德克语 mita,赛夏语 komitaʔ,PAS *kita。

"听",赛考利克方言 puŋ,泽敖利方言 muŋ,赛德克语 mubahaŋ,PAS *busaŋ。

"知道",赛考利克方言 baq,泽敖利方言 βaq-un,PAS *baq。③

"睡",泽敖利方言 ma-qiɬap,PAS *qilap。④

"死",赛考利克方言 hɔqil,泽敖利方言 minuqiɬ,赛德克语 huqin,PAS *sanuq。

"杀",赛德克语 sumeelaq,PAS *ʈəlaq。

"走",赛考利克方言 həkaniʔ,泽敖利方言 h-um-akaj,PAS *sukaj。

---

① 赛德克语 mimah,可与沙阿鲁阿"喝"mima 比较,赛夏语 romæʔœl。
② 赛德克语 qumijuts,可与沙阿鲁阿"咬"umaratsɐ 比较。
③ 赛德克语 mukela,可与沙阿鲁阿"知道"matsaɬia 比较。
④ 赛德克语 taqi,可与排湾语"睡"taqad 比较。

"飞",赛考利克方言 lakaʔ,赛德克语 sukija,PAS *ʈukalaʔ。①

"游泳",赛考利克方言 ŋiq,泽敖利方言 ɬ-um-aŋuj,赛德克语 lumaŋuj,赛夏语 lomaŋoj,PAS *laŋuj。

"来",赛考利克方言 muʔah,泽敖利方言 mwah,赛德克语 me-jah,PAS *məjas。

"坐",赛考利克方言 tamaʔ,泽敖利方言 ma-thawnak,PAS *təsamak。②

"站",赛考利克方言 səʔurux,泽敖利方言 man-tʃaʔrux,赛德克语 meheju,PAS *ʈəʔuru。

"躺(下)",泽敖利方言 mataɣaɣaɣ,PAS *taɣa。③

"给",赛考利克方言 biq,泽敖利方言 maiq,赛夏语 mobəḷaj,PAS *bəɣaj(-iq)。

"烧",赛考利克方言 lɔm,PAS *lum。

(5)状态

"新",赛考利克方言 bah,赛德克语 buɡurah,PAS *baɡulas。

"好",赛考利克方言 bəlaq,泽敖利方言 βaɬa-iq,赛德克语 malu,PAS *bəla。④

"热",赛考利克方言 kilux,泽敖利方言 ma-kiɬux,赛德克语 mutiluh,PAS *mə-kɪlus。

"冷"(水),赛考利克方言 tərutuʔ,赛德克语 turutuʔ,PAS *tərutuʔ。

---

① 泽敖利方言 man-ßahaɣ。
② 赛德克语 tuleuŋ。
③ 赛考利克方言 minəraʔɔmul,赛德克语 turuqeraq。
④ 赛德克语"好"malu。

"满",赛考利克方言 təŋiʔ,赛德克语 hutuŋai,PAS *təŋaiʔ。

"干燥",泽敖利方言 ma-rŋuʔ,赛德克语 muduŋuʔ,PAS *duŋuʔ。

"红",赛考利克方言 talah,泽敖利方言 ma-tanah,赛德克语 mutanah,PAS *talas。

"黄",泽敖利方言 maɣ-turakiʃ,赛德克语 mutsajis,PAS *turakiţ。①

"白",泽敖利方言 ma-ʔuβaʔ,赛德克语 bahaɢaj,赛夏语 bolalasan,PAS *busaɣa。

"黑",赛考利克方言 qalux,泽敖利方言 ma-ɣaɬawaʔ,赛德克语 mukaluh,PAS *qalus。

"大",泽敖利方言 rahuwaɬ,赛德克语 paru,赛夏语 sobaɭœh,PAS *baɭas。②

"小",泽敖利方言 tikaj,赛德克语 tikoh,PAS *tikaj。

"长",赛考利克方言 qəlɔjux,泽敖利方言 qanarūx,赛德克语 kanedih,PAS *qəladus。

"多",泽敖利方言 pajux,赛德克语 habaro,PAS *saparu。③

"圆",泽敖利方言 m-tumurul,赛德克语 tumun,PAS *tumulu。

(6)其他

"一",赛考利克方言 qutux,泽敖利方言 qutux;赛夏语 ʔæhæʔ。PAS *qutu,*ʔasa。④

---

① 赛考利克方言"黄"məhibuŋ。
② 赛考利克方言"大"tɛnux。
③ 赛考利克方言"多"tsiŋaj。
④ 赛德克语"一"kijal。

"二",赛德克语 daha,赛夏语 roʃaʔ,PAS *dusa。

"我",赛考利克方言 sakuʔ,泽敖利方言 ʔi-kuiŋ,赛德克语 jaku,赛夏语 jako,PAS *jaku。

"我们",赛考利克方言 samij,赛德克语 jami,赛夏语 jami,PAS *jami。

"你",赛考利克方言 ʔisuʔ,泽敖利方言 ʔiʃuʔ,赛德克语 isu,赛夏语 ʃoʔʊ,PAS *ʔisu。

"这",赛考利克方言 qanij,赛德克语 hini,赛夏语 hiniʔ,PAS *sini。

"那",赛考利克方言 hini,赛德克语 hija,赛夏语 hizaʔ,PAS *sija。

"谁",赛考利克方言 ʔimaʔ,泽敖利方言 ʔimaʔ,赛德克语 ima,赛夏语 hiaʔ,PAS *sima。

"什么",赛考利克方言 nanuʔ,泽敖利方言 nanu-an,赛德克语 manu,赛夏语 kanoʔ,PAS *manu。

"人",赛考利克方言 səquliq,泽敖利方言 tʃuqu-iq,赛德克语 seedaq,PAS *səquda。

"女人",赛考利克方言 kənɛril,泽敖利方言 kanajril,赛德克语 muqidil,PAS *muquda。

"男人",赛考利克方言 məlikuj,泽敖利方言 mamaɬiku,PAS *məliku。

"不",赛考利克方言 ʔiniʔ,赛德克语 ini,PAS *ʔini。

"名字",赛考利克方言 laluʔ,泽敖利方言 raɬuʔ,赛夏语

raroloʔ, PAS *laḷu.①

"弓",赛德克语 bahenek,赛夏语 bœhœḷ, PAS *basiɣ。

---

① 赛德克语"名字"haŋan。

第五章 邹—卑南语

一 邹—鲁凯语

邹语、卡那卡那富语、沙阿鲁阿语、鲁凯语和排湾语构成一个语支。这个分类与土田滋的分类接近。土田滋的分类中鲁凯语和邹语归为一组,排湾语归入卑南语组。

邹语有达邦[tapaŋɨ]、图富雅[təfuea]、鲁赫都[luhətu]和伊姆兹[iimutsu]4个方言,伊姆兹方言已消亡。卡那卡那富语、沙阿鲁阿语与邹语较相近,鲁凯语和排湾语较相近。邹—鲁凯共同语经历了*t>*ts的历史。① 邹—鲁凯共同语的*ŋ演变为邹语的h,卡那卡那富语的n,沙阿鲁阿语的ɬ,鲁凯语和排湾语的l。如"头虱",卑南语 kuʈu,卡那卡那富语 kuutsu,沙阿鲁阿语 utsuʔu,邹语 ʔətsuu,鲁凯语 kutsu,排湾语 ʔutsu。"右"(边)卡那卡那富语 ananɨ,沙阿鲁阿语 aɬanɨ,邹语 vəhona,鲁凯语 vanal,排湾语

---

① 李壬癸在 Rukai Structure(p.44)中提到鲁凯语大南方言中有一例 ʈ-与 ts-的交替,"圆"读作 liʈuŋ 和 ta-ʈitsuŋ。

ʔanaval，<邹—鲁凯共同语及原始邹—鲁凯语的 * ka-vanaŋ。

卑南—布农语支还包括噶玛兰语，已消亡的有：道卡斯语、猫雾捒语、巴布拉语、洪雅语和西拉雅语。

1. 邹语、鲁凯语和卡那卡那富语的语音

(1) 邹语达邦方言的辅音和元音

辅音

p b m f v

t n s z r l

ts

k ŋ

ʔ h

元音

a e i ə u o

重音一般在倒数第二音节。①

(2) 鲁凯语大南方言的辅音和元音

辅音

p b m v w

t d n θ ð s r l

ts

ʈ ɖ ɭ

k g ŋ j

ʔ h

---

① 陈康《台湾高山族语言》，第45页。

元音

a i ə u e

疑问代词的重音在倒数第二个音节,其他复音词的重音一般在末音节。①

(3) 卡那卡那富语的辅音和元音

辅音

p m   v
t n s   r l
ts
k ŋ
ʔ

元音

a i ə u ʉ

多音节词重音一般在倒数第二个音节。

(4) 沙阿鲁阿语的辅音和元音

辅音

p m   v
t n s   r l
ts
k ŋ
ʔ

元音

a i ʉ u

---

① Paul Jen-Kuei, Rukai Structure, p.18.

多音节词重音一般在倒数第二个音节。

2. 邹语辅音的来历

以下比较邹语达邦方言、沙阿鲁阿语、卡那卡那富语和鲁凯语辅音的对应关系，讨论邹语辅音的来历。

(1) p 和 b

邹语 p 对应于沙阿鲁阿语和卡那卡那富 p 及鲁凯语 ʔ：

	邹语	沙阿鲁阿语	卡那卡那富	鲁凯
火	puɨ	apuɬu	apulu	aʔuj
猫头鹰	puuku	tapɨʔɨ	puuka	kuʔu
羽毛	eopuŋu	ʔalapuŋu	ʔaapuŋu	—

"火"，邹语鲁赫都方言 puzu，排湾语 apui。

"羽毛"，邹语鲁赫都方言 ropŋu，排湾语 paḷal。

邹语 p < 原始邹—鲁凯语 *p。

邹语 b 对应于沙阿鲁阿语和卡那卡那富 v 及鲁凯语 b：

	邹语	沙阿鲁阿语	卡那卡那富	鲁凯
老鼠	buhətsi	taluvutsu	vuutu(松鼠)	bubutu(松鼠)
花	bɨvənɨ	tavaɬiɬa	vuŋavuŋa	bənəḷaj
肚子	bɨeo	tsivuka	vɨtsɨkɨ	—
瞎	bəkɨŋɨ	mabutuʔɨ	malutsɨ	mabuti

鲁赫都方言"老鼠"buxtsi，"花"bɨvnɨ，"瞎"bɨkŋɨ。

邹语 b < *b。

(2) f 和 v

邹语 f 对应于沙阿鲁阿语和卡那卡那富 v 及鲁凯语 b：

	邹语	沙阿鲁阿语	卡那卡那富	鲁凯
月亮	feohɨ	vulaɬu	vuanɨ	—
山	fueŋu	mavarɨvarɨ	rɨmɨra	—

洞	feoŋo	taɬuuru	—	baruŋulu
猪	feɯɯ	taɬakɯ	tutui	bəkə
尿	sifu	ʔiivu	iivu	luvu

鲁赫都方言"月亮"froxɨ,"山"furŋu,"洞"froŋo,"猪"friʔɨ。
邹语 f < *b。

邹语 v 对应于沙阿鲁阿语和卡那卡那富 v 及鲁凯语 v：

	邹语	沙阿鲁阿语	卡那卡那富	鲁凯
左	veina	vatsiki	—	viri
右	vəhona	—	—	vanal
血管	veotsɯ	ʔuratsɯ	uratsɯ	uats
八	voeu	kualu	aalu	vaɭu

鲁赫都方言"左"vri-na,"右"vxon-a,"血管"vrotsɨ,"八"voru。
邹语 v < *v。

(3) t 和 k

邹语 t 对应于沙阿鲁阿语和卡那卡那富 t 及鲁凯语 t 和 ts：

	邹语	沙阿鲁阿语	卡那卡那富	鲁凯
鸡	teoua	turukuuka	tarikuuka	tarukuk
跳蚤	timeo	ʔatimula	ʔatimula	θimakul
屎	təʔee	tiiʔi	taʔi	tsaki
绳子	teesi	talii	talisi	tsaɭis
兔子	eutuka	lituka	lituka	ɭutuku

鲁赫都方言"跳蚤"timro,"绳子"tresi,"兔子"rutuka。
邹语 t < *t。

邹语 k 对应于沙阿鲁阿语、卡那卡那富和鲁凯语 k：

	邹语	沙阿鲁阿语	卡那卡那富	鲁凯
女阴	kutəʔi	vutiʔi	—	ʔati
糖	kamətsia	kamusia	kaməsia	kumusia
兔子	eutuka	lituka	lituka	ɭutuku

| 猫头鹰 | puuku | tapɨʔɨ | puuka | kuʔu |

"糖"借自汉语闽方言的"甘蔗"。

邹语 k < *k。

(4) s 和 z

邹语 s 对应于沙阿鲁阿语、卡那卡那富和鲁凯语 s：

	邹语	沙阿鲁阿语	卡那卡那富	鲁凯
项链	sɨkuu	hiɬuʔu	sinuʔu	—
根	misi	ramii	ramisi	—
二	eoso	suua	tsuusa	ḍusa
弓	fəsu	vuuru	vuuru	buu

鲁赫都方言"项链"skū，"根"rmisi，"二"ruso，"弓"fsuru。

邹语 s < *s。

"弓"，原始邹—鲁凯语可拟为 *busuru，邹语失去 *ru 音节，其他诸语失去 *su。

	邹语	沙阿鲁阿语	卡那卡那富	鲁凯
火	puzu	puɬu	apulu	aʔuj
野猪	fuzu	—	vavalu	babaj
鸟	zomɨ	aɬamɨ	alamɨ	aðaðam
矛	meŋəzu	limaŋuɬu	paŋarɨ	

邹语 z 对应于沙阿鲁阿语 ɬ, 鲁凯语 j 和 ð, < *l- 和 *-j。

(5) m、n 和 ŋ

	邹语	沙阿鲁阿语	卡那卡那富	鲁凯
眼睛	mətsoo	—	—	matsa
手	mutsu	ramutsu	ramutsu	ḷima
熊	tsəmoi	tsuumiʔi	tsumai	tsumaj
鸟	zomɨ	aɬamɨ	alamɨ	aðaðam

"眼睛"，鲁赫都方言 mtsō，排湾语 matsa。

邹语 m < *m。

	邹语	沙阿鲁阿语	卡那卡那富	鲁凯
六	nomɨ	kɨnɨmɨ	nɨɨmɨ	ənəm
母亲	ino	inaʔa	tsiina	tina
好	ɨmənɨ	manɨŋɨ	manɨŋɨ	—
一	tsoni	tsaani	tsaani	—

邹语 n < *n。

	邹语	沙阿鲁阿语	卡那卡那富	鲁凯
天	ŋɨtsa	laŋitsa	kaaŋɨtsa	—
口水	ŋeoi	ŋaliʔi	ŋaai	ŋaɭaj
叶子	hɨŋɨ	raɬɨŋɨ	ranɨŋɨ	suʔuŋu
头	fəŋuu	vuŋuʔu	navuŋu	auɭu

邹语 ŋ < *ŋ。

(6) h、l 和 r

邹语达邦方言 h 对应于沙阿鲁阿语 ɬ，卡那卡那富语 n，鲁凯语 l：

	邹语	沙阿鲁阿语	卡那卡那富	鲁凯
叶子	hɨŋɨ	raɬɨŋɨ	ranɨŋɨ	suʔuŋu
血	həmueu	—	nimuruʔu	—
村子	hosa	taɬaa	tanasɨ	—
骨头	tsuəhu	touloɬu	touʔuanu	—
白	suhəŋu	ɬuuŋu	—	luuŋ
水	tsəhumu	saɬumu	tsanumu	atsilaj

鲁赫都方言"叶子"xəŋɨ，"血"xmuru，"水"tsxumu。

排湾语"骨头"tsuqəɭal，"水"danum。

邹语 h < *ŋ。

邹语达邦方言 l 对应于鲁赫都方言 d，沙阿鲁阿语 l，卡那卡那

富语 n,鲁凯语 l-和-ḷ:

	邹语	沙阿鲁阿语	卡那卡那富	鲁凯
指甲	luʔəluku	ʔaluku	ʔanuka	kaluka
膝盖	kaʔəli	lasaɬu	ʉvʉ	ʔatsuḷ
听见	təmalʉ	tumimaɬa	tumimana	—
闻到	eelʉ	—	—	—

鲁赫都方言"膝盖"kadi,"听见"t-m-a-dɨ,"闻到"re-dɨ。
邹语达邦方言 l < *ḷ。

	邹语	沙阿鲁阿语	卡那卡那富	鲁凯
箭	ranosuru	ripasʉ	rupatsʉ	—
热	tsubəru	—	—	—
蜈蚣	rerpa	—	—	—

鲁赫都方言"箭"ranosuru,"蜈蚣"reepa。

达邦方言原来的 r 已丢失,如"箭"等带 r 的恐怕是后来的借词。试比较:

	邹语	沙阿鲁阿语	卡那卡那富	鲁凯
口水	ŋeoi	ŋaliʔi	ŋaai	ŋaḷaj
绳子	teesi	talii	talii	tsaḷis
鸡	teoua	turukuuka	tarikuuka	tarukuk
兔子	eutuka	lituka	lituka	ḷutuku

达邦方言原来的 *r-,及 *-r-(与前面的元音成为 e),对应于沙阿鲁阿语 l,卡那卡那富语 l 及 r,鲁凯 ḷ 及 r,< *ḷ 和 *r。

邹语丢失的辅音可从以下的比较中看出:

	邹语	沙阿鲁阿语	卡那卡那富	鲁凯语	排湾语
稻子	pai	pusiamʉ	pusiamu	paɡaj	padaj
肋骨	faeŋʉ	vavaʉ	vaava	viɡwa	viduat
名字	oŋəko	ŋaɬa	ŋanai	nagan	ŋadan

邹语、沙阿鲁阿语和卡那卡那富这一组语言的祖方言中 *g 与 *ɖ 合并为 *ɖ，在邹语中 *ɖ 或与 *l 合并。鲁凯语和排湾语的祖方言中 *g 与 *ɖ 仍存在。

(7) ts 和 ʔ

	邹语	沙阿鲁阿语	卡那卡那富	鲁凯
水	tsəhumu	saɬumu	tsanumu	atsilaj
熊	tsəmoi	tsumiʔi	tsumai	tsumaj
刺	tsʉmʉ	taasʉmʉ	—	tsənəkə
天	ŋutsa	laɲitsa	kaaŋɲtsa	
头虱	ʔətsuu	kutsuʔu	kuutsu	kutsu
眼睛	mətsoo	—	—	matsu

邹语 ts 对应于沙阿鲁阿语 s 和 ts，卡那卡那富语和鲁凯语 ts，< *ts。

	邹语	沙阿鲁阿语	卡那卡那富	鲁凯
头虱	ʔətsuu	kutsuʔu	kuutsu	kutsu
头发	fəʔusu	vʉkʉʉ	vʉkʉsʉ	isiw
拉屎	təʔe	—	—	tsaki

鲁赫都方言"头虱" ktsū，"头发" fʔisɨ。

达邦方言 ʔ- 对应于沙阿鲁阿语、卡那卡那富语及鲁凯语 k- 和 ʔ-，< *k- 和 *ʔ-。

3. 邹语元音的来历

以下分别讨论邹语达邦方言元音 a、e、i、ə、ʉ、o 及 u 与诸语元音的对应并构拟它们的来历。

(1) a

邹语 a 对应于沙阿鲁阿语、卡那卡那富语和鲁凯语 a：

	邹语	沙阿鲁阿语	卡那卡那富	鲁凯
天	ŋɨtsa	laŋitsa	kaaŋɨtsa	—
老人	mameoi	ɬamama	maraŋu	maruɖaŋ
船	apaŋɨ	ʔavaŋɨ	ʔavaŋɨ	avaŋ
听见	təmalɨ	tumimaɬa	tumimana	
新	faeva	varuʔa	vaʔurua	baawa
苦	maemɨ	marɨmɨ	mamiaru	maʔalili

邹语 a < *a。

(2) e

	邹语	沙阿鲁阿语	卡那卡那富	鲁凯
风	poepe	varatɨ	paraipara	sasəvara
绳子	teesi	talii	talisi	tsaḷis
矛	meŋəzu	limaŋɨɬu	paŋarɨ	—
缝	təmeʔəsi	tumaɬisua	tumataisi	tsaisi
这	eni	kaniʔi	—	kaj

以上词中邹语 e 对应于沙阿鲁阿语、卡那卡那富语和鲁凯语 a, < *a。达邦方言的 e 又来自与 *ɭ-结合的不同的元音。

(3) i

	邹语	沙阿鲁阿语	卡那卡那富	鲁凯
槟榔	fiʔi	saviki	aviki	sabiki
牙齿	hisi	aɬii	anisi	valisi
根	misi	ramii	ramisi	—
母亲	ino	inaʔa	tsiina	tina
左	veina	vatsiki	iiri	viri

邹语 i 对应于沙阿鲁阿语、卡那卡那富语和鲁凯语 i, < *i。

(4) ə

	邹语	沙阿鲁阿语	卡那卡那富	鲁凯
熊	tsəmoi	tsumiʔi	tsumai	tsumaj

弓	fɨsu	vuuru	vuuru	buu
头虱	ʔɨtsuu	kutsuʔu	kuutsu	kutsu
甘蔗	tɨfɨsɯ	tɨvɯsɯ	ɯtɯvɯ	tsubusu
头	fɨŋuu	vuŋuʔu	navuŋu	—
肚脐	putsəku	pɯlɯkɯ	pɯlɯkɯ	ʔəkə
云	tsəmɯtsəmɯ	—	ɯɯtsɯ	əmeəm
眼睛	mɨtsoo	—	—	matsa
屎	təʕee	tiiʔi	taʔi	tsaki

邹语达邦方言ə大体上对应于沙阿鲁阿语、卡那卡那富语u和ɯ,鲁凯语u、ə和a,当有不同来历,其中如"肚脐""云"等词中ə的来自*ə。

(5) ɯ

	邹语	沙阿鲁阿语	卡那卡那富	鲁凯
甘蔗	tɨfɨsɯ	tɨvɯsɯ	ɯtɯvɯ	tsubusu
叶子	hɯŋɯ	vaɬɯŋɯ	ranɯŋɯ	suʔuŋu
鼻子	ŋɨtsu	ŋuuŋuru	taŋɨtsa	ŋuŋua
月亮	feohɯ	vulaɬɯ	vuanɯ	—
鸟	zomɯ	aɬamɯ	alamɯ	aðaðam
松树	seoŋɯ	alɯŋɯ	alɯŋɯ	aləŋ

邹语达邦方言ɯ对应于沙阿鲁阿语、卡那卡那富语ɯ,包括词末后起的ɯ;与鲁凯语u有对应关系,<*u。

(6) o

	邹语	沙阿鲁阿语	卡那卡那富	鲁凯
风	poepe	varatɯ	paraipara	sasəvəra
右	vəhona	aɬanɯ	ananɯ	vanal
熊	tsəmoi	tsumiʔi	tsumai	tsumaj
鸟	zomɯ	aɬamɯ	alamɯ	aðaðam
眼睛	mɨtsoo	—	—	matsa
血管	veotsɯ	ʔuratsɯ	uratsɯ	uats

口水	ŋeoi	ŋaliʔi	ŋaai	ŋaḷaj
父亲	amo	amaʔa	tsuuma	tama

邹语达邦方言 o 对应于沙阿鲁阿语、卡那卡那富语 a，与鲁凯语 a 有对应关系，< *a。

(7) u

	邹语	沙阿鲁阿语	卡那卡那富	鲁凯
火	puzu	apuɬu	apulu	aʔuj
灰尘	fuu	ʔaʉrʉ	avu	θuvuɡ
猫头鹰	puuku	tapʉʔʉ	puuka	kuʔu
头虱	ʔətsuu	kutsuʔu	kuutsu	kutsu
角	suŋu	ʔuuŋu	uʔuŋu	lauŋ
指甲	luʔuluku	ʔaluku	ʔanuka	kaluka
三	tueu	tuulu	tuulu	tuḷu

邹语达邦方言 u 对应于沙阿鲁阿语、卡那卡那富语 u 和 ʉ，与鲁凯语 u 有对应关系，< *u。

4. 原始邹—鲁凯语的音系

(1) 辅音

```
p    b    m         v
t         n    s         l
ṭ    ɖ         ɳ         ḷ
k    g         ŋ
ʔ
```

在邹—鲁凯共同语中 *ṭ 一般演变为 *ts，但仍有个别词中 *ṭ 保留下来。

(2) 元音

a   i   ə   u

二　卑南—布农语

卑南语、邵语、阿眉斯语(阿美语)和布农语是相近的语言。原始语的 *ṭ 在布农语中与 *t 合并成为 t，在邵语中成为 θ。如：

	卑南语	布农语	邵语	阿美语
头虱	kuṭu	kutu	kuθu	kutu
眼睛	maṭa	mata	maθa	mata
熊	ṭumaj	tumað	θumaj	tumaj
屎	ṭaʔi	taki	θaqi	taʔi

"人"，邹语 tsou，卡那卡那富语 tsau，排湾语 tsautsau，卑南语 ṭau，邵语 θaw，巴则海语 saw，阿美语 tamɬaw，来自邹—卑南共同语的 *ṭau。这种称呼与菲律宾和印度尼西亚一些语言关于"人"的叫法是对应的。如巴拉湾语 taw，卡格因仁语 ittaw，戈龙塔洛语 tawu，达阿语 tau，乌玛语 tau-na，布吉斯语和贡诺语 tau。

1. 卑南语、邵语和布农语的语音[①]

(1) 卑南语的辅音和元音(台东市南王里)

辅音

p   b   m   w
t   d   n   s   r   l
ṭ   ḍ   　　 ḷ

---

① 这里卑南及邵诸语的音系和词引自陈康《台湾高山族语言》有关部分，不一一说明。

k g ŋ　　　j
ʔ

元音

a i ə u

多音节词的重音在末音节。

丁邦新先生构拟的原始卑南语的语音系统与南王里卑南语方言的相同。①

(2)邵语的辅音和元音

辅音

p b m f　　　　　w
t d n s　　θ ð r ɬ l
k　ŋ ʃ　j
q
ʔ　　　h

元音

a i ə u

多音节词的重音在倒数第二音节。

(3)布农语的辅音和元音

以下是高雄县三民乡布农语。

辅音

p b m　v
t d n s ð ɬ

---

① 丁邦新《古卑南语的拟测》,《历史语言研究所集刊》第四十九本第三分,1978年。

k　　ŋ　χ
ʔ

b 和 d 分别读成 ʔb 和 ʔd。

元音

单元音　a i u

复元音　ai au ia iu ua ui

多音节词的重音在倒数第二个音节。

2.卑南语辅音的来历

(1)p 和 b

卑南语 p 对应于邵语和布农语 p：

	卑南	邵语	布农
肚脐	pudək	—	pusuh
射	pənanaʔ	panaq	manaχ
四	pat	ʃəpat	pat
吹	mijup	məjup	maip

卑南语 p < *p。

卑南语 b 对应于邵语 f 和 b，布农语 b 和 v：

	卑南	邵语	布农
风	baɭi	fari	ɬuvɬuv
石头	barasaʔ	fatu	batu
肋骨	baɭaba	faɬan	balaŋ
叶子	biraʔ	fiɬaq	siɬav
种子	bainiʔ	buqu	binsaχ

卑南语 b < *b。

(2)t 和 d

	卑南	邵语	布农
鳝鱼	tula	tuða	—
肚子	tial	tufuɬ	tian
父亲	təmamajan	ama	tama
七	pitu	pitu	pitu

卑南语对应于邵语、布农和阿美语的 t，< *t。

	卑南	邵语	布农
地	darə?	—	daɬaχ
路	daḷan	saran	dan
血	damuk	taɬum	—
远	?adawil	—	madaχvi
肚脐	pudək	—	pusuh
名字	ŋaḷad	—	ŋaan

卑南语首辅音 d 对应于邵语和布农语 d，< *d。

卑南语非首辅音 d 不一定对应于 d，或另有来历。

(3) t 和 q

卑南—布农共同语中 *t 与 *ṭ 仍对立，*ṭ 卑南语中仍为 ṭ，布农语、阿美语中与 *t 合并，在邵语中成为 θ。

	卑南	邵语	布农
二	qua	tuʃa	dusa
脊背	qukur	rikus	?iku
大	ma?idaŋ	mara?in	madaiŋ
黑	?udədəm	maqusum	mataχduŋ

卑南语 q 对应于邵语 t 和 r 等，布农语 d，< *ḍ。

(4) k 和 g

	卑南	邵语	布农
虾	kujan	kuθun	kakusuŋ
挖	kəmurut	kəmari	makaðkað

	卑南	邵语	布农
脊背	ɖakur	rikus	ʔiku
吃	məkan	makan	maun
拿	maḻak	mara	—

卑南语 k-对应于邵语、布农语 k-,< *k-。

	卑南	邵语	布农
蟹	garaŋ	qaɬan	kakaɬaŋ
毛	gumul	kupur	χuspiɬ
搔	gatəl	kəmuɬaw	makaɬav

卑南语 g-对应于邵语和布农语 k-,因这些语言中的 g-已清化,但与鲁凯诸语的 g-对应。如,"搔",鲁凯语 gatsəgatsə,排湾语 gəmutsguts;"梳子",卑南语 garut,鲁凯语、排湾语 garuts;"臭虫",卑南语 ṭaṭumug,排湾语 tsatsumug。卑南语分布在台湾省的东南沿海,与鲁凯语、排湾语相邻,易保留这个浊音。

卑南语 g< *g。

(5)m、n 和 ŋ

	卑南	邵语	布农
眼睛	maṭa	maθa	mata
死	minaṭaj	maθaj	matað
舌头	səmaʔ	ðama	maʔmaʔ
穿山甲	ʔarəm	qaɬum	χaɬum

卑南语 m< *m。

	卑南	邵语	布农
脑髓	punuʔ	punuq(头)	punuχ
种子	biniʔ	buqu	binsaχ
虾	kujan	kuθun	kakusuŋ
路	daḻan	saran	dan
吃	məkan	makan	maun

卑南语 n < *n。

	卑南	邵语	布农
苍蝇	ŋaŋaḷaw	ranaw	ɬiɬiu
头	taŋuru	tunu(脑)	buŋu
耳朵	taɲiḷa	ɬarina	taŋia?
蟹	garaŋ	qaɬan	kakaɬaŋ
猴子	ḷutuŋ	ruθun	utuŋ

卑南语 ŋ 对应于邵语 n，布农语 ŋ，< *ŋ。
巴则海语对应的是小舌鼻音 N，试比较：

	巴则海	卑南	邵语
苍蝇	raNaw	ŋaŋaḷaw	ranaw
哭	maNit	mataŋis	θəmanit
名字	laNat	ŋaḷad	ɬanað
耳朵	saNira	taɲiḷa	ɬarina

(6) s 和 r

	卑南	邵语	阿美语
舌头	səma?	ðama	ʃəma
乳房	susu	tutu	tʃutʃu
一	sa	tata	tʃətʃaj
酸	ʔarsəm	—	ʔatʃitʃim
哭	mataŋis	θəmanit	tumaɲitʃ

卑南语 s 对应于邵语 t，阿美斯语 tʃ，< *s。

邵语 *t 和 *s 合并为 t，由于借词和前后缀的关系又出现了新的 s。如"衣服"，邵语 hulus，布农语 uɬus；"线"，邵语 sinaj，布农语 sinisi；"拉"，邵语 səmuruð，布农语 siɬuɬu。

	卑南	邵语	布农
穿山甲	ʔarəm	qaɬum	χaɬum
叶子	bira?	fiɬaq	siɬav

地	darəʔ	pəruq	daɬaχ
给	bəraj	ɬaj	—
尾巴	ikur	—	ikuɬ

卑南语 r 对应于邵语、布农语 ɬ，阿美语 l，< *ɬ。

(7) l 和 ɭ

	卑南	邵语	阿美语
雪	urla	uɬəða	suʔɬaʔ
豹	ɭikulaw	rukðaw	lukəɬaw
鳝鱼	tula	tuða	tuɬaʔ
小孩	walak	aðaðak	wawa
肚子	tial	θufuɬ	tiaɬ
香蕉	bəlbəl	fiðfið	pawliq

卑南语 l 对应于邵语 ð，阿美语 ɬ，< *l。

	卑南	邵语	阿美语
手	ɭima	rima	kajam
猴子	ɭutuŋ	ruθun	lutuŋ
风	baɭi	fari	fali
三	tuɭu	turu	tulu
耳朵	taŋiɭa	ɬarina	taŋila

卑南语 ɭ 对应于邵语 r，阿美语 l，< *ɭ。

(8) j 和 w

	卑南	邵语	布农
吹	mijup	məjup	maip
火	apuj	apuj	sapuð
熊	ʈumaj	θumaj	tumað
藤	waj	quwaj	χuað
死	minaʈaj	maθaj	matað

卑南语 -j- 对应于邵语 -j-，布农语 -i-，< *-j-。

卑南语-j 对应于邵语-j,布农语-ð, < *-j。

	卑南	邵语	布农
藤	waj	quwaj	χuað
弟、妹	wadi	ʃaʃuwaði	—
儿子	walak	aðaðk	—
左	tarawiri	tanawiɬi	aviɬi
太阳	kadaw	—	vaɬi
麻	kəriw	kəɬiw	ɬiv

卑南语 w 对应于邵语 w,布农语 u 或 v。

卑南语 w 是后起的,有的 < *w。

(9) ʔ

	卑南	邵语	布农
穿山甲	ʔarəm	qaɬum	χaɬum
鸟	ʔajam	—	χaðam
灰	ʔabu	qafu	χabu
爪子	skiʔ	kuku	kuskus
叶子	biraʔ	fiɬaq	siɬav
舌头	səmaʔ	ðama	maʔmaʔ
脑髓	punuʔ	tunu	punuχ

卑南语 ʔ 对应于邵语 q 或零辅音,布农语 χ 或零辅音等,< *q 或 *ʔ。

3. 卑南语元音的来历

卑南语是 4 元音结构的语言,现根据它们的对应情况讨论它们的来历。

(1) a

	卑南	邵语	布农
叶子	biraʔ	fiɬaq	siɬav

穿山甲	ʔarəm	qaɬum	χaɬum
灰	ʔabu	qafu	χabu
射	pənanaʔ	panaq	manaχ
一	sa	tata	tasa
二	ɖua	tuʃa	dusa
眼睛	maʈɑ	maθa	mata
路	daɭan	saran	dan
蟹	ɠaraŋ	qaɬan	kakaɬaŋ

卑南语 a 对应于邵语、布农语 a，< *a。

(2) i

	卑南	邵语	布农
七	pitu	pitu	pitu
耳朵	ʈaɲila	ɬarina	taŋiaʔ
尾巴	ikur	—	ikuɬ
麻	kəriw	kəɬiw	ɬiv
手	ɭima	rima	ima
屎	ʈaʔi	θaqi	taqi
叶子	biraʔ	fiɬaq	siɬav
风	baɭi	fari	ɬuvɬuv

卑南语 i 对应于诸语 i，< *i。

(3) ə

	卑南	邵语	布农
穿山甲	ʔarəm	qaɬum	χaɬum
云	kuʈəm	urum	ɬum
捆	bənətəbət	futuɬ	maɬuhus
肚脐	pudək	—	pusuk
闻	ʈəmaul	ʃəminaðik	—
射	pənanaʔ	panaq	manaχ

卑南语重音在末音节，卑南语的 ə 对应于赛夏语的 ə 和 o，对

应于邵语和布农语的 u，< *ʉ。

-əm-在卑南语中是动词的中缀，"射"p-ən-anaʔ 中由于前面是唇音，-əm-成为-ən-。"捆"b-ən-ətəbə 中也一样。

(4) u

	卑南	邵语	布农
脑髓	punuʔ	punuq(头)	punuχ
二	ɖua	tuʃa	dusa
三	tuɭu	turu	tulu
猴子	ɭutuŋ	ruθun	lutuŋ
熊	ʈumaj	θumaj	tumað
头虱	kuʈu	kuθu	kutu
火	apuj	apuj	sapuð
雨	ʔudal	qusað	χudan

卑南语 u 对应于邵语、布农语 u，< *u。

4. 原始卑南—布农语的音系

(1) 辅音

p　b　m　　w
t　d　n　s　　l　ɬ
ʈ　　ɖ　　　　ɭ
k　g　ŋ　　j
q
ʔ　　　　h

(2) 元音

a　i　ʉ　u

三 原始邹—卑南语

1. 原始邹—卑南语的辅音

(1) *p 和 *b

	邹语	鲁凯	卑南	布农
肚脐	putsəku	ʔəkə	pudək	pusuh
羽毛	eopuŋu	—	—	puɬauχ
火	puzu	aʔuj	apuj	sapuð
吹	—	iʔi	mijup	miap

以上诸词中邹语、卑南语与布农语 p，鲁凯语 ʔ < *p。

	邹语	鲁凯	卑南	布农
月亮	feohʉ	—	buḻan	buan
米	fuesʉ	bəraθ	bəras	tiɬas
猪（野猪）	feʉʉ	babuj	babuj	babu
胃	tsəfuo	bitsuka	biʈuka	tibukɬav

邹语 f，卑南语、布农语和鲁凯语 b < *b。

(2) *t 和 *d

	邹语	鲁凯	卑南	布农
鸡	teoua	tarukuk	turukuk	tuɬkuk
兔子	eutuka	ḻutuka	—	autuk
女阴	kutəʔi	ʔati	kuti	—
吐	təmʉeposʉ	—	təmama	—

邹语、鲁凯语、卑南语和布农语 t < *t。

	邹语	鲁凯	卑南	布农
地	tseoa	daədaə	darəʔ	daɬaχ

	邹语	鲁凯	卑南	布农
路	tseonʉ	kadaɬananə	daɬan	dan
肚脐	putsəku	ʔəkə	pudək	pusuh
远	—	dail	ʔadawil	madaχvi

邹语 ts 对应于鲁凯语、卑南语和布农语 d，< *d。

(3) *ṭ 和 *ḍ

	邹语	鲁凯	卑南	布农
跳蚤	timeo	θimakul	taṭumug	tumbus
屎	ṭəʔe	tsaki	muṭaʔi	taki
绳子	teesi	tsaɬis	tiɬuʔ	—

邹语 ṭ、鲁凯语 ts 对应于卑南语 ṭ 和布农语 t，< *ṭ。

	邹语	鲁凯	卑南	布农
二	euso	ḍusa	ḍua	dusa
脊背	—	ḍələk	ḍukur	ʔiku
大	meoi	maḍaw	maʔiḍaŋ	madaiŋ

原始邹—卑南语 *ḍ 在邹语中演变为 *r，然后丢失。

(4) *k 和 *g

	邹语	鲁凯	卑南	布农
镰刀	kusʉ	—	kawkaw	kukuɬutpað
女阴	kutəʔi	ʔati	kuti	—
兔子	eutuka	ɬutuka	—	autuk
脊背	—	ḍələk	ḍukur	ʔiku
吃	—	məkan	məkan	maun

邹语、鲁凯语、卑南语和布农语 k，< *k。

	邹语	鲁凯	卑南	布农
蟹	eoŋo	—	garaŋ	kakaɬaŋ
摇	—	gatsəgatsə	gatəɬ	makaɬav
梳子	—	garuts	garuṭ	tiukutu
胸	təʔoeŋa	—	tagəraŋ	—

第五章 邹—卑南语

原始邹—卑南语 *g 在鲁凯语、卑南语中仍为 g。

(5) *q 和 *ʔ

	邹语	鲁凯	卑南	布农
穿山甲	—	—	ʔarəm	χaɬum
灰	fuu	abu	ʔabu	χabu
筋	veots	uats	ʔurat	uɬat
房子	emoo	—	rumaʔ	ɬumaχ

原始邹—卑南语 *q 在邹语和鲁凯语中不显示，卑南语中为 ʔ，布农语中为 χ。如，"房子"，排湾语 umaq。

	邹语	鲁凯	卑南	布农
舌头	uma	l̥iɖamə	səmaʔ	maʔma?
脓	fuɨ	—	pusuʔ	—

原始邹—卑南语 *ʔ 在布农语中为 ʔ。

(6) *m 和 *n

	邹语	鲁凯	卑南	布农
眼睛	mətsoo	matsa	maʈa	mata
手	mutsu	l̥ima	l̥ima	ima
熊	tsəmoi	tsumaj	ʈumaj	tumað
鸟	zomɨ	aðaðam	ʔajam	χaðam

原始邹—卑南语 *m 诸语中为 m。

	邹语	鲁凯	卑南	布农
六	nomɨ	ənəm	ənəm	num
母亲	ino	tina	tajnanajan	tina
路	tseonɨ	kadal̥ananə	dal̥an	dan
吃	—	kanə	məkan	maun

原始邹—卑南语 *n 诸语中为 n。

(7) *ŋ 和 *ɳ

	邹语	鲁凯	卑南	布农
天	ŋɨtsa	—	laɲit	—
口水	ŋeoi	ŋalaj	ŋalaj	—
头	fəŋuu	—	taŋuruʔ	buŋu
耳朵	—	tsaliɲa	taɲila	taɲiaʔ

原始邹—卑南语 *ŋ 诸语中为 ŋ。

	邹语	鲁凯	卑南	布农
水	tsəhumu	atsilaj	ʔənaj	danum
骨头	tsɯehɯ	—	—	tuχnað
糠	həʔisi	—	—	nukis

邹语 h 对应于卑南语和布农语 n，< *ɳ。

(8) *l 和 *l̩

	邹语	鲁凯	卑南	布农
门	—	saələləba	ʔalban	ʔiɬav
鳝鱼	tuŋeoza	tula	tula	—
小孩	—	lulaj	walak	ʔuvað
香蕉	—	bəlbəl	bəlbəl	bunbun

原始邹—卑南语 *l，邹语与 *r 合并成为元音 e，鲁凯语、卑南语 l，布农语 ɬ。

	邹语	鲁凯	卑南	布农
五	eimo	lima	lima	tima
手	—	lima	lima	ima
三	tueu	tulu	tulu	tau
耳朵	—	tsaliɲa	taɲila	taɲiaʔ
口水	ŋeoi	ŋalaj	ŋalaj	—
风	poepe	—	bali	ɬuvɬuv

原始邹—卑南语 *l̩，邹语与 *l 合并成为元音 e，鲁凯语、卑南语 l̩，布农语多丢失。

(9) *s 和 *r

	邹语	鲁凯	卑南	布农
白	suhəŋu	luuŋ	—	nusuŋ
二	eoso	ɖusa	ɖua	dusa
弓	fəsu	buu	—	busuɬkavi
根	misi	—	rami	ɬamis

原始邹—卑南语 *s，邹语、鲁凯语、布农语 s。

	邹语	鲁凯	卑南	布农
天	hie	vaja	wari	—
干	oemiʔəmi	maməal	marum	maχaɬiv

原始邹—卑南语 *r，邹语 e，鲁凯语 j，卑南语 r。

(10) *ɬ

	邹语	鲁凯	卑南	布农
根	misi	—	rami	ɬamis
地	tseoa	daədaə	darəʔ	daɬaχ
给	mofi	baaj	bəraj	—
穿山甲	—	karaða	ʔarəm	χaɬum
雷	—	ɖ̥ərəɖ̥ər	ɖəruŋ	—

原始邹—卑南语 *ɬ，鲁凯语、卑南语 r，布农语 ɬ。

(11) *j 和 *w

	邹语	鲁凯	卑南	布农
鸟	zomʉ	aðaðam	ʔajam	χaðam
火	puzu	aʔuj	apuj	sapuð
死	mətsoi	ʔatsaj	minaṭaj	matað

原始邹—卑南语 *j，邹语 z，鲁凯语、卑南语 j，布农语 ð。

	邹语	鲁凯	卑南	布农
八	voeu	valu	walu	vau
左	veina	viri	tarawiri	aviɬi

| 藤 | ue | uvaj | waj | χuað |

原始邹—卑南语*w,邹语、鲁凯语、布农语 v,卑南语 w。

原始邹—卑南语辅音：

p	b	m		w			
t	d	n	s	r	l	ɬ	
ʈ	ɖ	ɳ			ɭ		
k	g	ŋ		j			
q							
ʔ							

2.原始邹—卑南语的元音

原始邹—鲁凯语和原始卑南—布农语已构拟为 4 元音的语言。邹—卑南诸语,邹语、鲁凯语、布农语和卑南语等元音大体上有对应关系。在此也把原始邹—卑南语构拟为有 a、i、ə、u 这 4 个元音的语言。

(1) *a

	邹语	鲁凯	卑南	布农
父亲	amo	tama	təmamajan	tama
舌头	uma	ɭidamə	səmaʔ	maʔmaʔ
五	eimo	ɭima	ɭima	tima
筋	veots	uats	ʔurat	uɬa
母亲	ino	tina	tajnanajan	tina
路	tseonɨ	kadaɭananə	daɭan	dan

原始邹—卑南语*a,邹语 a 或 o,鲁凯语、布农语、卑南语 a。

(2) *i

	邹语	鲁凯	卑南	布农
母亲	ino	tina	tajnanajan	tina

	邹语	鲁凯	卑南	布农
根	misi	—	rami	ɬamis
五	eimo	ḷima	ḷima	tima
左	veina	viri	tarawiri	aviɬi
女阴	kutəʔi	ʔati	kuti	—
耳朵	—	tsaḷiŋa	taɲiḷa	taŋiaʔ
屎	təʔe	tsaki	muṭaʔi	taki

诸语 i 有对应关系。

(3) *ə

	邹语	鲁凯	卑南	布农
六	nomʉ	ənəm	ənəm	num
雷	—	dərədər	dəruŋ	—
肚脐	putsəku	ʔəkə	pudək	pusuh
香蕉	—	bəlbəl	bəlbəl	bunbun

原始邹—卑南语 *ə,邹语 ə 或 ʉ,鲁凯语、卑南语 ə,布农语 u。

(4) *u

	邹语	鲁凯	卑南	布农
二	euso	ḍusa	ḍua	dusa
灰	fuu	θuvuɡ	ṭəmbul	punu
火	puzu	aʔuj	apuj	sapuð
兔子	eutuka	ḷutuka	—	autuk
头	fəŋuu	—	taŋuruʔ	buŋu

诸语 u 大体上还有对应关系,< *u。

原始邹—卑南语的元音:

a i ə u

3. 原始邹—卑南语的前缀、后缀和中缀

(1) 前缀

I. 前缀 *p-

*p-是原始邹—卑南语的使动前缀。

比较"死"和"杀":

	布农	鲁凯	邹语	卡那卡那富
死	matað	ʔatsaj	mətsoi	mamatsai
杀	mapatað	papatsaj	opətsoi	maiapatsai

原始邹—卑南语使动前缀*p-较为一致地留在现代的语言中。

"煮",布农语 mapiʔia,阿美语 taŋtaŋ。-p-是古前缀的遗留。词根是*taŋ"熟"。如雅美语"煮熟的"madəŋdəŋ,"煮"z̪utuŋ。

II. 前缀 *m-

*m-是原始邹—卑南语的不及物动词的前缀。

如"呕吐",阿美语 mauta,布农语 mutaχ,鲁凯语 uta,邵语 mutaq, < 原始邹—卑南语的 *m-taq。

"吹",阿美语 ijuf,卑南语 mijup, < 原始邹—卑南语的 *m-i-jup。

"小便",排湾语 misiq,布农语 isaχ,卑南语 misiʔ, < 原始邹—卑南语的 *m-isiq。

III. 前缀 *ma-

*ma-是原始邹—卑南语形容词的前缀。

"大",鲁凯语 maɖaw,卑南语 maʔiɖaŋ,布农语 madaiŋ, < 原始邹—卑南语的 *ma-ɖaw。

"白",沙阿鲁阿语 mapuɬi,鲁凯语 maʔuli,邵语 mapuði, < 原始邹—卑南语的 *ma-puli。

"黑",卑南语 ʔuɖəɖəm,邵语 maqusum, < 原始邹—卑南语的 *ma-quɖam。

(2)中缀

-əm-是邹语派生动词谓语的中缀,沙阿鲁阿语和卡那卡那富语对应的是-um-。-əm-是卑南语的中缀,与名词词干结合,表示与该名词有关的行为。

*-əm-是原始邹—卑南语动词的中缀。

(3)后缀

I.后缀*-an

邹语有-ana、-he 和-si 等不同的后缀,沙阿鲁阿语有-aɬa、-ana 后缀,卡那卡那富语对应的后缀是-ana 表示处所。卑南语用后缀-an表示处所。排湾语-an、-ən 都用来与动词词干结合构成名词。

如,排湾语"椅子"是由动词"坐"的词干派生出来的。"坐"qəmiɬadʐ,"椅子"qiɬadʐan。

*-an 是原始邹—卑南语表示处所的后缀。

布农语"睡""躺"masabaχ,"床"sapaɬan 是词根*sapaɬ 的派生词,经历了语音的演变。

II.后缀*-s

*-s 是原始邹—卑南语身体部位词的后缀。如:

"鼻子",邹语 ŋutsʉ,鲁凯语 ŋuŋua,布农语 ŋutus,原始邹—卑南语*ŋutu-s。

"嘴",邹语 ŋaeo,鲁凯语 ŋuduj,布农语 ŋuɬus,原始邹—卑南语*ŋuduj-s。

"牙齿",鲁凯语 valisi,卑南语 waɬi,原始邹—卑南语*waɬi-s。

"头发",邹语 fəʔʉsʉ,卑南语 ʔaɿbu,布农语 χuɬbu,原始邹—卑南语*quɣbuku-s。

4. 原始邹—卑南语核心词

据以上的讨论,参照斯瓦迪什的词表,构拟原始邹—卑南语100核心词如下。原始邹—卑南语以 PTP 来代表。

(1)自然事物

"太阳",排湾语 qadaw,卑南语 kadaw,鲁凯语 vai,布农语 vaɬi,PTP *qadaw、*waɬi。

"月亮",邹语 feohʉ,卑南语 buʟan,布农语 buan,PTP *buʟan。

"星星",布农语 baintuχan,排湾语 vitɕuqan,PTP *bituqan。

"水",邹语 tsəhumu,排湾语 dzalum,布农语 danum,PTP *dənum。

"雨",卑南语 ʔudal,鲁凯语 udal,布农语 χudan,PTP *qudaŋ。

"石头",沙阿鲁阿语 vatuʔu,卑南语 barasaʔ,布农语 batu,PTP *batu。

"沙子",卑南语 buʟuk,布农语 bunnuk,邹语 fueufuʔu,PTP *buʟuk。

"土",邹语 tseoa,鲁凯语 daə,卑南语 darəʔ,布农语 taχ,PTP *darəq。

"云",邹语 tsəmʉtsəmʉ,鲁凯语 əməəm,卑南语 kuʟəm,布农语 ɬum,PTP *tʟəum。

"火",邹语 puzu,鲁凯语 aʔuj,卑南语 apuj,布农语 sapui,PTP *apuj。

"烟",阿美语 ʔatʃəfuɬ,PTP *qatəbul。

"灰烬",邹语 fuu,鲁凯语 abu,卑南语 ʔabu,布农语 χabu,PTP *qabu。

"山",鲁凯语 ləgələg,沙阿鲁阿语 mavaruaru,PTP *gəʟu。

"夜晚",卑南语 dəmkakələm,排湾语 qadzəmədzəmətɕ,PTP *qaḍam。

"路",邹语 tseonɯ,鲁凯语 kadaḷananə,卑南语 daḷan,布农语 dan,PTP *daḷan。

(2)身体部位

"头",邹语 fəŋuu,卑南语 taŋuruʔ,布农语 buŋu,鲁凯语 auḷu,排湾语 quḷu。PTP *buɯuru、*quḷu。

"头发",邹语 fəʔɯsɯ,卑南语 ʔarbu,布农语 χuɨbu,PTP *quɨbuk。

"眼睛",邹语 mətsoo,鲁凯语 matsa,卑南语 maṭa,布农语 mata,PTP *maṭa。

"鼻子",邹语 ŋutsɯ,鲁凯语 ŋuŋua,布农语 ŋutus,PTP *ŋutu。

"耳朵",鲁凯语 tsaḷiŋa,卑南语 ṭaŋiḷa,布农语 taŋiaʔ,PTP *ṭaḷiŋa。

"嘴",邹语 ŋaeo,鲁凯语 ŋuduj,布农语 ŋuɨus,PTP *ŋuduj。

"牙齿",鲁凯语 valisi,卑南语 waḷi,PTP *waɲi-si。

"舌头",邹语 umo,卑南语 səmaʔ,布农语 maʔmaʔ,PTP *səmaʔ。

"脖子",卡那卡那富语 uʔɯrɯ,鲁凯语 ḷuḷuŋ(喉咙),排湾语 ḷiqu(喉咙),PTP *quḷuŋ。

"手",鲁凯语 ḷima,卑南语 ḷima,布农语 ima,PTP *ḷima。

"乳房",沙阿鲁阿语 ʔususu,鲁凯语 θuθu,卑南语 susu,PTP *susu。

"脚",鲁凯语 ḍaʔal,沙阿鲁阿语 sapaɨɯ,卑南语 ḍapal,PTP *ḍapal。

"皮肤",沙阿鲁阿语 valiɬatsɨ,排湾语 qalits,PTP *qaliṭ。①

"胃",邹语 tsəfuo,鲁凯语 bitsuka,卑南语 biṭuka,布农语 tibukɬav,PTP *biṭuka。

"心",布农语 χaputuŋ,排湾语 qavuvuŋ,PTP *qabutuŋ。

"肝",鲁凯语 aθaj,布农语 χatað,阿美语 ʔataj,PTP *qataj。

"骨头",邹语 tsʉehʉ,布农语 tuχnað,PTP *ṭulaŋ。

"膝盖",鲁凯语 ʔatsuɭ,排湾语 tsuŋal,阿美语 turuʃ,PTP *ṭuɭuŋ。

"血",卑南语 damuk,排湾语 dʑamuq,PTP *damuq。

"肌肉",邹语 fou,鲁凯语 buat,排湾语 vutˏul,PTP *butul。

(3)动植物

"鸟",邹语 zomʉ,鲁凯语 aðaðam,卑南语 ʔajam,布农语 χaðam,PTP *qalam。

"鱼",卑南语 kuraw,沙阿鲁阿语 vutukuɬu,PTP *karaw。

"狗",排湾语 vatu,阿美语 watʃu,PTP *watu。

"头虱",邹语 ʔətsuu,鲁凯语 kutsu,卑南语 kuṭu,布农语 kutu,PTP *kuṭu。

"树",卡那卡那富语 kalu,卑南语 kawi,PTP *kalu。

"种子",卑南语 biniʔ,布农语 binsaχ,PTP *binsaq。

"叶子",卑南语 biraʔ,邵语 fiɬaq,PTP *biɬaq。

"根",邹语 misi,卑南语 rami,布农语 ɬamis,PTP *ɬamis。

"肉",布农语 ɬas,邵语 bunɬað,PTP *buɬas。

"油脂",鲁凯语 simaa,卑南语 imar,阿美语 ʃimal,布农语

---

① 卡那卡那富语 kava,邵语 ʃapa 可能来自 *bali 这样的词根。

siɬu，PTP *simaɬ。

"蛋"，邹语 fətsueu，卑南语 biʈunun，布农语 ɬubunun，PTP *bəʈulu。

"角"，邹语 suŋu，卑南语 suʔaŋ，PTP *suqaŋ。

"尾巴"，卑南语 ikur，阿美语 wikul，布农语 ikuɬ，PTP *ikuɬ。

"毛"，鲁凯语 ubal，卑南语 gumul，邵语 kupur，PTP *gumal。

"羽毛"，邹语 eopuŋu，沙阿鲁阿语 ʔalapuŋu，排湾语 paʟal，PTP *paluŋ。

(4)动作和感觉

"吃"，卡那卡那富语 kumaunu，卑南语 makan，布农语 maun，PTP *k-um-aʔan。

"喝"，邹语 mimo，阿美语 ninanum，PTP *nima。

"咬"，邹语 kats，卑南语 kəmaɬat，布农语 kaɬat，PTP *kaɣaʈ。

"说话"，卑南语 marəŋaj，阿美语 ʃumual(ʃual"话")，PTP *ma-suŋal。

"看"，沙阿鲁阿语 kumita，PTP *k-um-ita。

"听"，邹语 təmaluɬ，布农语 taaða，PTP *tala。

"知道"，阿美语 mafanaʔ，卡那卡那富语 tavalau，PTP *balaq。

"睡"，卡那卡那富语 suutsupu，卑南语 alupəʔ，PTP *luʈupuɬ。

"死"，邹语 mətsoi，鲁凯语 ʔatsaj，布农语 matað，PTP *ma-ʈaj。

"杀"，邹语 opətsoi，鲁凯语 papatsaj，布农语 mapatað，PTP *pa-ʈaj。

"走"，邹语 tsoctsonu，卡那卡那富语 muatsaatsa，布农语 mudan，鲁凯语 davats，排湾语 dʑavats，PTP *ma-ɖun、*dawaʈ。

"飞"，沙阿鲁阿语 miapiɬiɬi，卑南语 mubiʔi，布农语 kusbai，

PTP *ma-bili。

"游泳",邹语 euhuŋəzu,鲁凯语 laŋuj,阿美语 miɬaŋuj,PTP *laŋuj。

"来",鲁凯语 wakəla,卑南语 alamu,PTP *kəla。

"坐",阿美语 maruʔ,邵语 miɬuŋqu,PTP *ma-ɬuŋ。

"站",邹语 eatsəʔʉ,卑南语 matəkəriz,PTP *ma-ʈəkəri。

"躺(下)",布农语 masabaχ("睡""躺"),邹语 oefʉʉ,PTP *lubaq。

"给",邹语 mofi,鲁凯语 baaj,卑南语 bəraj,PTP *bəɬaj。

"烧",卑南语 parapaʔit,PTP *para。

(5)状态

"新",邹语 faeva,鲁凯语 baawa,阿美语 faəluh,PTP *baɬawa。

"好",沙阿鲁阿语 manʉŋʉ,排湾语 naŋuaq,PTP *ma-nuŋu。

"热",沙阿鲁阿语 matsitsi,邵语 matata,鲁凯语 ɖaŋɖaŋ,排湾语 dzaʟaŋdzaʟaŋ,PTP *ma-ʈi、*ɖaʟaŋ。

"冷",鲁凯语 makətsəl,卑南语 liʈək,PTP *ma-kətəl。

"满",卑南语 matəmuj,布农语 matmuð,PTP *ma-təmuj。

"干燥",邹语 oemiʔəmi,卑南语 marum,PTP *ma-ɬumiq。

"红",卑南语 midaraŋ,布农语 madaŋχas,PTP *ma-daraŋ。

"黄",沙阿鲁阿语 maɬisarʉ,卑南语 maʟuʟuʔ,PTP *ma-ʟiʟu。

"白",沙阿鲁阿语 mapuɬi,鲁凯语 maʔuli,邵语 mapuði,PTP *ma-puli。

"黑",卑南语 ʔudədəm,邵语 maqusum,PTP *ma-quɖam。

"大",鲁凯语 maɖaw,卑南语 maʔiɖaŋ,布农语 madaiŋ,PTP *ma-ɖaw。

"小",卡那卡那富语 tiʔiŋai,鲁凯语 tikia,卑南语 makitəŋ,PTP *tikiŋaj。

"长",鲁凯语 maθaŋəla,沙阿鲁阿语 mulu ŋusu,布农语 maduɬu,PTP *ma-saduɭuŋ。

"多",鲁凯语 maakala,阿美语 aɬihaj,PTP *ma-kalaj。

"圆",邹语 taunu,布农语 matauntaun,PTP *ma-taʈun。

(6)其他

"一",卑南语 sa,布农语 tasa,邵语 tata,PTP *tasa。

"二",鲁凯语 ɖusa,卑南语 ɖua,布农语 dusa,PTP *ɖusa。

"我",卡那卡那富语 ku,鲁凯语 kunaku,卑南语 ku,布农语 ðaku,PTP *ku。

"我们",卡那卡那富语 kimi,鲁凯语 kunai,卑南语 mimi,布农语 ðami,PTP *kumi。

"你",卡那卡那富语 kasu,鲁凯语 kusu,卑南语 ju,布农语 su,PTP *su。

"这",邹语 eni,卑南语 iɖini,阿美语 kuni,PTP *ini。

"那",邹语 sitsa,卑南语 iɖu,PTP ⁺iɖa。

"谁",邹语 sia,布农语 sima,阿美语 tʃima,PTP *sima。

"什么",邹语 tsuma,布农语 mað,卑南语 amanaj,PTP *manaj。

"人",邹语 tsau,① 卑南语 ʈau,排湾语 tsautsau,PTP *ʈaŋu。

"女人",鲁凯语 ababaj,卑南语 babajan,排湾语 vavaian,PTP *babaj。

---

① 邹语,"男人"hahotsəŋu。tsəŋu 当来自"人"的古称 *ʈəŋu。

"男人",鲁凯语 sawalaj,排湾语 ʔuqalai,PTP *walaj。

"不",布农语 ni,邵语 ani,卑南语 aḍi,PTP *ani。

"名字",卡那卡那富语 ŋanai,沙阿鲁阿语 ŋaɬa,布农语 ŋaan,排湾语 ŋadan,PTP *ŋadan。

"箭",卡那卡那富语 rupatsɨ,邵语 futuɬ(弓),PTP *buṭul。

第六章 美拉—密克罗尼西亚语

分布在巴布亚新几内亚、美拉尼西亚、所罗门、瓦努阿图、新喀里多尼亚和密克罗尼西亚诸岛的南岛语当来自原始美拉—密克罗尼西亚语,为同一语族的语言,分别属于巴布亚(莫图—大瓦拉)、玻利尼西亚、密克罗尼西亚和新喀里多尼亚等语支。巴布亚有的语言如同台湾省的个别语言,还保留着五进位数词系统。玻利尼西亚的汤加语等的十进位数词与马来—他加洛语的十进位数词大体相同。这大约是古美拉—密克罗尼西亚方言和古马来—他加洛方言接触造成的。语音的历史演变表明这两个语群来自不同的古方言。

"二",莫图语、马达加斯加语 rua,马绍尔语 ɽua,阿杰语 kaȓu,印尼语 dua,他加洛语 dalawa,赛德克语 daha,卑南语 qua。"二"的首辅音来自原始南岛语的 *q-,马来—他加洛语中 *d 和 *q 合并,美拉—密克罗尼西亚的古方言中 *q 成为 *ɽ,试比较:

	马绍尔语	莫图语	阿杰语	马达加斯加语
血	ra	rara-na	waȓa	ra
云	kʌɾo	ori	kɔ	rahuna
二	ɽua	rua	kaȓu	rua
睡	mætʃuɽ	—	kuȓu	ma-turi

阿杰语、马达加斯加等语言中*r、*ɽ合并。类似情况的还有马那姆语、塔几亚语、达密语、劳语、瓜依沃语、拉格语、汤加语、斐济语等。

一 莫图—大瓦拉语

据19世纪的记录,分布在巴布亚的莫图部落的语言有莫图(Moto)、柯勒布努(Kelepunu)、阿罗玛(Aroma)、南岬(South Cape)、卡巴地(Kabadi)、玛伊瓦(Maiva)和莫图莫图(Motumotu)等方言。[①]20世纪的调查者发现可以把莫图语分为真莫图语(True Motu)和洋泾浜莫图(Pidgin Motu)。前者的使用者有1500人,后者已有25万人在使用(1987)。真莫图语有东西两种方言。以下与莫图语比较的还有巴布亚的梅柯澳语(Mekeo)、吉立威拉语(Kilivila)和大瓦拉语(Tawala)。莫图—大瓦拉语支中莫图语和梅柯澳语为一组,吉立威拉语和大瓦拉语为另一组。原始莫图—大瓦拉语的*bʷ在莫图语组中成为b、v、h等,大瓦拉语组中为p和f。

1.莫图语、梅柯澳语、吉立威拉语和大瓦拉语的语音
(1)莫图语的辅音和元音
辅音[②]

  p b m ß v

---

① *Grammar and Vocabulary of Language Spoken by Motu Tribe*(New Guinea),by Rev. W. G. Lawes,F. R. G. S.,1888.

② *Comparative Austronesian Dictionary*,*An Introduction to Austronesian Studies*,Part I,p. 767中缺少s和v,现据材料添加。

t	d	n	s	r	l
k	g		h	ɣ	
kʷ	gʷ				

元音

a e i o u

(2)梅柯澳语的辅音和元音

辅音

p	m	f	v
k	ŋ		l
ʔ			

ŋ邻接i时读作n。

元音

a e i o u

(3)吉立威拉语的辅音和元音①

辅音

p	b	m	ß	w
pʷ	bʷ	mʷ		
t	d	n	s	r	l
k	g				
kʷ	gʷ			j	

元音

a e i o u

---

① *Comparative Austronesian Dictionary*, An Introduction to Austronesian Studies, Part I, p. 749.

ai au ei eu oi ou

(4)大瓦拉语的辅音和元音①

辅音

p   b   m   w
t   d   n   s   l
k   g   h   j
k^w   g^w

元音

a e i o u

2.莫图语辅音的来历

(1)p 和 b

	莫图	柯勒布努	阿罗玛	梅柯澳	大瓦拉
肩	paγa	alo	aro	—	awala
皮	kopi	opi	opi	faa	—
生气	badu	baru	paruparu	—	—
额	bagu	bagu	paguna	paku	pouna
蝴蝶	kaubebe	bebe	pepe	fefe	kapeu
衣服	dabua	rapuga	labua	-apu	—

莫图语 p 对应于大瓦拉语 w，< *p。如"疤"，莫图语 kipara，大瓦拉语 wakewake。

莫图语 b 对应于大瓦拉语 p，< *b。

(2)t 和 d

---

① *Comparative Austronesian Dictionary*, An Introduction to Austronesian Studies, Part I, p. 759.

第六章 美拉—密克罗尼西亚语

	莫图	柯勒布努	阿罗玛	梅柯澳	大瓦拉
骨头	turia	iligā	iliga	unia	—
男人	tau	hau	au	au	—
耳朵	taia	eha	ega	ega	taniga-na
眼睛	mata	ma	māna	maa	mata-na
看(见)	ita-ia	gia	ia	e-isa	
咱们	ita	ia	ia	l-ia	tauta

卡巴地方言"男人"kau,"耳朵"kaina,"眼睛"maka,"看"isanava,"咱们"isada。卡乌龙语(Kaulong)(分布在巴布亚新几内亚的新不列颠省)和勒窝语(Lewo)(分布在瓦努阿图的埃皮岛)有 t 和 k 的对立,"耳朵"分别读作 kiŋa-n, kiliŋa。

莫图语 t 对应于大瓦拉语 t,卡巴地方言 k 和 s, < *ţ 和 *t。

	莫图	柯勒布努	阿罗玛	梅柯澳	大瓦拉
香蕉树	dui	pukave	pakave lui	kui	hakowa
锚	dogo	rogo	roba	ikoo	jogona
路	dala	raopara	lara	keaŋa	tahaja
煮	nadu	nanunanu	nalunalu	e-ŋaku	—
嘴	udu	muru	muru	—	mutu(鸟嘴)
他们	idia	ila	ira	isa	—

莫图语 d 对应于梅柯澳语 k 和 s。

卡巴地方言"香蕉树"koroi,"锚"itoo,"路"kerea,"煮"nakunaku,"嘴"itu,"他们"iada。卡巴地古方言中可能发生过 *d 和 *ḍ 的清化,*ḍ > *ṭ > *k。

莫图语 d < *d 和 *ḍ。

(3) k 和 g

	莫图	柯勒布努	阿罗玛	梅柯澳	大瓦拉
咬	kori-a	olia	olia	e-aŋa	kima

皮	kopi	opi	opi	faa	—
谁	daika	rāi	liai	kai	ijai
走	raka	laha	loa	e-pea	—
白	kurokuro	hurohuro	urouro	kelo	wakewakeke

莫图语 k 对应于柯勒布努方言的零辅音或 h，大瓦拉语 k，< *k。

"白"，大瓦拉语 wakewakeke < *pake，如吉立威拉语"白" p^{w}aka。

	莫图	柯勒布努	阿罗玛	梅柯澳	大瓦拉
鼓	gaba	gaba	gaba	afa	inaga
天	guba	guba	bueuluku	ufa	—
树枝	rigi	raha	laka	—	laga
屎	tage	age	age	—	—
额	bagu	bagu	paguna	paku	—
成熟	mage	mera	mela	—	gou

莫图语 g < *g。

"成熟"吉立威拉语 monogu。

(4) k^w 和 g^w

	莫图	莫图方言	玛伊瓦	梅柯澳	大瓦拉
烟	k^{w}alahu	qalahu	atu	aku	—
鲨鱼	k^{w}alahu	qalaha	etoeto	eko	—
头	k^{w}ara	qara	aro	kania	—
手指	k^{w}akik^{w}aki	qagiqagi	—	keke?ē	-gigi
泡沫	g^{w}arag^{w}ara	qaraqara	—	—	—
鱼	g^{w}arume	qarume	maia	ma?a	—
十	g^{w}auta	qauta	harauhaea	ou?a-ŋa	—

莫图方言的 q-实际上就是 k^w-。当时的记录中已说明这个 q-

相当于英语 queen 中 q- 的读音。①

吉立威拉语"鲨鱼"k^wau。

暂时认为莫图语 k^w 和 g^w 分别来自 *k^w 和 *g^w。

(5) m 和 n

	莫图	柯勒布努	阿罗玛	梅柯澳	大瓦拉
鸟	manu	manu	manu	inei	manuwa
男孩	mero	melo	mero	imoi	komoi
男(人)	maruane	maaruwane	maruane	maŋuae	—
手臂	ima	gima	ima	vaŋa	nima
父亲	tama	amana	amana	ama	ama
房子	ruma	ruma	numa	eʔa	numa

莫图语 m < *m。

	莫图	柯勒布努	阿罗玛	梅柯澳	大瓦拉
梦	nihi	nivi	nipi	e-nipi	—
游泳	hanu	nabu	nabu	e-ŋau	tuba
喝	inu-a	niua	niua	e-inu	uma
吃	ani-a	ania	kanikani	e-ni(-a)	am
鸟	manu	manu	manu	inei	manuwa

"游泳",19 世纪的莫图方言为 nahu,与其他方言对应。大瓦拉语"喝""吃"两词中丢失了 n-。如勒窝语"喝"muni。

莫图语 n < *n。

(6) h 和 ɣ

	莫图	柯勒布努	阿罗玛	梅柯澳	大瓦拉
水果	huahua	vuavua	buana	pua	—
满	honu	vonu	bonu	poŋu	—

① *Grammar and Vocabulary of Language Spoken by Motu Tribe* (*New Guinea*), by Rev. W. G. Lawes, F. R. G. S., 1888, p.2.

头发	hiu	bui	bui	fufu	apala
火	lahi	arova	alova	loo	—
飞	roho	rovo	lobo	e-ŋopo	lupa
解开	ruha-ia	rugaha	ruvaea	e-ŋope-lai-a	lupena

莫图语 h 对应于柯勒布努方言 v, 阿罗玛方言 b 和 v, 梅柯澳语 p 和 f, 大瓦拉语 p, < *bʷ。

	莫图	莫图方言	梅柯澳	大瓦拉
肩	paɣa	paga	voŋo	awala
年龄	laɣani	lagani	—	—
油脂	daɣava	digara	oʔo	—

莫图语 ɣ < *g。

(7) l 和 r

	莫图	柯勒布努	阿罗玛	梅柯澳	大瓦拉
去	lao	ao	lao	e-lao	nae
打猎	labana	apana	labana	—	halo
舌头	mala	mae	malana	mala	mena
坐	helai	aluari	aluari	e-aŋu	—

莫图语 l 对应于柯勒布努方言的零辅音或 l, 阿罗玛方言 l, 梅柯澳语 l 或 ŋ, 大瓦拉语 l, < *l。

	莫图	柯勒布努	阿罗玛	梅柯澳	大瓦拉
血	rara	rala	rara	—	—
树枝	rigi	raha	laka	ʔaŋa	laga
飞	roho	rovo	lobo	e-ŋopo	lupa
叶子	rau	lau	rau	ŋaŋau	lugu
山	ororo	olo	golo	—	—

莫图语 r 对应于柯勒布努方言 r 或 l, 阿罗玛方言 r 或 l, 梅柯澳语 ŋ, 大瓦拉语 l, < *r。

(8) β 或 v

	莫图	柯勒布努	阿罗玛	梅柯澳	大瓦拉
脸	βaira	vaira	pirana	veina	tepa
昨天	βarani	varani	waraɢani	vai	pom
客人	βadi	vadivadi	varivari	paʔi	—
跳舞	maβaru	mavaru	palapala	e-ŋeva	—
愚蠢	kaβakaβa	kavakava	avaava	ŋaŋapai	—

莫图语 β 对应于柯勒布努方言 v，阿罗玛方言 p 或 v，梅柯澳语 v 或 p，大瓦拉语 p，< *p^w。

	莫图	柯勒布努	阿罗玛	梅柯澳	吉立威拉
拉	veri-a	veria	—	—	bia
梯子	vadavada	vatavata	—	vakaŋa	kaboteta

莫图语 v 对应于柯勒布努方言 v，梅柯澳语 v，吉立威拉语 b，< *b^w。

(9) s 和零辅音

	莫图	柯勒布努	阿罗玛	梅柯澳	大瓦拉
母亲	sina	inana	inana	ina	hina
百	sinahu	inavu	inabuna	kinapu	—
星星	hisiu	givu	biu		
疼痛	hisihisi	vivi	bibi	kiekie	—

莫图语 ѕ 对应于柯勒布努方言零辅音或 g，阿罗玛方言零辅音，梅柯澳语零辅音，大瓦拉语 h，< *t 及 *s。

	莫图	柯勒布努	阿罗玛	梅柯澳	大瓦拉
下巴	ade	hare	ɢari	ake	ahahe
斧子	ira	giro	gilo	inaina	ilama
手臂	ima	gima	ima	vaŋa	nima
看(见)	ita-ia	gia	ia	e-isa	—
喝	inu-a	niua	niua	e-inu	uma

| 他们 | idia | ila | ira | isa | — |

莫图语的零辅音对应于柯勒布努方言 g 或零辅音,阿罗玛方言 g 或零辅音,梅柯澳语零辅音,大瓦拉语零辅音,< *ʔ。

3. 莫图语元音的来历

(1) a

	莫图	柯勒布努	阿罗玛	梅柯澳	大瓦拉
眼睛	mata	ma	māna	maa	mata
耳朵	taia	eha	ega	aina	taniga
额	bagu	bagu	paguna	paku	—
舌头	mala	mae	malana	mala	mena

莫图语 a 对应于柯勒布努方言、阿罗玛方言和梅柯澳语 a,大瓦拉语 a 或 e,一般 < *a。

莫图语 a 在少数词中对应于柯勒布努方言和阿罗玛方言的 o,但梅柯澳语中仍为 a。如"斧子",莫图语 ira,柯勒布努方言 giro,阿罗玛方言 gilo,梅柯澳语 inaina,大瓦拉语 ilama。

(2) e

	莫图	柯勒布努	阿罗玛	梅柯澳	大瓦拉
重	metau	meau	meau	meau	—
蝴蝶	kaubebe	bebe	pepe	fefe	kapeu
男(人)	maruane	maruwane	maruane	maŋuae	—
女人	hahene	vavine	babine	papie	wawine
下巴	ade	hare	gare	ake	ahae

莫图语 e 对应于柯勒布努方言、阿罗玛方言和梅柯澳语等 e,< *e。

(3) i

	莫图	柯勒布努	阿罗玛	梅柯澳	大瓦拉
尾巴	iu	ila	giuna	iu	giu
他们	idia	ila	ira	isa	—
你们	umui	omi	mui	oi	taumi
骨头	turia	iligā	iliga	unia	—
来	mai	veamai	beamai	e-mai	nei

莫图语 i 对应于柯勒布努方言、阿罗玛方言和梅柯澳语等 i, < *i。

(4) o

	莫图	柯勒布努	阿罗玛	梅柯澳	大瓦拉
家禽	kokoroku	boro	bolo	ʔoʔolo	—
飞	roho	rovo	lobo	e-ŋopo	lupa
去	lao	ao	lao	e-lao	—
三	toi	oi	oi	oiso	tonuga
里面	lalo-nai	ao	laona	aloŋai	—

莫图语 o 对应于柯勒布努方言、阿罗玛方言和梅柯澳语 o, 大瓦拉语 o 或 u, < *o。

(5) u

	莫图	柯勒布努	阿罗玛	梅柯澳	大瓦拉
天	guba	guba	bueuluku	ufa	—
男人	tau	hau	au	au	—
虱子	utu	gu	u	uu	utu
我	lau	au	lau	lau	tau

莫图语 u 对应于柯勒布努方言、阿罗玛方言、梅柯澳语和大瓦拉语 u, < *u。

4. 莫图—大瓦拉语的辅音和元音

辅音

p　b　m
pʷ　bʷ
t　d　n　　s　r　l
t̪　d̪
k　g　ŋ
kʷ　gʷ
ʔ
元音
a e i o u

二　玻利尼西亚语

玻利尼西亚地区的语言主要有斐济语(Fiji, Eastern Fiji)、汤加语(Tonga)、萨摩亚语(Samoan)、夏威夷语(Hawaii)、塔希提语(Tahitian)、拉巴努伊语(Rapanui)、毛利语(Maori)和罗杜玛语(Rotuman)等。原始美拉—密克罗尼西亚语的 *t̪ 在玻利尼西亚语中成为 *t, *d̪ 在斐济语中成为 dr, 而在其他玻利尼西亚语中为 t, 夏威夷语和萨摩亚语 t 和 k 合并为 k。

1. 汤加语、萨摩亚语、拉巴努伊语和斐济语的语音
(1) 汤加语的辅音和元音
辅音
p　m　f　v
t　n　s
k　ŋ　h

ʔ

元音

短元音 a e i o u

长元音 ā ē ī ō ū

(2)萨摩亚语的辅音和元音

辅音

p　m　f　　v

k　ŋ　s　　　l

ʔ

萨摩亚语 t 和 k,l 和 r 分别是一个音位。

元音

短元音 a e i o u

长元音 ā ē ī ō ū

(3)拉巴努伊语的辅音和元音

辅音

p m v

t n　　　r

k ŋ h

ʔ

元音

短元音 a e i o u

长元音 ā ē ī ō ū

(4)斐济语东部方言(巴乌亚话)的辅音和元音

辅音

p b m f　　　β w

t　d　n　s　ð
　dr　　　　　　　r　l
k　g　ŋ
tʃ　dʒ　　　　　　　j
元音
短元音 a e i o u
长元音 ā ē ī ō ū

2. 汤加语辅音的来历

(1) p 和 t

	汤加	萨摩亚	拉巴努伊	斐济
肿	pupula	fula	ahu	βuðe
肚脐	pito	pute	pito	βiðo
雾	kakapu	puao	kapua	kabu
蝙蝠	peka	peʔa	—	beka

汤加语 p 对应于萨摩亚语 f 和 p，拉巴努伊语 h 和 p，斐济语 β 和 b，< *p 和 *b。

	汤加	萨摩亚	拉巴努伊	斐济
血	toto	toto	toto	drā
耳朵	teliŋa	taliŋa	tariŋa	daliŋa
鳗鱼	tuna	tuna	—	duna
眼睛	mata	mata	mata	mata
三	tolu	tolu	toru	tolu

汤加语 t 对应于萨摩亚语 t，拉巴努伊语 t，斐济语 dr、d 和 t，< *ḍ、*d 和 *t。

"血"，如波那佩语 nta，嫩戈内语 ḍa。

(2) k 和 ʔ

	汤加	萨摩亚	拉巴努伊	斐济
你	koe	ʔoe	koe	iko
狗	kulī	maile	—	kolī
木头	ʔakau	lāʔau	—	kau
石头	maka	maʔa	maʔea	
鱼	ika	iʔa	ika	ika
土	kelekele	ʔeleʔele	ʔoʔone	ǥele

汤加语 k 对应于萨摩亚语 ʔ，拉巴努伊语 k 或 ʔ，斐济语 k 和 g，< *k 和 *g。

"土"，斐济语西部方言 gʷele，马林厄语 glose。

"爪子"，斐济语东部方言 gugu，拉巴努伊语 maʔikuku。

	汤加	萨摩亚	拉巴努伊	斐济
闪电	ʔuhila	uila	ʔuira	—
鱼鳞	ʔuno	una	ʔunahi	—
舔	ʔemo	—	amo	drami
山芋	ʔufi	ufi	ʔuhi	uβi

汤加语 ʔ 对应于萨摩亚语零辅音，拉巴努伊语 ʔ，< *ʔ。

(3) m、n 和 ŋ

	汤加	萨摩亚	拉巴努伊	斐济
光	maama	mālamalama	maʔeha	rārama
动物	manu	manu	manu	manumanu
蜥蜴	moko	—	moko	moko
眼睛	mata	mata	mata	mata

汤加语 m < *m。

	汤加	萨摩亚	拉巴努伊	斐济
沙子	ʔoneʔone	oneone	ʔone	
龟	fonu		honu	βonu

| 牙齿 | nifo | nifo | niho | — |
| 六 | ono | ono | ono | ono |

汤加语 n < *n。

	汤加	萨摩亚	拉巴努伊	斐济
天空	laŋi	laŋi	raŋi	laŋi
男人	taŋata	tāne	taŋata	taŋane
耳朵	teliŋa	taliŋa	tariŋa	daliŋa
嘴	ŋutu	ŋutu	—	ŋusu

汤加语 ŋ < *ŋ。

(4) s 和 h

	汤加	萨摩亚	拉巴努伊	斐济
身体	sino	tino	—	—
拉(屎)	siko	tiʔo	—	—
穷	masiva	mativa	veve	dreβudreβua
猫	pusi	pusi	—	βusi

"猫",当借自英语 pussy(pussycat 的略称)。

汤加语 s 对应于萨摩亚语 t,斐济语 s,< *t。

	汤加	萨摩亚	拉巴努伊	斐济
梳子	helu	selu	—	i-seru
鼻子	ihu	isu	ihu	uðu
乳房	huhu	susu	ū	suðu
睡	mohe	moe	—	moðe
雨	ʔuha	ua	ʔua	uða

汤加语 h 对应于萨摩亚语 s 或零辅音,拉巴努伊语 h 或零辅音,斐济语 s 和 ð,< *s 和 *d。

(5) f 和 v

	汤加	萨摩亚	拉巴努伊	斐济
地	fonua	—	henua	βanua

体毛	fulufulu	fulufulu	huhuru	—
火	afi	afi	ahi	—
灰	efu	lefulefu	ʔeo-ʔeo	draβusā
心	mafu	fatu	mahatu	uto

汤加语 f 对应于萨摩亚语 f,拉巴努伊语 h 或零辅音,斐济语 β 或零辅音,< *p^w。

	汤加	萨摩亚	拉巴努伊	斐济
水	vai	vai	vai	wai
脚	vaʔe	vae	vaʔe	—
虚弱	vaivai	vāivai	—	—
八	valu	valu	vaʔu	walu

汤加语 v 对应于萨摩亚语、拉巴努伊语 v,斐济语 w,< *v。

(6) l

	汤加	萨摩亚	拉巴努伊	斐济
太阳	laʔā	lā	raʔā	
叶子	lau	lau	raupā	drau
狗	kulī	—	—	kolī
皮	kili	—	kiri	kuli

汤加语 l 对应于萨摩亚语 l,拉巴努伊语 r,斐济语 dr 或 l,< *ɭ 和 *l。

3. 汤加语元音的来历

汤加语的短元音与萨摩亚语、拉巴努伊语及斐济语的短元音大体上有较为整齐的对应关系,它们的长元音没有对应关系。原始玻利尼西亚语当无元音长短的对立。现比较如下。

(1) a

	汤加	萨摩亚	拉巴努伊	斐济
眼睛	mata	mata	mata	mata
水	vai	vai	vai	wai
八	valu	valu	vaʔu	walu
天空	laŋi	laŋi	raŋi	laŋi
鱼	ika	iʔa	ika	ika
雨	ʔuha	ua	ʔua	uða

汤加语 a < *a。

(2) e

	汤加	萨摩亚	拉巴努伊	斐济
梳子	helu	selu	—	i-seru
土	kelekele	ʔeleʔele	ʔoʔone	gele
蝙蝠	peka	peʔa	—	beka
蝴蝶	pepe	pepe	pepa	bēbē
你	koe	ʔoe	koe	iko
耳朵	teliŋa	taliŋa	tariŋa	daliŋa

汤加语 e < *e。

(3) i

	汤加	萨摩亚	拉巴努伊	斐济
鼻子	ihu	isu	ihu	uðu
皮	kili	—	kiri	kuli
鱼	ika	iʔa	ika	ika
耳朵	teliŋa	taliŋa	tariŋa	daliŋa
水	vai	vai	vai	wai

汤加语 i < *i。

(4) o

	汤加	萨摩亚	拉巴努伊	斐济
你	koe	ʔoe	koe	iko
睡	mohe	moe	—	moðe
六	ono	ono	ono	ono

龟	fonu	—	hono	βonu
牙齿	nifo	nifo	niho	—

汤加语 i < *i。

(5) u

	汤加	萨摩亚	拉巴努伊	斐济
雨	ʔuha	—	ʔua	uða
鳗鱼	tuna	tuna	—	duna
三	tolu	tolu	toru	tʊlu
鼻子	ihu	isu	ihu	uðu
龟	fonu	—	hono	βonu

汤加语 u < *u。

(6) 长元音

诸语的长元音有另一种对应关系。如：

	汤加	萨摩亚	拉巴努伊	斐济
太阳	laʔā	lā	raʔā	—
篱笆	ʔā	pā	ʔaua	bā
桅杆	fanā	fanā	—	i-βanā
怎么	fēfē	faʔapēfea	pchē	βaeβei
扇子	ī	ili	—	iri
夜	pō	pō	pō	boŋi
甘蔗	tō	tolo	toa	doβu
独木舟	pōpao	paopao	vakapaopao	bōβelo
进来	hū	ulu	uru	ðuru
站	tuʔu	tū	—	tū

诸语的长元音可能是后起的。其条件通常是相同的元音重复出现时，可能省略一个音节，而保留的音节用长元音。

4. 原始玻利尼西亚语的音系

辅音

```
p    b    m         v
pʷ
t    d    n    s         r    l
     ḍ                        ḷ
k    g    ŋ
ʔ
```

元音

```
a e i o u
```

三　密克罗尼西亚语

分布于太平洋中部密克罗尼西亚地区的密克罗尼西亚语支的语言有马绍尔群岛的马绍尔语(Marshallese),吉尔伯特群岛的吉尔伯特语(Kiribat),波那佩岛的波那佩语(Ponape),特鲁克岛的特鲁克语(Truk)和加洛林群岛的沃勒阿伊语(Woleain)等。密克罗尼西亚地区的南岛语情况比较复杂,我们以比较有代表性的语言为比较的基础。

1.马绍尔语、吉尔伯特语、波那佩语、沃勒阿伊语和特鲁克语的语音

(1)马绍尔语语音[①]

辅音

---

① 该音系根据 Comparative Austronesian Dictionary 的马绍尔语归纳,该词典前说明的马绍尔语语音系统多与所录的词不合。

p	b	m		
p^w		m^w	w	
t	d	n	r	l
tʃ		ɳ^w	ɽ	ɭ
k		ŋ	j	
k^w				

元音

a æ ɒ u ɔ e i ɜ ɨ ʌ ɛ ɑ o u①

少数元音在词中为长元音。

(2)波那佩语北部方言语音

辅音

p		m		
p^w		m^w	w	
t	n	s	r	l
t̪				
k	ŋ		j	

元音

a ɛ e i ɔ o u 各分长短

(3)吉尔伯特语语音

辅音

b	m	
b^w	m^w	
t̪	n̪	r

---

① 这个 ɑ 本应该是圆唇的,为方便录入用这个音标。

k　ŋ

元音

短元音 a e i o u

长元音 ā ē ī ō ū

(4) 沃勒阿依语语音

辅音

p　　m　　f

pʷ　　mʷ　　ɸʷ　　　　w

t　　n　　s　　　ř

　　　　　　ʂ　　　ɭ

tʃ　　　　ʃ　　　j

k　　ŋ　　x

元音

短元音 a e i　ü　o u

长元音 ā ē ī ȫ ǖ ɔ ō ū[①]

(5) 特鲁克语语音

辅音

p　　m

pʷ　　mʷ　　f　　w

t　　n　　s　　r

tʃ

k　　ŋ

元音

[①] 原材料的长元音一律有表示长音的记号，现把符号 ö 和 ɔ 的长音记号略去。

a e i ä ö ü ɑ o u

2.马绍尔语辅音的来历

(1) p、p^w 和 b

	马绍尔	波那佩	吉尔伯特	沃勒阿依
鲨鱼	pako	pako	bakoa	paxowa
手	pæ	pē	bai	paü
咳嗽	pʊkpʊk	kōper	beko	ffaxa
吹	pæl	peuk	uka	uxū
脊椎	rilep	t̪ilepe	rīnaba	ʃüřapa
脸颊	tʃæp	sepe	taba	tapa

马绍尔语 p 对应于波那佩语 p,吉尔伯特语 b,沃勒阿依语 p 及 f, < *p。

	马绍尔	波那佩	吉尔伯特	沃勒阿依
沙子	p^wok	pīk	bike	ppija
膝盖	p^wuk^{w}ɛ	p^wukie	bubua	ϕ^wüxüwa
夜	p^wɔŋ	p^wŏŋ	boŋ	ϕ^woɲi
头	p^war̩	mɔŋ	—	ʃim^{w}e
胸	ɔp^w	m^warm^{w}are	b^wanib^{w}an	uϕ^wa
跳舞	ep^w	—	m^waiē	ϕ^wɔü

马绍尔语 p^w 对应于波那佩语 p^w 和 m^w,吉尔伯特语 b 及 b^w,沃勒阿依语 ϕ^w 及 p, < *p^w。马绍尔语 -p^w 可来自 -b^w。

"跳舞",特鲁克语 p^warūk。

	马绍尔	波那佩	吉尔伯特	沃勒阿依
灰尘	biŋal	p^welipar	bubu	—
鼻子	bɑti	t̪um^{w}e	b^wairi	ϕ^wōti
喉咙	bərɔ	—	bua	—
削	or̩tʃib	rere	kuora	ϕ^wuɽoɲī

马绍尔语 b 对应于波那佩语 p^w,吉尔伯特语 b 及 b^w,沃勒阿依语 ϕ^w, < $^*b$ 和 $^*b^w$。

(2)m 和 m^w

	马绍尔	波那佩	吉尔伯特	沃勒阿依
海洋	meto	matao	marwa	matawa
炭	mælle	m^wɔlus	marara	—
脸	mætʃ	mās	mata	mata
撒尿	mm^wɔtʃ	mm^wus	mumuta	m^wumm^wuta
折	lim	lim	—	řimī

马绍尔语 m 对应于波那佩语 m 和 m^w,吉尔伯特语 m,沃勒阿依语 m, < $^*m$。

	马绍尔	波那佩	吉尔伯特	沃勒阿依
吃	m^wʌŋæ	m^weŋe	—	xaŋī
你们	kɔm^w	kum^wa	ŋkamī	xɔmī
额	dam^w	ţām^w	ram^wa	maŋa
烤	um^w	um^wun	umuna	—
泡沫	m^wəɽm^wəɽ	p^wutop^wut	buroburo	ϕ^wuɽoϕ^wuɽo

马绍尔语 m^w 对应于波那佩语 m^w 和 p^w,吉尔伯特语 m 及 m^w 等,沃勒阿依语 x 和 ϕ^w 等, < $^*m^w$ 和 $^*m$。

(3)t、d 和 n

	马绍尔	波那佩	吉尔伯特	沃勒阿依
洗澡	tutu	tūp	—	tūtū
梁	tuɽ	—	—	tiϕ^waři
哪个	ta	—	te rā	—
海洋	meto	matao	marwa	matawa
眉毛	æt	pati	—	fatū
移动	mm^wakit	m^wekit	buti	ϕ^wī

马绍尔语 t 对应于波那佩语、吉尔伯特语和沃勒阿依语 t,

< *t。

	马绍尔	波那佩	吉尔伯特	沃勒阿依
石头	dekæ	ṭakai	—	—
额	damʷ	ṭāmʷ	ramʷa	maŋo
黑	ditəpʷ	ṭɔnṭɔl	rorō	ṛoṣo
猜	katʃtʃidɛdɛ	—	—	xaṛēṛē
错	pʷəd	—	—	mʷaṣeja

马绍尔语 d 对应于波那佩语 ṭ,吉尔伯特语 r,沃勒阿依语 ṛ 和 ṣ, < *d 和 *ḍ。

"黑",嫩戈内语 ḍiḍi,卑南语 ʔuḍəḍəm。

	马绍尔	波那佩	吉尔伯特	沃勒阿依
脚	ne	nē	—	—
棕榈	ni	nī	nī	řü
心	menono	moŋioŋ	—	řařo
水	ræn	—	ran	ṣařü

马绍尔语 n 对应于波那佩语 n 或 ŋ,吉尔伯特语 n,沃勒阿依语 ř 和 ṣ, < *n。

(4) tʃ

	马绍尔	波那佩	吉尔伯特	沃勒阿依
父亲	tʃeman	sām	tam	tamař
脸颊	tʃæp	sep	taba	tapa
哭	tʃaŋ	seŋ	taŋ	taŋi
脸	matʃ	mās	mata	mata
人	aṛmɛtʃ	aramas	aomata	jaṛemata
鲸	ṛatʃ	rɔɔs	—	ṛaso
咱们	kətʃ	kiṭa	—	xīṣa
鼠	kitʃrik	kiṭik	—	xeṣi
富有	tʃepʷan	kepʷēpe	kaubʷai	
哨子	atʃwewe	kuwai	—	xauwa

| 绳结 | pʷɔtʃ | pʷukopʷuk | kabae | ɸʷuxoɸʷuxo |

马绍尔语 tʃ 对应于波那佩语 s 和 k 等,吉尔伯特语 t 和 k,沃勒阿依语 t 和 x 等,< *t 和 *ṭ。

试比较"头虱",卑南语 kuṭu,马绍尔语 kitʃ,沃勒阿依语 xüsü。

(5)k、kʷ 和 ŋ

	马绍尔	波那佩	吉尔伯特	沃勒阿依
咱们	kətʃ	kita	—	xīṣa
狗	kiru	kiti	—	xeřɔx̌ü
鼠	kitʃrik	kiṭik	—	xeṣi
石头	dekæ	ṭakai	—	—
沙子	pʷok	pīk	bike	ppija
鱼	ɛk	—	ika	ixa

马绍尔语 k 对应于波那佩语、吉尔伯特语 k,沃勒阿依语 x,< *k。

	马绍尔	波那佩	特鲁克	沃勒阿依
干净	kkʷʌtʃaṛtʃaṛ	mʷakelekel	—	—
睾丸	kʷʌle	wisol	—	moṛu
腕	makʷʌtʃ	kumʷuṭ	kumutʃ	xumʷüṣü
膝盖	pʷukʷɛ	pʷukie	pukü	ɸʷüxüwa

马绍尔语以外其他诸语与马绍尔语 kʷ 对应的是 k,马绍尔语 kʷ 是相邻的圆唇音同化造成的,< *k。

	马绍尔	波那佩	吉尔伯特	沃勒阿依
我	ŋa	ŋēi	ŋŋai	xāŋü
牙齿	ŋi	ŋī	—	ŋī
白齿	ŋilep	ŋīlap	—	ŋīřapa
呻吟	ŋŋiṛ	iŋiṭik	ŋira	ŋüŋü
风	aŋ	āŋ	aŋ	jaɲi
苍蝇	lɑŋ	lɔɔŋ	naŋo	řaŋo

锐利	kkaŋ	keŋ	kakaŋ	—

马绍尔语 ŋ < *ŋ。

(6) r 和 l

	马绍尔	波那佩	吉尔伯特	沃勒阿依
水	ræn	—	ran	ṣařü
血	ra	ŋta	rarā	
骨头	ri	tī	rī	ṣü
脊椎	rilcp	tïlepe	rīnaba	ṣüřapa
狗	kiru	kiti	—	xe řoxü
扔	kar	kese	kar	xaṣē-a

马绍尔语 r 对应于波那佩语 ṭ 和 t，吉尔伯特语 r，沃勒阿依语 ṣ 和 ř，< *ḍ 和 *r。

	马绍尔	波那佩	吉尔伯特	沃勒阿依
舌头	lo	lāu	newe	řewe
外边	lik	liki	itinanikun	řüxü
折叠	lim	lim	—	řimi
耳朵	lɑtʃilŋi	saleŋ	taniŋa	tařiŋa
粗大	mitʃɛl	mosul	—	—

马绍尔语 l 对应于波那佩语 l，吉尔伯特语 n，沃勒阿依语 ř，< *l。

(7) ɾ、l 和 ŋʷ

	马绍尔	波那佩	吉尔伯特	沃勒阿依
树枝	ɾa	rā	—	ɾɔ
鲸	ɾatʃ	rɔɔs	—	ɾaso
人	aɾmɛtʃ	aramas	aomata	jaɾemata
光(线)	meɾam	—		taɾama
泡沫	mʷəɾmʷəɾ	pʷutopʷut	buroburo	ɸʷuɾɔɸʷuɾo
孩子	atʃɾi	seri	ataei	saɾi

睡	mætʃuɽ	meir	matu	mammasüɽü
生活	mɔuɽ	mour	maiu	maüɽü

马绍尔语 ɽ 对应于波那佩语 r 及 t，吉尔伯特语 r 或零辅音，沃勒阿依语 ɽ，< *ɽ。

	马绍尔	波那佩	吉尔伯特	沃勒阿依
苍蝇	lɑŋ	lɔɔŋ	naŋo	řaŋo
叔叔	aḷap	ullap	mʷɔɔřenapa	—
太阳	aḷ	—	—	jařo
路	iaḷ	āl	—	jařa

马绍尔语 ḷ 对应于波那佩语 l，吉尔伯特语 n，沃勒阿依语 ř，< *ḷ。

	马绍尔	波那佩	吉尔伯特	沃勒阿依
蚊子	ŋʷamʷ	—	—	řamʷu
租用	oŋʷean	pʷain	—	—
猜疑	eŋʷake	mʷeleki	kanamʷakina	—
拐棍	tʃokoŋʷ	sokon	oko	soxo

马绍尔语 ŋʷ 对应于波那佩语 pʷ 和 mʷ，吉尔伯特语 mʷ，沃勒阿依语 ř，< *mʷ。

(8) w

	马绍尔	波那佩	吉尔伯特	沃勒阿依
男根	wəl	wīl	—	—
药	wino	wini	—	—
龟	wən	wēi	on	woŋi
独木舟	wa	wār	wa	wɔ

马绍尔语 w 对应于其他诸语 w，< *w。

"男根"（男生殖器），汤加语 ule。"龟"，特鲁克语 win，汤加语 fonu，斐济语西部方言 ikabula。密克罗尼西亚诸语共同语的 *w 当有不同来历。

3. 马绍尔语元音的来历

马绍尔语有 12 个短元音,个别短元音还有对应的长元音。

(1) a

	马绍尔	波那佩	吉尔伯特	沃勒阿依
额	dam^w	tām^w	ram^{w}a	maŋa
风	aŋ	āŋ	aŋ	aɲi
独木舟	wa	wār	wa	wɔ
树枝	ɽa	rā	—	ɽɔ
天	laŋ	lāŋ	—	řaɲi
鲨鱼	pako	pako	bakoa	paxowa
喷嚏	m^{w}atʃɛ	—	m^{w}atie	m^{w}osija

马绍尔语 a 对应于波那佩语单音节词的 ā 和复音词的 a,吉尔伯特语 a,沃勒阿依语 a 及 ɔ 等,< *a。

(2) æ

	马绍尔	波那佩	吉尔伯特	沃勒阿依
眉毛	æt	pati	ari	fatü
脸	mætʃ	mās	mata	mata
睡	mætʃuɽ	meir	matū	mammasüɽü
手	pæ	pē	bai	paü
脸颊	tʃæp	sepe	taba	tapa

马绍尔语 æ 对应于波那佩语单音节词的 ā 及 ē 和复音词的 a 及 e,吉尔伯特语 a,沃勒阿依语 a,< *a。

(3) ɛ

	马绍尔	波那佩	吉尔伯特	沃勒阿依
他们	ɛɽ	īɽ	—	īɽe
鱼	ɛk	—	ika	ixa

房子	ɛmʷ	īm	umʷa	—
五	ḷalɛm	limau	nimaua	řimau-wa
浅	petʃpetʃ	petepete	—	pete
漂浮	ppetʃ	pei	beibeti	ppesi
编织	piɾəkɛ	—	bira	fiɾexī

马绍尔语 ɛ 对应于波那佩语单音节词的 ī 和复音词的 a 及 e, 沃勒阿依语 ī 及 i、e、a, < *i 和 *e。

(4) e

	马绍尔	波那佩	吉尔伯特	沃勒阿依
光滑	metal	metentel	—	—
疼痛	metak	metek	maraki	metaxi
知道	tʃelæ	ese	atā	—
脊椎	rilep	ṭilepe	rīnaba	ṣüřapa
富有	tʃepʷan	kepʷēpʷe	kaubʷai	
石头	dekæ	ṭakai	—	
海洋	meto	matau	marawa	

马绍尔语 e 对应于波那佩语 e, 吉尔伯特语 a, < *e。

(5) i

	马绍尔	波那佩	吉尔伯特	沃勒阿依
皮	kil	kīl	kun	xiři
骨头	ri	ṭī	rī	ṣü
脊椎	rilep	ṭilepe	rīnaba	ṣüřapa
牙齿	ŋi	ŋī	wī	ŋī
树枝	pʷil	pʷīl		ɸʷiřisa
折叠	lim	lim	ṇukuma	řimi

马绍尔语 i 对应于波那佩语单音节词的 ī 和复音词的 i, 吉尔伯特语 ī (u 是 k 的同化的结果), 沃勒阿依语 i 及 ī 等, < *i。

(6) ʌ

	马绍尔	波那佩	吉尔伯特	沃勒阿依
吃	mʷʌŋæ	mʷeŋe	amʷarake	—
想法	lʌmŋʷak	lamalam		
解释	kʌmmeḷeḷe	kawēwē	kaota	xematafɔ
腕	makʷʌtʃ	kumʷuṭ	—	xumʷüṣü
贪婪	aṛʌk	nɔrɔk	—	—
沸	wʌt	mpʷos	kaboa	řoso

马绍尔语 ʌ 与这些语言没有相当一致的对应关系,有不同的来历。

(7) ə

	马绍尔	波那佩	吉尔伯特	沃勒阿依
泡沫	mʷəṛmʷəṛ	pʷtopʷut	butoburo	ɸʷuṛoɸʷuṛo
喉咙	bəṛɔ	—	bua	
龟	wən	—	on	woŋi
种植	katək	pɔtok	unika	fatoxī
咱们	kətʃ	kita	—	xīṣa

马绍尔语 ə 对应于波那佩语 o 等,吉尔伯特语 u 等,沃勒阿依语 u 和 o 等,< *o 等。

(8) ɨ

	马绍尔	波那佩	吉尔伯特	沃勒阿依
药	wɨṇo	wini	—	
呻吟	ŋŋɨṛ	iṇiṭik	ŋira	ŋüŋü
咕哝	alŋɨṛŋɨṛ		ŋure	
移动	mmʷakɨt	mʷekit	buti	ɸʷī

马绍尔语 ɨ 出现在复音词,对应于波那佩语 i,吉尔伯特语 i 和 u,< *i。

(9) a

	马绍尔	波那佩	吉尔伯特	沃勒阿依
鼻子	bɑti	—	bʷairi	ɸʷōti
苍蝇	lɑŋ	lɔŋ	naŋo	řaŋo
腕	mɑkʷʌtʃ	kumʷut	—	xumʷüṣü
结尾	tʃemʷlɑk	ţok	toki	ffaṣo

马绍尔语 ɑ 对应于波那佩语 o 等,吉尔伯特语 a 和 o,沃勒阿依语 a 和 o 等, <*o。

(10) ɔ 和 ɷ

	马绍尔	波那佩	吉尔伯特	沃勒阿依
呕吐	mmʷɔtʃ	mmʷus	mumuta	mʷummʷuta
你们	kɔmʷ-	kumʷa	ŋkamī	xɔmī
夜	pʷɔŋ	pʷōŋ	boŋ	ɸʷoŋi
柱子	tʃɔɽ	ūr	—	süɽa
绳结	pʷɷtʃ	pʷukopʷuk	—	ɸʷuxoɸʷuxo

马绍尔语 ɔ 一般与圆唇化的辅音相邻,对应于波那佩语 u 等,吉尔伯特语 u 和 o 等,沃勒阿依语 u 和 o 等,<*u。马绍尔语长元音 ɷ 亦<*u,原本大约出现在复音词,这一类的复音词后来成为单音节词或词根。

(11) o

	马绍尔	波那佩	吉尔伯特	沃勒阿依
黑暗	maɽok	rōţ	rō	ɽoṣo
篱笆	oɽoɽ	—	ō	xuɽu
绳子	to	—	rō	taři
来	atok	kōto	roko	toxo
有	oɽ			jōɽo

马绍尔语 o 对应于波那佩语等 ō 和 o, <*o。

(12) u

	马绍尔	波那佩	吉尔伯特	沃勒阿依
火焰	uɽuɽ	lul	ura	pʷupʷuřa
烤	umʷ	umʷun	umuna	—
二	ɽuo	ɽiao	uoua	ɽüwa-uwa
膝盖	pʷukʷɛ	pʷukie	—	ɸʷüxüwa
桅杆	katʃu	kēu	—	xaüṣü
生活	mɔuɽ	mour	maiu	maüɽü
三	tʃilu	sĭlū	teniua	seři-uwa

马绍尔语 u 对应于波那佩语等 u、ū 等，< *u。

4.原始密克罗尼西亚共同语的音系

(1)辅音

p	b	m	
pʷ	bʷ	mʷ	w
t	d	n	r	l
ṭ	ḍ		ř	ḷ
k		ŋ	j	

(2)元音

a e i o u

四 新喀里多尼亚语

新喀里多尼亚地区的阿杰语(Ajie)、科木希语(Cemuhi)、南密语(Nami)、哈拉朱乌语(Xaracuu)和瓦努阿图的坦纳语(Tanna)、夸梅拉语(Kwamera)是相近的语言。比较诸语的语音如下。

1. 阿杰语、哈拉朱乌语、夸梅拉语、科木希语的语音

(1) 阿杰语的语音

辅音

p	b	m	v				
pʷ	bʷ	mʷ					
t	d	n		r	r̃	ř	l
c	ɟ	ɲ				j	
k	g	ŋ	x				
kʷ	gʷ					w	

r̃ 代表颤音,ř 代表闪音。原来的音系没有 x,现根据词典的描写增添。

元音

a ɛ e i ɯ ʌ ɯ o ʊ u

ã ɛ̃ ĩ ə̃ ɯ̃ õ ũ

非鼻化和鼻化元音都有区别意义的长短对立。

(2) 哈拉朱乌语的语音[①]

辅音

p	b	m	f	v		
pʷ	bʷ	mʷ				
t	d	n	s		r	
c	ɟ	ɲ	ç			j
k	g	ŋ	x			

---

① *Comparative Austronesian Dictionary*, *An Introduction to Austronesian Studies*, Part II, pp. 867–869.

k^w g^w x^w w

元音

a ɛ e i ɜ ʌ ė ɨ ɔ o u
ã ɛ̃   ĩ λ̃ ɨ̃ ɔ̃   ũ

(3)科木希语的语音①

辅音

p   ƥ   m
p^w b^w m^w
t   d   n   l
c   ɟ   ɲ̥   j
k   g   ŋ
k^w g^w h^w w
                    h

元音

a ɛ e i o u
ā ɛ̄ ē ī ō ū

(4)夸梅拉语的语音②

辅音

p   m   ɸ
p^w m^w ɸ^w
t   n   s   r
k   ŋ   h

---

① *Comparative Austronesian Dictionary*, *An Introduction to Austronesian Studies*, Part II, pp.856-857.

② 同上书, pp.845-846.

k^w　　　　　　　w

元音

a e i ə o u

2. 阿杰语辅音的来历

(1) p 和 b

	阿杰	哈拉朱乌	夸梅拉	科木希
头发	pūrŭ	pũ	—	àpun
鳞	pʌřʌ	purɛ	rərewu	—
牙齿	pẽwā	pā	rewu	pêtʃu
拿	pɛ	pɛ	—	pé

阿杰语 p 对应于哈拉朱乌语、科木希语 p，< *p。

	阿杰	哈拉朱乌	夸梅拉	科木希
膝盖	bēā	b^{w}ā xɛ̃	—	—
篱笆	be	pẽ rɛ̃	nap^{w}ər	bàbé
蝴蝶	jimã bi	çimābi	—	—
花	bŭrū	pũrɛ	—	—

阿杰语 b < *b。

(2) p^w 和 b^w

	阿杰	哈拉朱乌	夸梅拉	科木希
卷起	p^{w}ĩrĩ	p^{w}ĩrĩ	weŋi	pîpi
胃	p^{w}ari	b^{w}ati	təpu	—
种子	p^{w}ẽ	pĩ	—	—
龟	p^{w}ẽ	p^{w}ɛ̃	—	p^{w}ên

阿杰语 p^w < *p^w。

	阿杰	哈拉朱乌	夸梅拉	科木希
肚脐	b^{w}ixā	b^{w}exɔ	nəpureŋi	b^{w}ɛ̂

醉	bʷeʲe	—	apus	pî
煮	pɛbʷɛ	bɔ	wani	bʷêt

阿杰语 bʷ < *bʷ。

(3) m 和 mʷ

	阿杰	哈拉朱乌	夸梅拉	科木希
太阳	mɛ̃	kāmĩā	nimʷa	mʷà
鸟	muřu	mÃřÃ	menu	mêni
沙蝇	mimi	mimũ	maniman	mīmin
脸	nemɛ	nɛ-kārāmɛ	nenime	—

阿杰语 m < *m。

	阿杰	哈拉朱乌	夸梅拉	科木希
房子	mʷā	mʷā	nimʷa	mʷà
长	mʷā̃	mʷā	—	bʷàli

阿杰语 mʷ < *mʷ。

"房子",马绍尔语 ɛmʷ,波那佩语 īmʷ。

(4) t 和 d

	阿杰	哈拉朱乌	夸梅拉	科木希
撕	řɛtia	tia	—	tiɛ̂
升起	tɛi	tʃatoa	uta	—
熟的	tāřā	mɛ́řɛ̃	—	—

阿杰语 t < *t。

	阿杰	哈拉朱乌	夸梅拉	科木希
脊背	ɖɛ	dɛ̃	—	ɹeî
鲸	dɔjā	dɔjā	—	—
宽	dařā	dāra	—	—
湖	nedē	nedɛ	—	dêbo

阿杰语 d < *d。

(5) c 和 ɟ

	阿杰	哈拉朱乌	夸梅拉	科木希
肿	kacũ	xʷã-ce	—	cíbu
坐	cuɛ	cuɛ	akure	—
打开	cĩ	cũ	—	—

阿杰语 c < *ţ。

	阿杰	哈拉朱乌	夸梅拉	科木希
(水)开	ɟēwiɛ	ɟɔxutu	kuwiwo	—
吸	ɟi	ɟi	akʷmʷi	—
流	ɟɔ	ɟɔ	—	téte
骨头	ɟū	—	nəkakri	dũ̂
脏	kɔɟʌ	xadi	arukʷas	—

阿杰语 ɟ 对应于哈拉朱乌语 ɟ、夸梅拉语 k 等，< *ɖ。

"骨头"，波那佩语 ţi。

(6) n、ȵ 和 ŋ

	阿杰	哈拉朱乌	夸梅拉	科木希
湖	nedē	nɛdɛ	nəsiui	dĕbo
蚊子	nã	nɔ̃	mʷi	nàbu
现在	xina	anā	takʷtakʷna	ɟê
我	gɛȵa	nā	iou	ê

"溅"，阿杰语 jaŋai，波那佩语 pʷuŋur。

"我"，马绍尔语 ŋa，波纳佩语 ŋēi，拉格语 inau。

阿杰语 n < *n，阿杰语 ȵ < *ŋ 或 *n，阿杰语 ŋ < *ŋ。

(7) k 和 g

	阿杰	哈拉朱乌	夸梅拉	科木希
树	kẽ	kʷã	—	àcūt
烧	kɛɽi	kɛ̃	—	cìni
乌鸦	kʌxʌ	gaka	—	—

阿杰语 k < *k。

	阿杰	哈拉朱乌	夸梅拉	科木希
咱们	gɛre	rĩ	krau	gân̦i
呕吐	gɔ̄	gɔ̄	—	—
斧子	gi	giɛ	—	gî

阿杰语 g < *g。

(8) k^w 和 g^w

	阿杰	哈拉朱乌	夸梅拉	科木希
鼻子	$k^w\tilde{i}$	kũ	—	—
肠子	k^wĕřā	k^wă $p^w\tilde{ɛ}$	—	—
线、绳	k^we	k^wī	k^wanoka	—
根	$k^w\tilde{ɛ}$	$k^w\tilde{ɛ}$	—	wẫ

阿杰语 k^w < *k^w。

	阿杰	哈拉朱乌	夸梅拉	科木希
山	$g^w\tilde{e}w\epsilon$	b^wāk^{w}ɛ	tak^{w}ər	—
头	g^wā	b^wa	kap^{w}a	pû

阿杰语 g^w < *g^w 或 *k-b^w。

"头",南密语 b^wa-n,马绍尔语 p^waɻ。

(9) v 和 w

	阿杰	哈拉朱乌	夸梅拉	科木希
月亮	vařui	m^wea	mak^{w}a	wólɛ
扔	virai	g^were	arak(i)	—
去	vi	fɛ	e	—

阿杰语 v < *b^w。

	阿杰	哈拉朱乌	夸梅拉	科木希
血	wařa	mada	neta	cêwet
喝	wājɔ	wijɔ	anum^{w}i	ɓdu

	山	gʷẽwɛ	bʷākʷɛ	takʷər	—
	嘴	newā	nāxʷā	nakʷa	pʷɔ́
	牙齿	pẽwā	pā	rewu	pêcuɔ
	脚腕	pʷāwi	—	kumʷer	pùdi

阿杰语 w < *pʷ 等。

(10) r、r̃ 和 ř

	阿杰	哈拉朱乌	夸梅拉	科木希
吃	ara	da	ani	nãdo
聋	wãre	dɛ̃	—	bʷêʝe
咱们	gɛre	nĩ	krau	gânɪ
三	kariři	—	kahar	cɕie

阿杰语 r < *d 和 *r。

	阿杰	哈拉朱乌	夸梅拉	科木希
一	r̃a	ʃā	riti	cɕiu
裸的	r̃ewɛ̃ɛ	mʷā	pʷia	—
拉	r̃ɛ	ʃɛ	wi	cɕi
摇	r̃uir̃u	ʃiri	—	gɕli

阿杰语 r̃ 对应于哈拉朱乌语 ʃ, < *s。

	阿杰	哈拉朱乌	夸梅拉	科木希
二	kařu	bāru	kəru	álo
蚂蚱	kɔřɛ̄	kʷarɪ	kinha	kòlē
他们	ceře	ri	irau	le
虱子	kuřɯ	kitɪ	ur	î
皮	kařā	kʌ̃	tekə	ĩ
鼻涕	niřɛ	nirɛ	kenis	dèu
舌头	kuřume	kurumɛ	naramə	—

阿杰语 ř 对应于哈拉朱乌语 r 和 t, 科木希语 l, < *l、*l̥ 和 *t。

(11) x 和 ɣ

	阿杰	哈拉朱乌	夸梅拉	科木希
手	nexařaā	xɛ̃	rəɲi	ſ-n
太阳	mẽxa	kāmĩā	meri	—
鹦鹉	axāřā	kɛ̃ɛ̃	—	kêkɛt
咬	kuxɛ	kekɛ	ahi	—
暖和	māxe	mɛgi	—	—

阿杰语 x 对应于哈拉朱乌语 x 和 k，科木希语 k，<＊x 和＊k 等。

"暖和"，马绍尔语 mæŋʷæŋʷ，沙阿鲁阿语 matsimatsi，邵语 matamata（热）。

ɣ 出现于后缀 -ɣɛ 中，表示"接触"，如 pa-ɣɛ "触摸，感到"。

(12) l 和 j

	阿杰	哈拉朱乌	夸梅拉	科木希
辫子	lʌ	fɪɾɪ	arəri	bîtɛ
潜水	lū	mʷe	—	—
暗色	lū	kɔdɔ	pitow	—

"潜水"，锡加语 molu，布鲁语 molo。

"暗色"，嫩戈内语 ʃidi, ɖiɖi。

阿杰语 l 对应于哈拉朱乌语 r 和 d，科木希语 r 和 d，<＊l 和＊d。

	阿杰	哈拉朱乌	夸梅拉	科木希
鼠	jipɯ	çɪbɪ	—	ćɪbʷi
蝴蝶	jimãbi	çimābi	—	—
打	ja	ça	—	—
吐(出)	jiwǎrā	ɟuxʷārā	—	cúmi

阿杰语 j 对应于哈拉朱乌语 ç 和 ɟ，科木希语 c，<＊tʃ。

3. 阿杰语元音的来历

(1)元音的长短和鼻化

试比较阿杰语 a、ā、ă 和 ã 的对应情况:

	阿杰	哈拉朱乌	夸梅拉	科木希
一	ř̃a	ʃā	—	cέiu
秃顶	bʷa	bʷarica	apʷa	—
血	wařa	mada	neta	—
喉咙	kařanõ	kʷada	rukʷinau	hέnɛ

阿杰语 a 对应于哈拉朱乌语、夸梅拉语 a,科木希语 ɛ, < *a。

	阿杰	哈拉朱乌	夸梅拉	科木希
房子	mʷã	mʷã	nimʷa	mʷà
洞	mʷãeře	mʷã-põ	nəpəŋ	mʷà-pêi
头	gʷã	bʷa	kapʷa	—
动物	bʷařãwē	ibʷara	—	wóta

阿杰语 ã 对应于哈拉朱乌语 ã 和 a、夸梅拉语 a,科木希语 a, < *a。阿杰语 ã 和哈拉朱乌语 ã 当为后起。

	阿杰	哈拉朱乌	夸梅拉	科木希
二	kařu	bāru	kəru	álo
宽	dařā	dāra	asori	—
平静	āū	xāu	—	áu
肚脐	bʷixā	bʷexɔ̃	—	bʷîɛ

阿杰语 ā 对应于哈拉朱乌语 ā,科木希语 a 等, < *a。

长元音的出现与音节重读有关。

	阿杰	哈拉朱乌	夸梅拉	科木希
长	mʷã̄	mʷā	apomus	bʷáli
杠	kã	kɛ̃	—	cáni
蚊子	nã	nɔ̃	mʷi	nà
大腿	pã	pū	nuwa	pà

第六章 美拉—密克罗尼西亚语 233

| | 胸 | pɛwã | mʷamʷã | nəpʷenhə | bʷâŋɛ |

阿杰语 ã 对应于哈拉朱乌语 ā、ã 等,科木希语 à 等,< *a。鼻化元音相邻的辅音通常是鼻辅音或唇和舌根塞音。

(2) ɛ、ɛ̃ 和 ɛ̄

	阿杰	哈拉朱乌	夸梅拉	科木希
灰	dɛ	xatɛ	—	dép
脸	nemɛ	nɛ-kārāmɛ	nenime	—
烧(沸)	pɛbʷɛ	bɔ	wani	bʷɛ̂
升起	tɛi	catoa	uta	
太阳	mɛ̃xa	kāmĩã	meri	mɛ̄xa
牙齿	pẽwā	pā	rewu	pêcuɔ
根	kʷɛ̄	kʷɛ̄		wâ
拉	r̃ɛ	ʃɛ	ewi	cɛ́i

阿杰语 ɛ 对应于哈拉朱乌语 ɛ,科木希语 ê。阿杰语 ɛ̄ 对应于哈拉朱乌语 ā,科木希语 ê 等,夸梅拉语 e,鼻化元音相邻的辅音通常是鼻辅音或唇和舌根音。阿杰语 ɛ̃ 对应于哈拉朱乌语 ɛ̃,科木希语 ã̄ 等。阿杰语 ɛ、ɛ̃ 和 ɛ̄ < *e。

(3) e、ẽ 和 ē̃

	阿杰	哈拉朱乌	科木希	南密
湖	nedẽ	nedɛ	—	dan
苍蝇	ne	nā	nîn	nen
篱笆	be	pẽr̃ẽ	bàbé	babetʃ
咱们	gɛre	r̃i	gân̯e	nede
肠子	kʷēr̄a	kʷāpʷɛ̃		
龟	pʷẽ	pʷɛ̃	pʷên	pʷen
种子	pʷẽ̄	pĩ		
树	kẽ	kʷã	àtʃūt	tʃẽk
山	gʷẽwɛ	bʷākʷɛ	—	—

阿杰语 e 和 ẽ 分别对应于哈拉朱乌语 ɛ 和 ɛ̃ 等,南密语 e、ẽ < *e。阿杰语 ẽ 对应于哈拉朱乌语 ĩ 等。

(4) i、ī、ĩ 和 ĩ̄

	阿杰	哈拉朱乌	科木希	南密
斧子	giɛ	giɛ	gɨ̂	gi
沙蝇	mimi	mimū	mīmin	nanōm
肚脐	bʷixā	bʷexɔ̄	bʷîɛ-n	—
五	kanī	—	nîm	nim
鼻子	kʷĩ	kũ	ùmʷî	wādɪ
卷、包	pʷĩrĩ	pʷĩri	pîpi	—
开(门)	tʃĩ	tʃũ		

阿杰语 i 和 ĩ 对应于哈拉朱乌语 i 等,科木希语 î 等,南密语 i 等,< *i。

(5) ʌ 和 ʌ̄

	阿杰	哈拉朱乌	科木希	南密
锅	kʌ	kirɛ	ìla	tʃilek
爪子	mɛ̃pʌrã	purɛ	pî-bʷɔ̂dɛ	
抓住	tʃʌi	xɛ̄dirɪ	hêgi	
水	r̃ʌ̃	kʷe	—	we

阿杰语 ʌ 对应于哈拉朱乌语 ɨ 等,科木希语 i 等,南密语 i 等,或 < *ə。

(6) ə

	阿杰	哈拉朱乌	科木希	南密
父亲	pəvā	panɛ̄	—	pōne-n (叔叔、伯伯)
蜈蚣	bəvāi	kʷɛ̄kʷere	—	karibit
大拇指	katʃəmʷa	a-tʃɔ̄-rɛ-mʷɛ	-ómɛ-	
臀	bə	bə	—	pue-

阿杰语ɔ对应于哈拉朱乌语不同的元音,当有不同的来历。

(7) ɯ 和 ɯ̄

	阿杰	哈拉朱乌	科木希	南密
摇	r̃uɽɯ	ʃirɨ	gíli	tʃili
虱子	kuɽɯ	kitɨ	î	tʃīk
老鼠	jipɯ	çíbɨ	tʃíbʷi	tʃībʷi
肿	ka tʃɯ̄	xʷã-tʃē	cíbu	—

阿杰语 ɯ 和 ɯ̄ 对应于哈拉朱乌语 ɨ 等,科木希语 i 等,南密语 i 等,< *ɯ。

(8) ɔ

	阿杰	哈拉朱乌	科木希	南密
鲸	dɔjā	dɔjā	—	—
蚂蚱	kɔɽē	kʷarɨ	kòlē	ulek
结婚	ɔjɔ	xɔjɔ	—	halōn
活的	mɔɽu	muru	mûlip	maritʃ
逃跑	ɔɽo	xuru	tʃɛ̄la	—

阿杰语 ɔ 对应于哈拉朱乌语 ɔ 和 u 等,科木希语 u 等,南密语 u 等,< *o。

(9) o、õ 和 ȭ

	阿杰	哈拉朱乌	科木希	南密
年轻	dowa	dopʷa	ɛ́wa	
蝎子	pʷēviɲɔɽo	bʷaxītʃārā	—	
喉咙	kaɽanõ	kʷada		
帆	nõ	nȭ	níp	nep̥

"多",阿杰语 põɽõ,莫图语 bada。元音鼻化与相邻鼻辅音或

唇、舌根塞音有关。

阿杰语 o 和 õ 对应于哈拉朱乌语 o 等,科木希语 ɛ 等, < *o。

(10) u、ū、ũ 和 ū̃

	阿杰	哈拉朱乌	科木希	南密
月亮	vařui	mʷea	wóle	pᵐʷe
坐	tʃuɛ	tʃuɛ	têbʷɔ	tago
二	kāřu	bāru	álo	heluk
体毛	pūřū	pū	púdū-n	pun
花	būřū	pūrɛ	—	pᵐūn
骨头	ɟū	ɲĩ	dû-n	du
游泳	ū̃	xɛ̃	—	—

阿杰语 u 和 ũ 对应于哈拉朱乌语 u、ũ 等,科木希语 u、ɛ 等,< *u。

4. 原始新喀里多尼亚语的音系

(1) 辅音

p	b	m			
pʷ	bʷ	mʷ			
t	d	n	s	r	l
ʈ	ɖ		tʃ		
k		ŋ	x		
kʷ	gʷ				

(2) 元音

a e i ə ɯ o u

五　原始美拉—密克罗尼西亚语

1. 原始美拉—密克罗尼西亚语的辅音

p　　b　　m　　v
t　　d　　n　　s　　r　　l
ṭ　　ḍ　　　　　　　ɽ　　ḷ
k　　g　　ŋ　　x

（1）*p 和 *b

原始美拉—密克罗尼西亚语 *p 演变为莫图语的 p 和 ß。试比较：

	莫图	汤加	马绍尔	阿杰
潮湿	paripari	—	—	pixē
泥	kopukopu	pelepela	pɛrkat	kʷojɔwařa
树皮	kopi	kiliʔi	kilwʌr	—
愚蠢	kaβakaβa	pʷeipʷei	pʷɛpʷɛ	gupɔ̃
跳舞	maβaru	meʔe	epʷ	kʷe

原始美拉—密克罗尼西亚语 *b 演变为莫图语的 b、p、v 和 h。试比较：

	莫图	汤加	马绍尔	阿杰
蝴蝶	kaubebe	pepe	pʷappʷɨpʷ	jimã̄bi
肩	paɣa	—	aeɽæ	bēgū̄rū
拉	veri	fusi	—	r̃e
满	honu	fonu	pʷapʷ	—
火	lahi	afi	—	—

（2）*t 和 *d

原始美拉—密克罗尼西亚语 * t 演变为莫图语的 t 和 s(高前元音前),汤加语 t,马绍尔语 tʃ 和阿杰语 ř。试比较:

	莫图	汤加	马绍尔	阿杰
男人	tau	taŋata	—	—
耳朵	taia	teliŋa	lotʃilŋi	—
眼睛	mata	mata	mætʃ	—
呕吐	mumuta	—	mmʷɔtʃ	—
母亲	sina-na	—	tʃinen	n̪an̪a
星星	hisiu	fetuʔu	itʃu	—
死	mase	mate	mɛtʃ	me
一	ta	taha	tʃuon	řa
缝(上)	turi	tui	kitʃ	řu
醒	—	ʔā	ɾutʃ	tařĩ

原始美拉—密克罗尼西亚语 * d,莫图语 d,汤加语 t,马绍尔语 ɽ 和阿杰语 d。试比较:

	莫图	汤加	马绍尔	阿杰
脊背	doru	—	—	dɛ
杆	dū	—	tʃɽ	—
鲸	—	—	ɽatʃ	dɔjā
嘴	udu	ŋutu	lɔŋi	—

(3) * ț 和 * ɖ

原始美拉—密克罗尼西亚语 * ț 演变为莫图语的 t,马绍尔语 tʃ 和阿杰语 c。试比较:

	莫图	汤加	马绍尔	阿杰
坐	—	—	tʃitʃet	cuɛ
咬	—	uʔu	kitʃ	kuxɛ
穿(衣)	—	tui	—	cuři
织	hatu	—	ætʃe	cu

原始美拉—密克罗尼西亚语 *ḍ 演变为莫图语的 t 和 d,汤加语 h,阿杰语 ɹ。试比较:

	莫图	汤加	马绍尔	阿杰
骨头	turia	hui	ri	ɹū
谁	daika	hai	—	ɹaɛ

"谁",梅柯澳语 kai,莫图语复数 daidai。

(4) *k 和 *g

原始美拉—密克罗尼西亚语 *k,莫图语为零辅音或 k,汤加语 ʔ 或 k,马绍尔语 k,阿杰语 k 或 k^w。试比较:

	莫图	汤加	马绍尔	阿杰
树	au	-ʔakau	kæ̃n	kẽ
烧	ara	—	—	kɐri
灰	kahu	efuefu	—	—
根	ramu	aka	okaɻ	k^wɛ̃

原始美拉—密克罗尼西亚语 *g 演变为莫图语的 k^w 和 g,汤加语 ʔ,阿杰语 g 等。试比较:

	莫图	汤加	马绍尔	阿杰
头	k^wara	ʔulu	p^waɻ	g^wã
烟	k^walahu	ʔahu	p^wāt	—
天	guba	—	—	nekɔ
树枝	rigi	—	ɻā	ɲĩkẽ

(5) *m、*n 和 *ŋ

原始美拉—密克罗尼西亚语 *m,莫图语、汤加语 m,马绍尔语 m、p^w 等,阿杰语 m 和 m^w。试比较:

	莫图	汤加	马绍尔	阿杰
鸟	manu	manu	p^wau	mürü
父亲	tama	tamai	tʃeman	—

手	ima	nima	pæ	—
房子	ruma	—	ɛmʷ	mʷã

原始美拉—密克罗尼西亚语*n,莫图语、汤加语和马绍尔语n,阿杰语ɲ等。试比较:

	莫图	汤加	马绍尔	阿杰
喝	inu	inu	—	—
吃	ani	—	kan	—
母亲	sina	—	tʃinen	ɲaɲa

原始美拉—密克罗尼西亚语*ŋ,莫图语丢失,汤加语、马绍尔语ŋ。试比较:

	莫图	汤加	马绍尔	阿杰
嘴	udu	ŋutu	lɔŋi	—
耳朵	taia	teliŋa	lɔtʃilŋi	—

(6) *l 和 *ḷ

原始美拉—密克罗尼西亚语*l,莫图语、汤加语和马绍尔语l,阿杰语r。试比较:

	莫图	汤加	马绍尔	阿杰
去	lao	ʔalu	—	—
炭	guma	malala	mælle	—
舌头	mala	ʔelel	lo	kuřume
耳朵	taia	teliŋa	lɔtʃilŋi	—

原始美拉—密克罗尼西亚语*ḷ,莫图语、汤加语 l,马绍尔语ḷ,阿杰语 j。试比较:

	莫图	汤加	马绍尔	阿杰
苍蝇	lao	laŋo	lɔŋ	—
太阳	—	laʔā	aḷ	—
路	dala	hala	iaḷ	kājo

(7) *r 和 *ɽ

原始美拉—密克罗尼西亚语 *r,莫图语 r,汤加语 l,马绍尔语 r,阿杰语 ř 等。试比较：

	莫图	汤加	马绍尔	阿杰
水	ranu	—	ræn	řʌ̃
血	rara	—	ra	wařa
骨头	turia	hui	ri	—
狗	—	ʔulĭ	kiru	—
扔	—	lĭ	kar	virai

原始美拉—密克罗尼西亚语 *ɽ,莫图语 r,汤加语丢失,马绍尔语 ɽ,阿杰语 r 等。试比较：

	莫图	汤加	马绍尔	阿杰
甲板	reirei	—	ɽæ	pãřẽ
睡	mahuta	mohe	mætʃuɽ	kuřu
生活	mauri	moʔui	mɔuɽ	mɔřu

(8) *s 和 *v

原始美拉—密克罗尼西亚语 *s,莫图语 s,马绍尔语 tʃ。试比较：

	莫图	汤加	马绍尔	阿杰
星星	hisiu	fetuʔu	itʃu	—
牙齿	ɩse	—	ŋi	—
河	sinaβai	—	—	—

"星星",波那佩语 usu。

"牙齿",达阿语 ŋisi。莫图语 ise < *ŋise。

"河",阿卡拉农语 subaʔ。莫图语 sinaβai < *s-in-ava-i。

原始美拉—密克罗尼西亚语 *r,莫图语 r,汤加语 l,马绍尔语 r,阿杰语 ř 等。试比较：

	莫图	汤加	马绍尔	阿杰
独木舟	—	—	wa	kaṙavā
去	—	lī	—	virai

"去",排湾语 vərits。

2. 原始美拉—密克罗尼西亚语的元音

a e i ə u

(1) *a

原始美拉—密克罗尼西亚语 *a,莫图语 a,汤加语 a 和 e,马绍尔语 a、æ 和 o 等,阿杰语 a、ʌ 等。试比较:

	莫图	汤加	马绍尔	阿杰
一	ta	taha	—	r̃a
二	rua	ua	ɽuo	kaṙu
眼睛	mata	mata	mætʃ	piɛmɛ
水	ranu	—	ræn	r̃ʌ
舌头	mala	ʔelelo	lo	kuṙume
父亲	tama	tamai	tʃeman	—

(2) *e

原始美拉—密克罗尼西亚语 *e,莫图语 e,汤加语 e,马绍尔语 ɛ 等,阿杰语 e 等。试比较:

	莫图	汤加	马绍尔	阿杰
女人	hahine	feine	—	kãmɔbʷɛ
蝴蝶	kaubebe	pepe	pʷappʷipʷ	jimãbi
死	mase	mate	mætʃ	me
甲板	reirei	—	ræɽ	pārē
重	metau	—	—	jẽ

(3) *i

原始美拉—密克罗尼西亚语*i,莫图语 i、u 等,汤加语、马绍尔语和阿杰语 i 等。试比较:

	莫图	汤加	马绍尔	阿杰
尾巴	iu	iku	—	—
他(她)	ia	ia	—	—
耳朵	taia	teliŋa	lɒtʃlŋi	—
骨头	turia	hui	ri	ɟū
三	toi	tolu	tʃilu	kariɾi

(4) *ə

原始美拉—密克罗尼西亚语*ə,莫图语 o,汤加语 o,马绍尔语和阿杰语 i、ʌ 等。试比较:

	莫图	汤加	马绍尔	阿杰
三	toi	tolu	tʃilu	kariɾi
云	ori	ʔao	kʌrɒ	kɔ
肚脐	hudo	pito	pʷitʃen	bʷixā
苍蝇	lao	laŋo	lɒŋ	—
树皮	kopi	kiliʔi	kilwʌr	—

(5) *u

原始美拉—密克罗尼西亚语*u,莫图语、汤加语 u,马绍尔语和阿杰语 u 等。试比较:

	莫图	汤加	马绍尔	阿杰
羽毛	hui	fulufulu	kōḷ	pūɾū
鳞	una	ʔuno	—	—
嘴	udu	ŋutu	—	—
动物	manu	manu	—	—
生活	mauri	moʔui	mɔuɾ	mɔɾu

3. 原始美拉—密克罗尼西亚语的前缀和后缀

(1)前缀

I. 前缀 *ba-

*b-是原始美拉—密克罗尼西亚语的使动前缀。如：

"死"，莫图语 mase，汤加语 mate，马绍尔语 mætʃ，阿杰语 me，原始美拉—密克罗尼西亚语 *mate。"杀"，莫图语 ha-mase-a，汤加语 tā-mateʔi，西斐济语 βa-mase，罗维阿那语 tavamate，原始美拉—密克罗尼西亚语 *ba-mate。（莫图语 ha < *ba）

"外面"，西斐济语 rārā。"分开"莫图语 ha-parara-ia。

II. 前缀 *ma-

*ma-是原始美拉—密克罗尼西亚语的不及物动词的前缀。

"睡"，汤加语 mohe，马绍尔语 mætʃuɽ，阿杰语 kuřu，原始美拉—密克罗尼西亚语 *ma-ṯiḻa。

"吃"，莫图语 ani-a，马绍尔语 mʷʌŋæ，原始美拉—密克罗尼西亚语 *ma-ŋani。

*ma-又是形容词的前缀。如：

"好"，汤加语 lelei，波纳佩语 mʷāu，罗地语 ma-lole，原始美拉—密克罗尼西亚语 *ma-luli。

"小"，莫图语 maraɣi，马绍尔语 rik，波纳佩语 ṯikiṯiki，原始美拉—密克罗尼西亚语 *m-ariki。

"红"，莫图语 kakakaka，吉立威拉语 maraka-na，汤加语 kulokula，西斐济语 dradrā，嫩戈内语 ḍitʃaḍitʃa，波那佩语 weiṯāṯa，原始美拉—密克罗尼西亚语 *ma-karu，*ma-ḍaṯa。

III. 前缀 *s-

*su-是原始美拉—密克罗尼西亚语把动词变为名词的前缀。

如：

	罗图马语	萨摩亚语	阿杰语
里面	—	—	rɔ
进入	suru	ulu	vi ru

罗图马语 su-是古前缀的遗存。

(2)后缀

I.后缀*-an

*-an 是原始美拉—密克罗尼西亚语名词的后缀,如：

"月亮",莫图语 hua,汤加语 māhina,阿杰语 vaŕui,原始美拉—密克罗尼西亚语*bula-na。

"肚脐",考龙语 emtun,汤加语 pito,莫图语 hudo-na。

"体毛",汤加语 fulufulu,波那佩语 wine,南密语 pun。

II.后缀*-ne

*-ne 是原始美拉—密克罗尼西亚语关于人的后缀。如：

"女人",莫图语 hahine,汤加语 fefine,基里巴斯语 te aine,原始美拉—密克罗尼西亚语*babi-ne。

"男人",莫图语 tau(复数 tatau),汤加语 taŋata,东斐济语 taŋane,原始美拉—密克罗尼西亚语*taŋa-ne。

4.原始美拉—密克罗尼西亚语核心词

根据以上的讨论构拟原始美拉—密克罗尼西亚语 100 核心词如下。原始美拉—密克罗尼西亚语以 PMM 来代表。

(1)自然事物

"太阳",莫图语 dina,汤加语 laʔā,马绍尔语 aḷ,阿杰语 mẽxa。

东斐济语"太阳"mata-na-siŋa(天的眼睛)。PMM *siŋat, *aḷa。①

"月亮",莫图语 hua,汤加语 māhina,阿杰语 varui, PMM *bula-na。

"星星",莫图语 hisiu,汤加语 fefuʔu,马绍尔语 itʃ, PMM *bituk。

"水",莫图语 ranu,马绍尔语 ræn,阿杰语 r̃ʌ, PMM *ranam。汤加语 vai,拉格语 wai,梅柯澳语 vei, < *vai。

"雨",莫图语 medu,汤加语 ʔuha,马绍尔语 wət,阿杰语 kʷa (< *ka-bʷud), PMM *muda。

"石头",莫图语 papapapa(岩石),阿杰语 peja, PMM *peḷa。

"沙子",汤加语 ʔoneʔone,拉格语 one;马绍尔语 pʷok,大瓦拉语 bubu。 PMM *əne, *buk。

"土",莫图语 tano;汤加语 kelekele,斐济语 gele,阿杰语 ɟʌ, PMM *ḍele。

"云",汤加语 ʔao,马绍尔语 kʌrɒ,阿杰语 kɔ,罗杜语 aoŋa, PMM *karaŋi。

"火",莫图语 lahi,汤加语 afi, PMM *labi。比较他加洛语"火焰"ālab,鲁凯语 kəḷabi。

"烟",莫图语 kʷalahu,汤加语 ʔahu,斐济语 kobulu, PMM *kulabu。

"灰烬",莫图语 kahu,汤加语 efuefu,东斐济语 draβusā,阿杰语 dɛ̀,科木希 dɛ́p, PMM *dabu-sa。

"山",莫图语 ororo,罗维阿那语 togere,阿杰语 gʷẽwɛ, PMM

---

① *siŋa"太阳、白天", *aḷa"阳光强射,热"。

*gere。

"夜",汤加语 pō,斐济语 boŋi,马绍尔语 pʷɔŋ,阿杰语 bʷē, PMM *beŋi。

"路",莫图语 dala,汤加语 hala,马绍尔语 ial̯,阿杰语 kajɔ,嫩戈内语 ntʃedan,PMM *kal̯an。

(2)身体部位

"头",马绍尔语 pʷaȴ,阿杰语 gʷa,PMM *ka-paɽa。

"头发",莫图语 hiu-na,西斐济语 βulu,阿杰语 pŭrŭ gʷã,PMM *bulu paɽa。

"眼睛",莫图语 mata,汤加语 mata,马绍尔语 mætʃ,PMM *mata。

"鼻子",莫图语 udu(眼睛、鼻子),汤加语 ihu,塔几亚语 ŋudu, PMM *ŋudu。

"耳朵",莫图语 taia,汤加语 teliŋa,马绍尔语 lɒtʃilŋi,PMM *teliŋa。

"嘴",汤加语 ŋutu,马绍尔语 lɔŋi,PMM *ŋudu。

"牙齿",莫图语 ise-na,马绍尔语 ŋi;汤加语 nifo。PMM *ŋise,* nipu。

"舌头",莫图语 mala-na,汤加语 ʔelelo,马绍尔语 lo,PMM *mela。

"脖子",莫图语 gado-na(喉咙),阿杰语 kʷɛgŭrŭ,PMM *garu。

"手",莫图语 ima,汤加语 nima,东斐济语 liŋa,PMM *lima。

"乳房",汤加语 sᴜsᴜ,东斐济语 suðu;马绍尔语 ninnin,吉立威拉语 nunu。PMM *susu,* nunu。

"脚",莫图语 ae-na,汤加语 vaʔe,罗图马语 lā,PMM *bale。

"皮肤",莫图语 kopi-na,萨摩亚语 paʔa;汤加语 kili,马绍尔语 kil,阿杰语 kāřā。PMM *palu, *kuli。

"胃",汤加语 kete,马绍尔语 cɛ,嫩戈内语 ete,PMM *kete。

"心",马绍尔语 menono,阿杰语 nenã,PMM *menu。

"肝",莫图语 ase-na,汤加语 ʔate,PMM *ate。

"骨头",莫图语 turia-na,汤加语 hui,马绍尔语 ri,波那佩语 ţī,PMM *ţuria。

"膝盖",莫图语 tui-na,汤加语 tui,塔希提语 turi,PMM *turi。

"血",莫图语 rara-na,斐济语 drā,马绍尔语 ra,波那佩语 nţa,嫩戈内语 ḑa,PMM *ḑura。

"肌肉",梅柯澳语 kiki(肉),汤加语 kakano,PMM *kanu。

(3)动植物

"鸟",莫图语 manu,汤加语 manu(动物),塔希提语 manu,南密语 manik,PMM *manuk。

"鱼",汤加语 ika,马绍尔语 ɛk,阿杰语 ẽwã,PMM *ika。

"狗",莫图语 sisia,汤加语 kulī,马绍尔语 kiru,罗维阿纳语 si-ki,PMM *sikuli。

"虱子",莫图语 utu,汤加语 kutu,马绍尔语 kitʃ,kuɾɯ,PMM *kutu。

"树",莫图语 au,汤加语 ʔakau,萨摩亚语 lāʔau,波那佩语 ţūke,阿杰语 kẽ,PMM *kaʔu。

"种子",罗图马语 hula,拉巴努伊语 karu,马绍尔语 kʷʌle,PMM *kalu。

"叶子",莫图语 rau,汤加语 lau,西斐济语 rau,PMM *raʔu。

"根",汤加语 aka,马绍尔语 okaŗ,阿杰语 kʷa(< *ka-bʷud),

PMM *muda。

"肉",诸语或与"肌肉"同。有的语言中的叫法是后起的,如,萨摩亚语"肉"fasi-povi(牛的一块),东斐济语 lewe-ni-manumanu(动物的肉)。

"油脂",梅柯澳语 ŋaʔa(油);拉巴努伊语 mori,巴马语 amur。PMM *ŋaku,*muri。

"蛋",莫图语 ɣatoi,梅柯澳语 aoi,波那佩语 kuʈōr;马绍尔语 lɛp,罗图马语 kalupi。PMM *guʈori,*kalupi。

"角",莫图语 doa-na,吉立威拉语 doga。南密语 toɣi le bʷa-n(头上的铁)。

"尾巴",莫图语 iu-na,马绍尔语 ḷokʷan,PMM *ḷiku。

"毛""羽毛",莫图语 hui,汤加语 fulufulu,阿杰语 pūrū,PMM *bulu。

(4)动作和感觉

"吃",莫图语 ani-a,马绍尔语 mʷʌŋæ,PMM *ŋani。

"喝",莫图语 inu-a,汤加语 inu,波那佩语 nim,PMM *inum。

"咬",汤加语 uʔu,马绍尔语 kitʃ,阿杰语 kuxu,PMM *kiʈa。

"说",南密语 pala,塔希提语 parau,吉立威拉语 liβala,PMM *pala。

"看见",莫图语 ita,塔希提语 ʔite;汤加语 ʔilo、sio,马绍尔语 lo。PMM *ita,*silu。

"听见",梅柯澳语 e-loŋo,汤加语 fanoŋo,阿杰语 pʷēr̃ẽ,PMM *peluŋu。

"知道",马绍尔语 tʃeḷæ,东斐济语 kila-a,勒窝语 kilia,PMM *tiḷa。

"睡",汤加语 mohe,马绍尔语 mætʃuɾ,阿杰语 kuɾu,PMM *ma-tiḷa。

"死",莫图语 mase,汤加语 mate,马绍尔语 mætʃ,阿杰语 me,PMM *mate。

"杀",莫图语 ha-mase-a,汤加语 tā-mateʔi,西斐济语 βa-mase,PMM *ba-mate。

"走",汤加语 ʔalu,波那佩语 alu;阿杰语 vāɾā,波那佩语 sapal(外出),萨摩亚语 savali。PMM *alu,*sapali。

"飞",波那佩语 pīr,罗杜马语 fere,罗维阿纳语 tapuru,PMM *piru。

"游泳",梅柯澳语 e-ŋau,东斐济语 galo,马绍尔语 aʌ,PMM *ŋalu。

"来",莫图语 mai,东斐济语 lako mai,拉巴努伊语 oho mai,PMM *mai。

"坐",汤加语 tokoto(躺下),马绍尔语 tʃitʃet,阿杰语 cuɛ,PMM *tutat。

"站",马绍尔语 tʃuɾək,罗维阿纳语 turu,PMM *tuɾuk。

"躺(下)",莫图语 he-kure,阿杰语 kuɾu,PMM *kuru。

"给",马绍尔语 le,劳语 falea,拉巴努伊语,ʔavai,PMM *bali。

"烧",莫图语 dou-a(烧草),汤加语 tutu,PMM *dutu。

"燃烧",汤加语 vela,马绍尔语 pʷaⁱ(发烧),PMM *bela。

(5)状态

"新",马绍尔语 kǣl,嫩戈内语 kabe,塔希提语 ʔāpī,PMM *kabela。

"好",汤加语 lelei,波纳佩语 mʷāu,罗地语 ma-lole,PMM

*ma-luli。

"热",汤加语 vela,萨摩亚语 vevela,马绍尔语 p^{w}il,PMM *bela。

"冷",莫图语 keru,梅勒斐拉语 makariri,阿杰语 kiεo,PMM *ma-kiri。

"满",莫图语 honu,汤加语 fonu,南密语 punuk,PMM *punuk。

"干燥",西斐济语 maðamaða,塔希提语 marō,阿杰语 meri;罗杜马语 mamasa,波纳佩语 mat,哈拉朱乌语 mʌtʌ。PMM *mali,*ma-mata。

"红",莫图语 kakakaka,吉立威拉语 maraka-na;汤加语 kulokula,西斐济语 drādrā,嫩戈内语 ɖitʃaɖitʃa,波那佩语 weitāta。PMM *ma-karu,* ma-ɖata。

"黄",莫图语 laboralabora,吉立威拉语 bābobo;汤加语 eŋeŋa,波那佩语 ɔɻpn。PMM *labura,* uŋe。

"白",莫图语 kurokuro,梅柯澳语 kelo,塔希提语 ʔuoʔuo;东斐济语 βulaβula,西斐济语 buðo,南密语 polu,波纳佩语 p^{w}etep^{w}ete。PMM *kelu,* buḷa。

"黑",莫图语 korema,基里巴斯语 rorō,罗图马语 kele,PMM *kure。

"大",东斐济语 leβu,马绍尔语 ḷap,波纳佩语 lap,PMM *ḷepu。

"小",莫图语 maraɤi,马绍尔语 rik,波纳佩语 ṭikiṭiki,PMM *m-ariki。

"长",梅勒斐拉语 tōtoe,马绍尔语 actok,PMM *tuke。

"多",马绍尔语 kupʷɔɽpʷɔɽ,阿杰语 põřõ,PMM *pulu。

"圆",莫图语 kuboruboru,塔希提语 porotaʔa(圆圈),瓜依沃语 rupu,PMM *buru。

(6)其他

"一",莫图语 ta,汤加语 taha,阿杰语 r̃a,PMM *tasa。

"二",莫图语 rua,汤加语 ua,斐济语 rua,马绍尔语 ɽua,阿杰语 kařu,PMM *ɽua。

"我",莫图语 lau,汤加语 au,斐济语 jau,马绍尔语 ŋa,玛南语 ŋau,PMM *ŋalu。

"我们",莫图语 ita,罗图马语 ʔisa,马绍尔语 kətʃ,PMM *ita。

"你",莫图语 io,斐济语 iko,马绍尔语 jɔk,PMM *iku。

"这",莫图语 inai,PMM *inai。

"那",莫图语 enai,PMM *enai。

"谁",大瓦拉语 ijai,汤加语 hai,基里巴斯语 antai,PMM *atai。

"什么",汤加语 hā,马绍尔语 ta-ɛt,南密语 ta,PMM *ta。

"人",吉立威拉语 tomota,东斐济语 tamata,阿杰语 kãmɔ,PMM *tamuta。

"女人",莫图语 hahine,汤加语 fefine,基里巴斯语 te aine,PMM *babi-ne。

"男人",莫图语 tau(复数 tatau),汤加语 taŋata,东斐济语 taŋane,PMM *taŋa-ne。

"不",汤加语 ʔikai,西斐济语 sikai,拉格语 siɣai,波那佩语 sō,PMM *siɣai。

"名字",莫图语 lada,瓜依沃语 lata,马绍尔语 at,南密语 jat,

PMM *lata。

"箭",马绍尔语 lippɒŋʷ(弓、箭),梅勒斐拉语 fana(弓),嫩戈内语 penḁ(弓),PMM *pana。

"针",莫图语 kobi,南密语 du-bʷek(骨针);梅柯澳语 lameo(竹针),PMM *bek。

第七章　南岛语的分类和构拟

一　南岛语语音差异的解释

1. 邹—卑南语语音比较

布拉斯特以《台湾南岛语语音的发展》为题列表说明台湾南岛诸语的语音对应关系，现摘要如下：①

原始南岛	p	t	C	k	q	b	d	z	j	G	m	n	N	ñ	N	s	S	l	r	R
卑南	p	t	T	k	H	v	z	z	d	h	m	n	l	l	ŋ	s	ø	r	R	R
阿美斯	p	t	t	k	ʔ	f	r	r	n	—	m	n	d	d	ŋ	c	s	l	—	l
排湾	p	t	j	ts	k	q	v	dj	dj	d	g	m	n	L	L	ŋ	t	s	l	—	ø
							z	z												r
							ḍ	ḍ												

---

① Robert Blust, *Subgrouping, Circularity and extinction: Some Issues in Austronesian Comparative Linguistics*. Selected Papers from the Eighth International Conference on Austronesian Linguistics.

赛夏	p	t	t	k	ø	v	s	d	n	—	m	n	l	l	ŋ	s	g	r	—	g
邵语	p	t	c	k	q	f	s	s	z	—	m	n	l	l	ŋ	h	sh	L	—	lh
布农	p	t	t	k	q	b	d	d	ø	k	m	n	n	n	ŋ	ø	s	s	r	r
邹语	p	t	c	ʔ	ø	ø	c	c	ø	k	m	n	h	n	ŋ	ø	s	r	r	r
原始鲁凯	p	t	c	k	ø	b	D	d	g	g	m	n	l	—	ŋ	θ	s	L	—	ʔø

(1) 塞音的对应关系

布拉斯特为原始南岛语构拟了 *c(ts)，邹语、鲁凯语、排湾语中为 ts，卑南语中为 t，赛夏语等为 t，原始邹—卑南语当为 *t。*t 在布农语中与 *t 合并，在邵语中成为 θ，赛夏语中成为 s。语音演变的一般趋势是塞音易变为塞擦音。另外，卑南语和鲁凯语音系中 ɖ 的存在和对应也是值得注意的。前面我们已经指出，原始邹—卑南语 *ɖ 一般在邹语中演变为 *r，然后丢失。上表没有反映这一情况。台湾学者何大安、杨秀芳为原始南岛语构拟了 *ɖ 和 *ʈ，较为合理。

上表还反映了邹语塞擦音 c(ts) 的多种对应关系。对应于鲁凯语 *c、*D(ɖ)、d，卑南语 ʈ 和 z。这是由于原始邹—鲁凯语的 *ɖ 和 *d 在邹语的少数词中清化成为 ts。如 "肚脐"，邹语 putsəku，鲁凯语 ʔəkə，卑南语 pudək，泰雅语 pugaʔ，原始南岛语 *pudək。*ɖ 由于后面的 *-k 成为泰雅语的 g。"地"，邹语 tseoa，鲁凯语 daədaə，卑南语 darəʔ，原始南岛语 *darəq。

"劈"，邹语 aatsəʔohu，鲁凯语 butsuku，卑南语 mətəkab。邹语、鲁凯语 ts 对应于卑南语 t，原本可能是 *ʈ。

(2) 鼻音的对应关系

邹语的 h 布拉斯特解释为来自原始南岛语的小舌鼻音 *N。邹语达邦方言 h 对应于沙阿鲁阿语 ɖ, 卡那卡那富语 n, 排湾语或为 n。前面我们已经把邹语的这个音解释为来自邹—鲁凯语和邹—卑南语的 *ŋ, 原始南岛语 *n。邹—卑南语中 *ŋ 的产生仍是有条件的。如"水",上文将原始邹—卑南语的形式构拟为 *dəŋum, 原始南岛语的形式笔者拟为 *danum。李壬癸认为其原始南岛语为 *N,何大安、杨秀芳认为来自 *lj。"水"的原始南岛语的形式何大安构拟为 *jaljum。

巴则海语小舌鼻音 N 对应于卑南语 ŋ、邵语 n 和泰雅语 ŋ,如:

	巴则海	卑南	邵语	泰雅	马绍尔
苍蝇	raNaw	ŋaŋalaw	ranaw	ŋeliʔ	lɑŋ
哭	maNit	maţaŋis	θəmanit	ŋilis	tʃaŋ
名字	laNat	ŋalad	ɬanað	—	—
鼻子	muziN	tiŋran	muðin	—	—

显然巴则海语 N 来自 *ŋ。

(3)擦音的对应关系

邹语和布农语的 s 与其他语言有不同的对应关系,如阿美斯语有 ʃ 和 tʃ 的对应。或认为卑南语中丢失的是原始南岛语的 *ʃ。

	卑南	阿美斯	布农	鲁凯	原始南岛(布氏)
舌头	səmaʔ	ʃəma	maʔmaʔ	—	*ʃema
乳房	susu	tʃutʃu	—	θuθu	*susu
一	sa	tʃətʃaj	tasa	əs	*esa
二	ɖua	tuʃa	dusa	ɖusa	*duʃa
狗	suan	watʃu	asu	—	*asu

*s- 是古南岛语的前缀,仍活跃在后来的一些语言中。"舌头"

一些语言的*s-可能是后起的。暂认为不同的表现有共同的来历。

布拉斯特原始南岛语*ʀ(ʁ),阿美斯语中为l,鲁凯语为r,原始邹语支语言中也是*r。如:

	阿美斯	鲁凯	卑南	布农	原始南岛(布氏)
根	lamit	—	rami	ɬamis	*ʁamets
给	pafəli	baaj	bəraj		*beʁaj
雷	kakələŋ	dərebər	dəruɲ	—	—

我把它构拟为*ɣ。因为在泰雅语、他加洛语中这个音表现为g。辅音系统总是优先舌根音,而不是小舌音。较少有语言没有舌根擦音而采用小舌擦音(如巴则海语中用ɴ代替ŋ)。

2.泰雅—赛夏语语音比较

布拉斯特表中泰雅语的语音对应关系为:①

原始南岛	p	t	C	k	q	b	d	z	j	G	m	n	N	ñ	N	s	S	l	r	R
原始泰雅	p	t	c	k	q	b	d	d	g·	—	m	n	l	l	ŋ	h	s	l	r	—	g
赛夏	p	t	t	k	ø	v	s	d	n	—	m	n	l	l	ŋ	s	g	r	—	g
布农	p	t	t	k	q	b	d	d	ø	k	m	n	n	n	ŋ	s	s	r	r	r
巴则海	p	t	s	k	ø	b	d	d	z·	—	m	n	l	l	ŋ	z	s	r	—	x
邹语	p	t	c	ʔ	ø	f	c	c	ø	k	m	n	h	n	ŋ	s	s	r	r	r
原始鲁凯	p	t	c	k	ø	b	D	d	g	g	m	n	l	—	ŋ	θ	s	L	—	ʔ
									ø											

原始泰雅语的辅音是李壬癸构拟的(1981)。布拉斯特认为g·

---

① Robert Blust, *Subgrouping, Circularity and extinction: Some Issues in Austronesian Comparative Linguistics*. Selected Papers from the Eighth International Conference on Austronesian Linguistics.

(gɦ)应构拟为 j。①

(1)塞音的对应关系

I. 前面我们已经提到泰雅语赛考利克方言 s 对应于泽敖利方言 ʃ 和 tʃ,赛德克语 ts 和 s,< *t̪ 和 *s。如:

	赛考利克	赛德克语	鲁凯语	布农语
劈	səbəkaʔ	pusutsax	butsuku	timpuslaʔ
回答	siʔuk	tsumijuh	—	—
中间	səbəkaʔ	tseka	kabətsiaka	—
熊	—	sumai	tsumaj	tumaj
船	qasuʔ	ʔasuʔ	—	χatu
梦	spiʔ	sepi	siʔi	taisaχ
闻	sɔk	sumukenux	—	sakun
今天	sɔniʔ	sajaʔ	kaijasaa	
哭	ɲilis	luminis		taŋis

II. 赛考利克方言 g 对应于泽敖利方言 ɣ,赛德克语 g,赛夏语 ḻ 和 z,< 原始泰雅—赛夏语的 *ɣ 和 *g。原始邹—卑南语 *ɖ,鲁凯语、卑南语 r,布农语 ɖ(参见上文)。

	赛考利克	赛德克	赛夏	卑南	沙阿	邵语
根	gamil	gamil	ḻaməs	rami	ramii	ɖamiθ
炭	bagah	bawah	bizoʔ	—	varaʔa	rabu
蟹	kəhəkagaŋ	kalaŋ	kaḻaŋ	garaŋ	—	qaɖan

原始泰雅—赛夏语和原始邹—卑南语有 *ɣ 和 *g 的对立。原始泰雅—赛夏语的 *ɣ 演变为泽敖利方言 ɣ,赛德克语 g,赛夏语 ḻ 和 z。

---

① Robert Blust, *Subgrouping, Circularity and extinction: Some Issues in Austronesian Comparative Linguistics*. Selected Papers from the Eighth International Conference on Austronesian Linguistics.

III. 赛考利克方言的 ts 对应于泽敖利克方言和赛德克语 t，赛考利克方言 ts < *t，条件为后随高元音 i。如：

	赛考利克	泽敖利	赛德克	鲁凯语
盐	tsimux	timu?	timu	timu
编	tsinun	t-um-inuq	tuminun	tinunu
屎	qutsi?	—	quti	tsaki

少数情况下 ts < *t。

(2) 鼻音的对应关系

布拉斯特的看法是原始南岛语的小舌鼻音成为泰雅语的 *l，对应于邹语 h 和布农语的 n。如：

	赛考利克	赛德克语	邹语	布农语
老鼠	qoli?	qolit	buhətsi	—
白	luhuŋ	duhuŋ	suhəŋu	nusuŋ
短	letuŋ	—	nanɯhətɯ	maputul
雷	bisuw	buluwa	—	biɬva

这个音在邹—卑南语中也是受前后辅音的影响成为 *ŋ。"老鼠"原始南岛语 *niț，"白"*suɭuŋ，"短"*ma-puɭətuŋ，"雷"*biɭuwa。

(3) 擦音的对应关系

前面我们已经讨论过泰雅语 h < 泰雅—赛德克共同语 *h < 原始泰雅语 *s 和 *ț。而卑南—布农语中 *t 与 *ț 仍对立，*ț 卑南语中仍为 ț，布农语中与 *t 合并，在邵语中成为 θ。

泰雅语赛考利克方言 z 对应于赛德克语 r 或 j，< 原始泰雅语 *r。如：

	赛考利克	赛德克语	邹语	布农语	鲁凯语
吹(火)	zi?up	—	—	maip	i?i
左	gəzil	?iril	veina	aviɬi	viri
猪(野猪)	bəzi?k	bojak	feɯɯ	babu	bəək

泰雅语赛考利克方言 r 对应于赛德克语 d，< 原始泰雅—赛夏语 *d。如：

	赛考利克	赛德克语	排湾语	布农语
血	ramuʔ	daraʔ	dzamuq	—
手指	turiŋ	tuludiŋ	tsaludzuqan	tanuduχʔima
月亮	—	idas	qilas	
二	—	daha	dzusa	dusa

3. 马来—他加洛语语音比较

(1) 塞音的对应关系

布拉斯特等学者认为台湾省以外的南岛语中原始南岛语的 *ts 和 *t 合并。我认为这个 *ts 应构拟为 *t，而且 *t 和 *t 的合并不同语族中都有发生。

马来语支的爪哇语和马都拉语各自的系统有 ṭ 和 k 的对立，试比较不同语族之间的对应关系：

	爪哇语	印尼语	汤加语	排湾语
少	siṭiʔ	sədikit	siʔi	satsəqal（轻）

	爪哇语	印尼语	嫩戈内语	马绍尔语
秃顶	bɔṭaʔ	botak	baɖi	pilʌl

"轻"，卑南语 kaṭakal，"少"泰雅语赛考利克方言 tsikaj。赛考利克方言 ts < *t，条件为后随元音 i。赛考利克方言 s 对应于泽敖利方言 ʃ 和 tʃ，赛夏语 s 和 ʃ，< *t-（参见上文）。

"秃顶"，马都拉语 bɦuṭak。

	爪哇语	印尼语	马达加斯加语	邹语
天	laŋit	laŋit	laniʳa	ŋatsa
闪电	ṭaṭit	kilat	tselaʳa	ɭakatsə（鲁凯）

皮	kulit	kulit	huditʳa	qalits(排湾)
死	mati	mati	mati	mətsoi

爪哇语和印尼语中当构拟为 *t(布拉斯特*ts)的 t 马达加斯加语中或为 tʳ。我们不能简单地断定在台湾以外的南岛语中 *ts 和 *t 合并。不同语族间 *t 的对应关系是较复杂的，造成这种关系的原因应是古方言的接触。

关于 *ɖ，试比较：

	爪哇语	马都拉语	马达加斯加语	鲁凯语
雷	blədək	ghaluɖɦuk	-baratʳa	dərədərə
小勺	sendɔʔ	sinɖuʔ	suʈʳu	kiɖiŋ

这种对应关系表明应为原始南岛语构拟 *ɖ。

(2)鼻音的对应关系

台湾学者强调："要是拿台湾南岛语和'马玻语支'来比较，我们倒可以立刻辨认出两条极重要的音韵创新。"原始南岛语 '*c:*t' '*lj:*n'在马玻语支中分别合并为't'和'n'。"[①] 在其同源词表中构拟原始南岛语的"雨"* qudalj，"水"* jaljum 和"游泳"*ljaŋuj。试比较：

	鲁凯	卑南	布农	印尼	爪哇语
游泳	laŋuj	təmalasu	—	rənaŋ	ŋ-laŋi
水	—	ʔənaj	danum		banu
雨	udal	ʔudal	χudan	hudʒan	udan
灰烬	—	təmbul	punu	abu	awu
肚子	—	tial	tian		

显然爪哇语"游泳"ŋ-laŋi 以 -l- 与鲁凯语等的 l- 对应。"灰

---

① 何大安、杨秀芳"台湾南岛语言"丛书导论。

烬",分布在苏拉威西东南部的窝里沃语(Wolio)walo。这个词早期应是*-l尾,读作*bul,稍晚的方言中曾发生*-n的替代。爪哇语和窝里沃语的个别现象应是底层表现。

"儿子",泰雅语 laqiʔ,鲁凯语 lalak,卑南语 walak,雅美语 anak,印尼语 anak laki-laki,马都拉语 anaʔ lakiʔ。"男人",印尼语 laki-laki,马都拉语 lakiʔ。原始南岛语的"男孩子"*laki,在古方言中分化为*laki"男人"和*naki"孩子"两个词,马来—他加洛语中用复合词"孩子""男的"表示"儿子"。台湾的古方言中"男人"用另外的词。并非台湾以外的南岛语中*lj与*n合并。

邹—卑南语的*ɲ来自原始南岛语的*ŋ和*n。试比较:

	原始泰雅	邹—卑南	马来—他加洛	美拉—密克罗	原始南岛
游泳	*laŋuj	*laɲuj	*m-laŋuj	*ŋalu	*laŋuj
骨头	—	*ʈulaɲ	*tulaŋ	*ʈuria	*ʈulaŋ
血	*damuq	*damuq	*daɣah	*dura	*damu-q

也许布拉斯特从邹语"游泳"euhuɲəzu 等 < *luɲuɲəj 得到信息,把原始南岛语的形式构拟为*Naŋuj。泰雅语 ŋiq,赛德克语 lumaɲij < *l-um-aɲij 表明原本中缀的 m 同化为 ŋ 后才成为 ɲ。

"旋转",赛德克语 mutunujiɲ,邹语 təmaizuhu (< *t-əm-akijuɲ),同样表明邹—卑南语的*ɲ来自原始南岛语的*ŋ。

"血",邹语 həmueu,卡那卡那富语 nimuruʔu < *ŋəmuruq。邹语的这个 ŋ 显然是从 d 变来的,原始邹—卑南语中它还是 d,由于 m 的同化先成为 n。如卑南语"血"damuk。

4. 美拉—密克罗尼西亚语语音比较

"二",莫图语、马达加斯加语 rua,马绍尔语 ɽua,阿杰语 kařu,

原始南岛语的*qusa,美拉—密克罗尼西亚的古方言中*ɖ成为*ʈ。马达加斯加语中*ʈ成为 r（如"睡"ma-turi,与马绍尔语 mætʃuɽ对应）。阿杰语、马达加斯加等语言中*r、*ʈ合并。类似情况的还有马那姆语、塔儿亚语、达密语、劳语、瓜依沃语、拉格语、汤加语、斐济语等。

原始南岛语*ḷ在美拉—密克罗尼西亚语中有ḷ和 l 两种读法,与其他语族的语言有交叉对应关系。如"耳朵",莫图语 taia,汤加语 teliŋa,马绍尔语 lɒtʃilŋi,原始美拉—密克罗尼西亚语*teliŋa。鲁凯语 tsaḷiŋa,卑南语 taŋiḷa,布农语 taŋiaʔ,原始邹—卑南语*taḷiŋa。"路",莫图语 dala,汤加语 hala,马绍尔语 iaḷ,阿杰语 kajɔ,嫩戈内语 ntʃedan,原始美拉—密克罗尼西亚语*kaḷan。邹语 tseonɯ,鲁凯语 kadaḷananə,卑南语 daḷan,布农语 dan,原始邹—卑南语*daḷan。

原始南岛语*ɣ在美拉—密克罗尼西亚语的词中通常读作 l,在词尾则丢失。如"给",马绍尔语 le,劳语 falea,拉巴努伊语 ʔavai,原始美拉—密克罗尼西亚语*bali。"给",邹语 mofi,鲁凯语 baaj,卑南语 bəraj,原始邹—卑南语*bəɣaj。印尼语 bəri,米南卡保语 bari,亚齐语 bri,他加洛语 biɡaj,原始马来—他加洛语*biɣaj。

二　南岛语的前缀、中缀和后缀

1.前缀

原始南岛语的前缀有*ma-、*pa-和*si-。

（1）前缀*ma-

*ma-是不及物动词的前缀。如:

	死	飞	游泳	来	坐
原始泰雅语	—	—	*laŋuj	*məjas	—
原始邹—卑南语	*ma-ṭaj	*ma-bili	*laŋuj	—	*ma-ɭuŋ
原始马来—他加洛语	*mataj	*lip	*m-laŋuj	*m-laj	*m-duk
原始美拉—密克罗尼西亚	*mate	*piru	*ŋalu	*mai	*tuṭat
原始南岛语	*ma-ṭaj	*ma-pili	*ma-laŋuj	*ma-laj	*ma-ɭuŋ

"游泳",梅柯澳语 e-ŋau,东斐济语 galo,马绍尔语 aʌ,原始美拉—密克罗尼西亚语 *ŋalu。"来",莫图语 mai,东斐济语 lako mai,拉巴努伊语 oho mai,原始美拉—密克罗尼西亚语 *mai。早期的 *ma-在美拉—密克罗尼西亚语"游泳"这个词中已丢失,"来"中仍保存。

*ma- 还是形容词的前缀。如:

	冷	红	白	黑	小
原始泰雅语	—	—	—	—	*tikaj
原始邹—卑南语	*ma-kəɭəṭ	*ma-daraŋ	*ma-puli	*ma-quɖam	*tikiɲaj
原始马来—他加洛语		*mirah	*putih	*hitam	*litik
原始美拉—密克罗尼西亚	*ma-kiri				*m-ariki
原始南岛语	*ma-kəliṭ	*ma-daraŋ	*ma-puliq	*ma-quɖam	*ma-tiki

(2)前缀 *pa-

*pa-是使动前缀。如,原始邹—卑南语 *pa-ṭaj,原始马来—他加洛语 *pa-taj,原始美拉—密克罗尼西亚 *ba-mate,原始南岛

语*p-atsaj(布拉斯特拟)。

(3)前缀*si-

*si-是名词和代词的前缀。如：

"油脂",原始泰雅语*siʔam,原始邹—卑南语*simaɣ,原始南岛语*si-maɣ。

"肌肉",原始泰雅语*sijiʔ,原始马来—他加洛语*asir,原始南岛语*si-ri。

"肠子",布农语siɬup,卡那卡那富语siiu,吉立威拉语sileu,原始南岛语*si-ɣup。

"指甲",卑南语ski,鲁凯语sa-kədəkədə,巴厘语səpaku。

"腰",排湾语siuts,大瓦拉语sipoli-na,窝里沃语sele。

"谁",原始泰雅语*sima,原始邹—卑南语*sima,原始马来—他加洛语*si-nuh,原始南岛语*si-ma。

*si-可能还是动词的使动前缀。如：

"烧"(及物动词),泰雅语泽敖利方言ʃi-tʃuɬiŋ(不及物动词ma-tʃuɬiŋ),雅美语aṣləbən(不及物动词miṣələṣləb),萨萨克语sulu(不及物动词ɳalə),原始南岛语*si-lab。

2.中缀

泰雅—赛夏、邹—卑南和马来—他加洛这三个支系的语言使用中缀,美拉—密克罗尼西亚支系的语言没有发现使用中缀。比较中发现美拉—密克罗尼西亚语有过类似其他南岛语那样的中缀。*-um-应是原始南岛语及物动词的中缀。

"登陆",他加洛语支中的依斯那格语dumuŋ,摩尔波格语duŋu,表明原本有中缀*-um-,词根是duŋ。斐济语东部方言udu,

拉巴努伊语 tomo,表明原来也是有中缀*-um-。

"转过",鲁凯语 wa-baḷə,摩尔波格语 balik,波拿佩语 welik,萨摩亚语 fuli,塔希提语 huri。我们可以假定原始南岛语这个词的词根是*baḷik,有过中缀*-um-。萨摩亚语和塔希提语的中缀*-u-来自这个中缀。如"女人",原始美拉—密克罗尼西亚*babi-ne,萨摩亚语 fafine,塔希提语 vahine,是没有中缀的词的元音演变情况。

3.后缀

原始南岛语的后缀有*-n 和*-q。

(1)后缀*-n

*-n 是名词的后缀。如:

"月亮",原始泰雅语*bula,原始邹—卑南语*buḷan,原始马来—他加洛语*bulan,原始美拉—密克罗尼西亚语*bula-na,原始南岛语*bula-n。

"星星",原始泰雅语*buliŋas,原始邹—卑南语*bituqan,原始马来—他加洛语、原始美拉—密克罗尼西亚语*bitik,原始南岛语*bituq-an。

"路",原始泰雅语*raḷa-n,原始邹—卑南语*dalan,原始马来—他加洛语*dalan,原始美拉—密克罗尼西亚*kaḷan,原始南岛语*daḷa-n。

(2)*-q

*-q 是名词的后缀。如:

"土",原始邹—卑南语*darəq,原始美拉—密克罗尼西亚*ḍele,原始南岛语*ḍarə-q。

"舌头",原始泰雅语*səma,原始邹—卑南语*səmaʔ,原始南岛语*səma-q。

"血",原始泰雅语、原始邹—卑南语*damuq,原始南岛语*damu-q。

三 南岛语的分类

参考南岛语诸家的分类,根据我们前面讨论过的不同语组发生过的历史演变,我们重新对南岛语进行分类。

1.南岛语系的不同语族

根据现代南岛语的情况,我们可以认为,现存的南岛语分别来自古南岛语的四种古方言,这四种古方言不断的分化成为今天四个语族的语言。

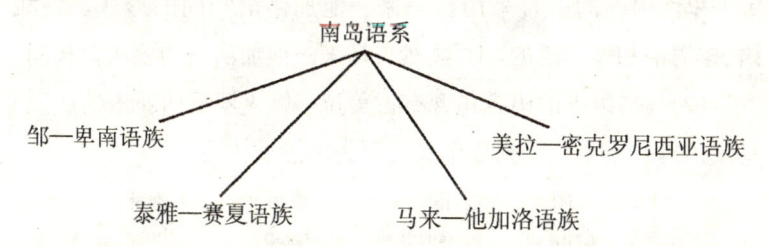

```
                   南岛语系
         ┌──────────┼──────────┐
   邹—卑南语族                    美拉—密克罗尼西亚语族
       泰雅—赛夏语族      马来—他加洛语族
```

原始南岛语的*t在泰雅—赛夏共同语中先与*s合并,然后成为泰雅语 h,卑南语中仍为 t,布农语中与*t合并,在邵语中成为 θ。邹—鲁凯共同语经历了*t>*ts 的历史。美拉—密克罗尼西亚语早期受马来—他加洛语的影响,多数词中的*t 变成*t。原始南岛语的*s 对应于泰雅—赛夏共同语*h 和*s,其他诸语为*s。

原始南岛语的*ɖ,邹—卑南语的*ɖ,美拉—密克罗尼西亚语

或为 *ɽ。

原始南岛语的 *ḷ 对应于马来—他加洛语 *l，其他诸语 *ḷ。

原始南岛语 *ɣ 美拉—密克罗尼西亚语的词中通常读作 l，在词尾则丢失。原始邹—卑南语为 *ɖ，原始泰雅—赛夏语和原始马来—他加洛语中为 *ɣ。

(1)邹—卑南语族的祖方言在大陆时与马来—他加洛语族的祖方言有过接触，如数词系统的采用：

	四	八	九	十
泰雅语	pajat	səput	qɛruʔ	məpuw
赛夏语	ʃəpat	kaʃpat	lææʔhæʔ	laŋpəz
邹语	sɨpətɨ	voeu	sio	masəkɨ
卑南语	dua	waḷu	iwa	puḷuʔ
印度尼西亚语	əmpat	dalapan	səmbilan	sə-puluh
他加洛语	āpat	walo	siyam	sa-m-puʔ

泰雅—赛夏语族语言的"八"是以"四"为基本语素构成的，而邹—卑南语族的语言采用与马来—他加洛语相同的形式。鲁凯语、排湾语和卑南语的"十"显然与马来—他加洛语的读法曾相同。

(2)马来语支的语言包含有古美拉—密克罗尼西亚语的底层。马来语等是后来覆盖到那个底层上去的。试比较：

	太阳	雷	黑暗	泡沫
印尼语	mata ari	guruh	gəlap	busa
爪哇语	srəŋeŋe	blədɛk	pətəŋ	umpluʔ
他加洛语	āraw	kulog	dilim	bulaʔ

"太阳"，印尼语 mata ari(天的眼睛)，斐济语东部方言 mata-ni-siŋa(天的眼睛)，爪哇语 srəŋeŋe(神)对应于斐济语的 -siŋa。

"雷"，印尼语 guruh 对应于他加洛语 kulog，而爪哇语的 blədɛk 对应于大瓦拉的 palele 和勒窝语的 pʷolulu。

"黑暗"，爪哇语的 pətəŋ 对应于科木希语 píŋ 和萨摩亚语的 poŋi（变黑的）。

"泡沫"，爪哇语的 umpluʔ 对应于大瓦拉语的 polu 和阿杰语的 pʷārī。

(3)美拉—密克罗尼西亚语有马来—他加洛语的表层，是南岛人后来的移民带去的。

斐济语管太阳叫"天的眼睛"，是表层词，它们的"九"和"十"不用说是后来才有的，这一点前面已经讨论过。

我们可以把南岛语的历史分为两个主要的历史阶段。古南岛语分化的第一阶段，先分化为与今南岛诸语有关的三种古方言。其中的一种分化为泰雅—赛夏祖方言和马来—他加洛祖方言。第一阶段南岛语诸古方言的分布关系示意图：

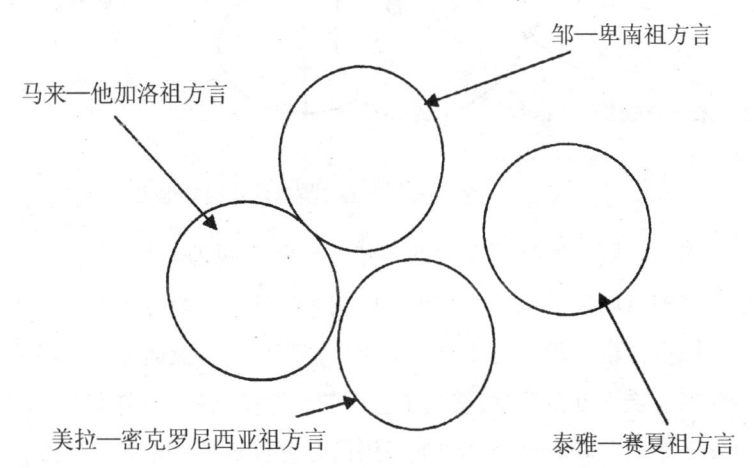

邹—卑南祖方言

马来—他加洛祖方言

美拉—密克罗尼西亚祖方言　　泰雅—赛夏祖方言

在这一阶段的后期，美拉—密克罗尼西亚祖方言迁移到太平洋海岛，泰雅—赛夏祖方言迁移到台湾地区。马来—他加洛祖方言和邹—卑南祖方言仍在大陆。图中没有表示的是这一阶段已经有古南岛人北上到辽东半岛、山东半岛等地。史书上称他们是东夷。夏商时东夷人扮演了重要的角色。在朝鲜民族的形成中他们也是重要的一支。他们的方言与泰雅人西迁以后的大陆南岛语较相近。

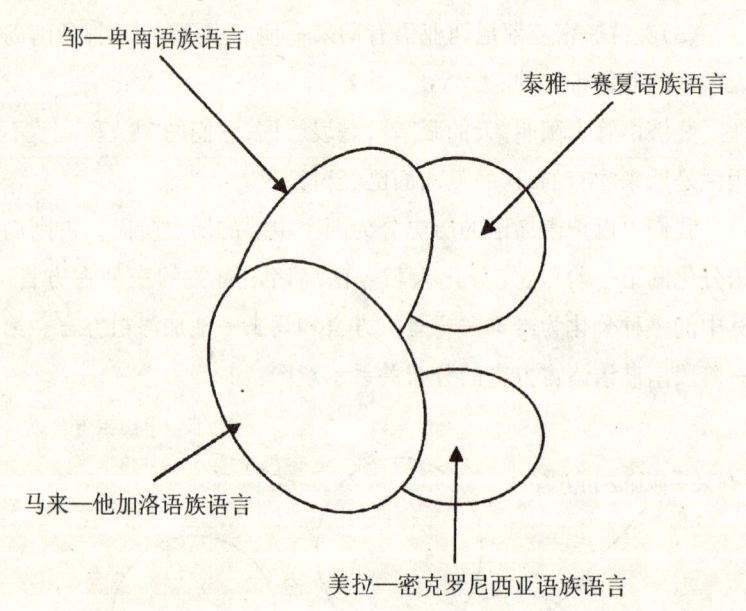

邹—卑南语族语言

泰雅—赛夏语族语言

马来—他加洛语族语言

美拉—密克罗尼西亚语族语言

第二阶段大约是距今四五千年前到距今两千五百年前,是马来—他加洛语对其他语言有较大影响的时期。这段时间里南岛语的不同古方言有较多的接触。美拉—密克罗尼西亚诸方言与马来—他加洛语诸方言接触,接受了它们的十进位数词,并向太平洋东部关岛等地发展。马来—他加洛语诸方言也对邹—卑南语诸方言有影响,部分邹—卑南语的方言迁移到台湾。迁移到台湾的邹—卑南语对泰雅—赛夏语的不同方言有影响。遗存于大陆的邹—卑南语成为某些侗台语的底层。

古南岛语四种古方言陆续分化成今四个语族的语言。台湾的南岛语分别属于两个语族,泰雅—赛夏语族和邹—卑南语族。

2. 泰雅—赛夏语族

原始泰雅—赛夏语的 *ɣ 演变为泰雅语泽敖利方言 ɣ,赛德克语 g,赛夏语的 ļ 和 z,来自原始南岛语 *ɣ,即布拉斯特构拟的原始南岛语 *R(ʁ)。

原始南岛语的 *t 在泰雅—赛夏共同语中分别与 *t 和 *s 合并,*s 成为泰雅语部分词中的 h 和 ʃ,*t 成为赛德克语 ts。

3. 邹—卑南语族

原始南岛语的 *ɣ,即布拉斯特构拟的原始南岛语 *R(ʁ),演变为邹—卑南语 *ɖ,这是它们的共同创新。演变的结果是,阿美语中为 l,鲁凯语为 r,原始邹语支语言中也为 *r。

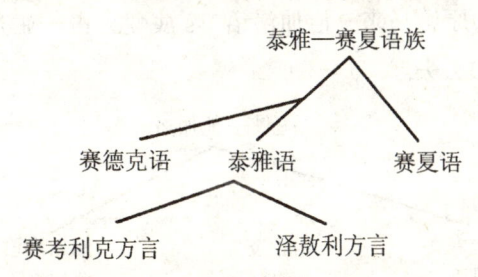

```
                    泰雅—赛夏语族
                   /      |       \
            赛德克语   泰雅语      赛夏语
              /           \
       赛考利克方言      泽敖利方言
```

原始南岛语的 *t 卑南语中仍为 t,布农语中与 *t 合并,在邵语中成为 θ。邹—鲁凯共同语经历了 *t > *ts 的历史。邹—鲁凯语支的语言中原始南岛语的 *t 表现为 ts。卑南—布农语共同语中原始南岛语的 *t 卑南语中仍为 t,即斐热尔(Ferrell)曾指出的 *C。他把赛夏语和巴则海语归入鲁凯语组,认为这个语组保留了

*C和*t的区别。(1969)

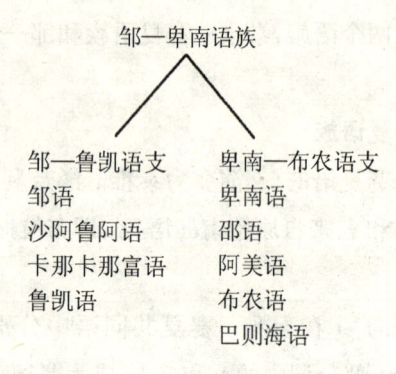

```
            邹—卑南语族
           /          \
    邹—鲁凯语支      卑南—布农语支
    邹语              卑南语
    沙阿鲁阿语        邵语
    卡那卡那富语      阿美语
    鲁凯语            布农语
                      巴则海语
```

4. 马来—他加洛语族

原始南岛语 *ɣ, 演变为马来—他加洛语 *ɣ, 他加洛语支中成为 g, 马来语支和占语支中成为 r。

原始南岛语 *-q 对应于他加洛语-ʔ, 印尼语的-h。

原始马来—他加洛语 *t-和 *d-分别演变为占—亚齐共同语的 *tʃ-和 dʒ-, 原始马来—他加洛语 *-s 演变为占—亚齐共同语的 *-h, 回辉语中丢失。

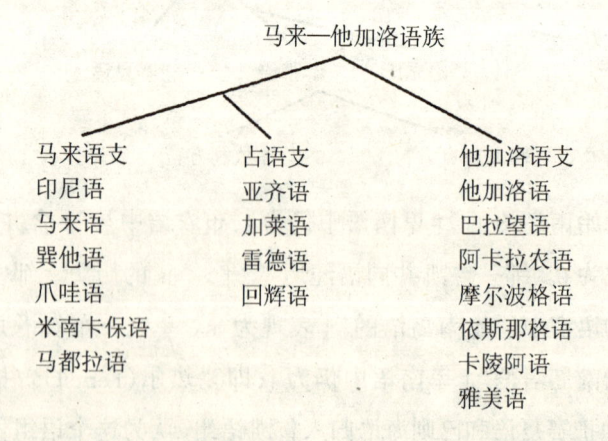

```
                马来—他加洛语族
         /           |            \
    马来语支      占语支         他加洛语支
    印尼语        亚齐语         他加洛语
    马来语        加莱语         巴拉望语
    巽他语        雷德语         阿卡拉农语
    爪哇语        回辉语         摩尔波格语
    米南卡保语                   依斯那格语
    马都拉语                     卡陵阿语
                                 雅美语
```

5.美拉—密克罗尼西亚语族

原始南岛语 *ɣ 在美拉—密克罗尼西亚语的词中读作 l,在词尾则丢失。原始美拉—密克罗尼西亚语 *t 演变为莫图语的 t 和 s (前高元音前),汤加语 t,马绍尔语 tʃ 和阿杰语 ř。

原始美拉—密克罗尼西亚语 *r,莫图语 r,汤加语 l,马绍尔语 r,阿杰语 ř 等。

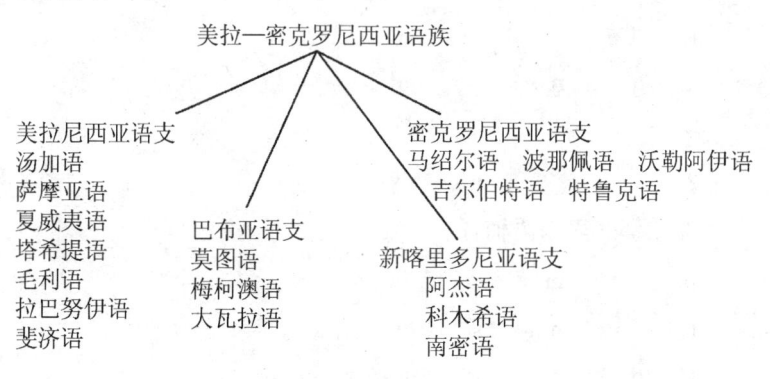

```
                美拉—密克罗尼西亚语族
         ／          |          ＼
美拉尼西亚语支              密克罗尼西亚语支
汤加语                      马绍尔语  波那佩语  沃勒阿伊语
萨摩亚语                    吉尔伯特语  特鲁克语
夏威夷语        巴布亚语支
塔希提语        莫图语       新喀里多尼亚语支
毛利语          梅柯澳语      阿杰语
拉巴努伊语      大瓦拉语      科木希语
斐济语                       南密语
```

四　原始南岛语音系

1.原始南岛语辅音

以上讨论的原始马来—他加洛语、原始泰雅—赛德克语、原始邹—卑南语和原始美拉—密克罗尼西亚语的辅音和元音分别摘录如下。

辅音

原始马来—他加洛语的辅音:

p　b　m　　v

t　d　n　s　　　　r　ɬ　l

t ɖ ɭ
k g ŋ h ɣ
ʔ

原始泰雅—赛德克语辅音：

p b m w
t d n s l
t ɖ ɭ
k g ŋ
q
ʔ h ɣ

原始邹—卑南语辅音：

p b m w
t d n s r l ɬ
t ɖ ɳ ɭ
k g ŋ j
q
ʔ

原始美拉—密克罗尼西亚语的辅音：

p b m v
t d n s r l
t ɖ ɽ ɭ
k g ŋ x

诸语的 *p、*b、*m，*t、*d、*n 和 *k、*g、*ŋ 分别有对应关系。

如"山"，原始泰雅语 *ragi，原始邹—卑南语 *gəlu，原始美拉

——密克罗尼西亚 *gere，原始南岛语 *guli。

原始南岛语辅音：

p	b	m			w	
t	d	n	s		r	l
ṭ	ḍ					ḷ
k	g	ŋ		ɣ	j	
q						

(1) *ṭ

邹—卑南语的 *ṭ 来自原始南岛语的 *ṭ。如：

	原始泰雅	邹—卑南	马来—他加洛	美拉—密克罗	原始南岛
骨头	—	*ṭulaŋ	*tulaŋ	*ṭuria	*ṭulaŋ
膝盖	—	*ṭuḷuŋ	*tuhur	*ṭuri	*ṭuriŋ
眼睛	—	*maṭa	*mata	*maṭa	*maṭa
虱子	—	*kuṭu	*kutu	*kuṭu	*kuṭu
咬	*k-əm-at	*kaɣaṭ	—	*kiṭa	*kaɣaṭ

其他诸语以 *ṭ 或以 *t 与之对应。美拉—密克罗尼西亚语早期受马来—他加洛语的影响，多数词中的 *ṭ 变成 *t。泰雅语的 h 对应于赛夏语的 s，<原始南岛语 *ṭ-。

(2) *ḍ

邹—卑南语的 *ḍ 来自原始南岛语的 *ḍ，美拉—密克罗尼西亚语或为 *ṛ。如：

	原始泰雅	邹—卑南	马来—他加洛	美拉—密克罗	原始南岛
黑	—	*ma-quḍam	*hitam	—	*quḍam
名字	—	*ŋaḍan	*ŋadan	—	*ŋaḍan
血	—	—	*daɣah	*ḍura	*ḍaɣaq
二	*qusa	*ḍusa	*duwa	*ṛua	*ḍusa

(3) *q

邹—卑南语的 *q 对应于马来—他加洛语 *h 来自原始南岛语的 *q。如：

	原始泰雅	邹—卑南	马来—他加洛	美拉—密克罗	原始南岛
灰烬	*qabu	*qabu	*abu	*dabu-sa	*qabu
肝	—	*qataj	*hataj	—	*qataj
雨	—	*qudan	*hudan	*muda	*qudan
血	*damuq	*damuq	—	—	*damuq

(4) *s

原始南岛语的 *s 对应于原始泰雅 *h 和 *s，其他诸语 *s。如：

	原始泰雅	邹—卑南	马来—他加洛	美拉—密克罗	原始南岛
乳房	—	*susu	*susu	*susu	*susu
狗	*huril	—	*asu	*sikuli	*sikuli
舌头	*həma-liʔ	*səmaʔ	—	—	*səma
一	*qutu	*tasa	*isa	*tasa	*tasa
二	*qusa	*ɖusa	*duwa	*ɽua	*ɖusa

(5) *ɣ

邹—卑南语 *ɖ 对应于马来—他加洛语 *ɣ，来自原始南岛语的 *ɣ。如：

	原始泰雅	邹—卑南	马来—他加洛	美拉—密克罗	原始南岛
给	*mə-biq	*bəɣaj	*biɣaj	*bali	*biɣaj
新	*bagulah	*baɣawa	*baɣu	*kabela	*baɣu
尾巴	—	*ikuɣ	*ikuɣ	*ḷiku	*ikuɣ
血	*damuq	*damuq	*ɖaɣah	*ɖura	*damu-q

(6) *l

原始南岛语的 *l 对应于邹—卑南语 *l 或 *ḷ，马来—他加洛语*l,美拉—密克罗尼西亚语*l。

	原始泰雅	邹—卑南	马来—他加洛	美拉—密克罗	原始南岛
毛	*kubul	—	*bulu	*bulu	*bulu
手	—	*lima	*lima	*lim	*lima
耳朵	*taŋiaʔ	*taliŋa	*təliŋa	*teliŋa	*təliŋa

(7) *ḻ

原始南岛语的 *ḻ 对应于马来—他加洛语 *l,其他诸语 *ḻ。如:

	原始泰雅	邹—卑南	马来—他加洛	美拉—密克罗	原始南岛
路	*ḻan	*daḻan	*dalan	*kaḻan	*daḻan
耳朵	*taŋiaʔ	*taḻiŋa	*təliŋa	*teliŋa	*taḻiŋa

(8) *r

原始南岛语的 *r 对应于诸语 *r。如:

	原始泰雅	邹—卑南	马来—他加洛	美拉—密克罗	原始南岛
雷	—	*dəruŋ	*guruh	*kururu	*guruq①
嘴唇	—	*bir	*bir	*bir-na	*bir②

(9) *w

原始南岛语 *w 原始泰雅语、邹—卑南语 *w。如:

	原始泰雅	邹—卑南	马来—他加洛	美拉—密克罗	原始南岛
太阳	*ʔwagiq	*waɣi	*hadaw	—	*qadawɣi
叶子	*ʔabaw	*siɣaw	—	*raʔu	*baɣaw

(10) *ʝ

原始南岛语 *ʝ 原始泰雅语、马来—他加洛语 *ʝ。如:

	原始泰雅	邹—卑南	马来—他加洛	美拉—密克罗	原始南岛
火	*ɑpu-niq	*apuʝ	*apuʝ		*apuʝ

---

① 卑南语 dəruŋ,鲁凯语 dərədər,印尼语 guruh,斐济语 kurukuru。
② 卑南语 bɯbir,鲁凯语 bibianə,印尼语 bɩbɩr,莫图语 bibina-na。

给　　　*mə-biq　　*bəɣaj　　*biɣaj　　*bali　　*bəɣaj

2. 原始南岛语元音

原始马来—他加洛语、原始泰雅—赛德克语和原始邹—卑南语都是 a、i、ə、u 4 元音结构，原始美拉—密克罗尼西亚语是 a、e、i、ə、u 5 元音结构。

(1) *a

	原始泰雅	邹—卑南	马来—他加洛	美拉—密克罗	原始南岛
火	*apu-niq	*apuj	*apuj	—	*apuj
灰烬	*qabu	*qabu	*abu	*dabu-sa	*qabu
眼睛	—	*maṭa	*mata	*mata	*maṭa
路	*l̪an	*dal̪an	*dalan	*kal̪an	*dal̪an
手	—	*l̪ima	*lima	*lim	*lima
二	*qusa	*ḍusa	*ḍuwa	*r̪ua	*ḍusa

诸语 *a 大体有对应关系。

美拉—密克罗尼西亚语 *e 对应于诸语 *a，< 原始南岛语 *a。

	原始泰雅	邹—卑南	马来—他加洛	美拉—密克罗	原始南岛
耳朵	*taŋia?	*tal̪iŋa	*təliŋa	*teliŋa	*tal̪iŋa
土	*?udaw	*darəq	—	*ḍele	*daɣaq
舌头	*həma-li?	*səma?	—	*mela	*səmaq
肝	—	*qataj	*hataj	*ate	*qataj
死	—	*ma-ṭaj	*mataj	*mate	*ma-ṭaj

(2) *i

	原始泰雅	邹—卑南	马来—他加洛	美拉—密克罗	原始南岛
尾巴	—	*ikuɣ	*ikuɣ	*l̪iku	*ikuɣ
手	—	*l̪ima	*lima	*lim	*lima
小	*tikaj	*tikiŋaj	*litik	*m-arik	*tikiŋaj
这	*qəni	*ini	*ini	*ini	*ini

诸语 *i 有对应关系，< 原始南岛语 *i。

(3) *ə

	原始泰雅	邹—卑南	马来—他加洛	美拉—密克罗	原始南岛
舌头	*həma-liʔ	*səmaʔ	—	*mela	*səmaq
给	*mə-biq	*bəɣaj	*biɣaj	*bali	*bəɣaj
游泳	*l-əm-aŋuj	*laŋuj	*m-laŋuj	—	*mə-laŋuj
来	*mə-jah	—	*m-laj	*mai	*mə-laj

原始南岛语 *ə 分布在词根和前缀中。

(4) *u

	原始泰雅	邹—卑南	马来—他加洛	美拉—密克罗	原始南岛
月亮	*bula	*buḷan	*bulan	*bula-na	*bula-na
毛	*kubul	—	*bulu	*bulu	*bulu
雨	—	*qudan	*hudan	*muda	*qudan
灰烬	*qabu	*qabu	*abu	*dabu-sa	*qabu
乳房	—	*susu	*susu	*susu	*susu
石头	*batu	*batu	*batu(-ɣ)	—	*batu

五 原始南岛语核心词

以下我们参照斯瓦迪什的 100 核心词表的词项,列出南岛语诸语族和原始南岛语核心词的构拟,并与布拉斯特的构拟加以比较。

1. 自然事物

	太阳	月亮	星星	水	雨
原始泰雅语	*ʔwagi-q	*bula	*buliŋas	*qəsilnq	*qɔdas
原始邹—卑南语	*waɬi	*buḷan	*bituqan	*dəŋum	*qudaŋ
原始马来—他加洛语	*hadaw	*bulan	*bitik	*t-bi-ɣ	*hudan

原始美拉—密克罗尼西亚语	*siŋat	*bula-na	*bituk	*vai	*muda
原始玻利尼西亚语(布)①		*bulan	*bituqen	*danum	*quzan
原始南岛语(布)	*qa-(n)jaw	*bulaɴ	*bituqen	*daɴum	*quzaɴ
原始南岛语	*qadawɣi	*bula-n	*bituk-an	*ḍanum	*quda-n

	石头	沙子	土	云	火
原始泰雅语	*batu	*bunaquj	*disiraɣi	*ɣam	*sapuj
原始邹—卑南语	*batu	*buḷuk	*darəq	*təḷum	*apuj
原始马来—他加洛语	*batu(-ɣ)	*anaj	*tanah	*huləm	*apuj
原始美拉—密克罗尼西亚	*peḷa	*buk	*ḍele	*karaŋi	*labi
原始玻利尼西亚语(布)	*batu	*qenaj	*taneq	*ʁabun	*hapuj
原始南岛语(布)	*batu	*bunadz	*daʁeq	*lemlem	*ʃapuj
原始南岛语	*batu	*buḷuk	*ḍarə-q	*təlum	*sapuj

	烟	灰烬	山	夜	路
原始泰雅语	*guli	*qabu	*giɣu	*kidəm	*raḷa-n
原始邹—卑南语	*qatəbul	*qabu	*gəḷu	*qaḍam	*daḷan
原始马来—他加洛语	*asuk	*abu	*bukid	*malam	*dalan
原始美拉—密克罗尼西亚	*kulabu	*dabu-sa	*gere	*beŋi	*kaḷan

---

① Robert Blust, *Subgroup, Circularity and Extinction: Some Issues in Austronesian Comparative Linguistics*, Selected Papers from the Eight International Conference on Austronesian Linguistics, Taipei, 1999.

原始玻利尼西亚语(布)	*qabel	*qabu	*bulud	*beʁɲi	*zalan
原始南岛语(布)	*tsebuɴ	*qabu	—	*beʁɲi	*zalan
原始南岛语	*qabul	*qabu	*gəlu	*qaɖam	*daɭa-n

2. 身体部位

	头	头发	眼睛	鼻子	耳朵
原始泰雅	*bətu-nus	*sənanus	*daliq	*ŋusiŋ	*taɲia?
原始邹—卑南语	*quɭu	*quɨbuk	*mat̪a	*ŋutu	*t̪aɭiɲa
原始马来—他加洛语	*hulu	*buluk	*mata	*hiduŋ	*təliɲa
原始美拉—密克罗尼西亚	*ka-paɽa	*bulu paɽa	*mata	*ŋudu	*teliɲa
原始玻利尼西亚语(布)	*qulu	*buhek	*mata	*idzuŋ	*taliɲa
原始南岛语(布)	*qulu	*bukcʃ	*matsa	*mudziŋ	*tsaliɲa
原始南岛语	*quɭu	*quɭu buluk	*mat̪a	*ŋudu	*t̪aɭiɲa

	嘴	牙齿	舌头	脖子	手
原始泰雅语	*ŋaquaq	*giʔə	*səma	*nudujuŋ	*baga
原始邹—卑南语	*ŋuduj	*waɲi-si	*səma?	*quɭuŋ	*ɭima
原始马来—他加洛语	*babah	*nipun	*dilah	*lihiɣ	*lima
原始美拉—密克罗尼西亚	*ŋudu	*ŋise	*mela	*garu	*lim
原始玻利尼西亚语(布)	*baqbaq	*ipen	*dilaq	*liqeʁ	*(qa)lima
原始南岛语(布)	*ŋusu	*nipen	*ʃema	*liqeʁ	*(qa)lima

	乳房	脚	皮肤	胃	心
原始南岛语	*ŋuduj	*nipun	*səma-q	*quʟuŋ	*lima
原始泰雅语	*bubuʔ	*kakuj	*kiʔasil	*bukəʈul	*basəluq
原始邹—卑南语	*susu	*ɖapal	*qaliʈ	*biʈuka	*qabutuŋ
原始马来—他加洛语	*susu	*sikal	*kulit	*bətuŋ	*datuŋ
原始美拉—密克罗尼西亚	*susu	*bale	*palu	*kete	*menu
原始玻利尼西亚语(布)	*susu	*qaqaj	*kulit	*tian (肚子)	*pusuq
原始南岛语(布)	*susu	*qaqaj	*qaɴits	*tiaɴ (肚子)	—
原始南岛语	*susu	*pala	*quliʈ	*biʈuŋ	buʈuŋ

	肝	骨头	膝盖	血	肌肉
原始泰雅语	*ʈarik	*baqutul	*tadiʔ	*damuq	*sijiʔ
原始邹—卑南语	*qataj	*ʈulaŋ	*ʈuʟuŋ	*damuq	*butul
原始马来—他加洛语	*hataj	*tulaŋ	*tuhur	*ɖaɣah	*asir
原始美拉—密克罗尼西亚	*ate	*ʈuria	*turi	*ɖura	*kanu
原始玻利尼西亚语(布)	*qataj	*tuqelan	*bukuh	*daʀaq	*hesi
原始南岛语(布)	*qatsaj	*tsuqelaɴ		*daʀaq	*ʃesi
原始南岛语	*qataj	*ʈulaŋ	*ʈuʟuŋ	*damu-q	*siri

3. 动植物

	鸟	鱼	狗	虱子	树
原始泰雅语	*qəbasu	*qətulu	*sujil	*kuʈu	*qəsuj
原始邹—卑南语	*qalam	*karaw	*watu	*kuʈu	*kalu
原始马来—他加洛语	*manuk	*ika-n	*asu	*kutu	*kaju
原始美拉—密克罗尼西亚	*manuk	*ika	*sikuli	*kutu	*kau
原始玻利尼西亚语（布氏）	manuk	*hikan	*sau	*kutu	
原始南岛语（布氏）	*qajam	*ʃikan	*asu	*kutsu	*kaʃiw
原始南岛语	*manuk	*ika-n	*sikuli	*kuʈu	*kalu

	种子	叶子	根	肉	油脂
原始泰雅语	*gasap	*biɣaw	*ɣamil	*siji?	*siʔam
原始邹—卑南语	*binsaq	*biɬaq	*ɬamis	*buɬas	*simaɬ
原始马来—他加洛语	*binih	*ɖahun	*uɣat	—	*lamuk
原始美拉—密克罗尼西亚	*kalu	*rau	*muda	—	*muri
原始玻利尼西亚语（布）	—	*dahun	*uʁaq	*qunej	*himaʁ
原始南岛（布）		*biʁaq	*ʁamets	*ʃesi	*ʃimaʁ
原始南岛语	*binsaq	*baɣaw	*ɣamis	*siri	*si-maɣ

	蛋	角	尾巴	毛	羽毛
原始泰雅语	*baɭu	*ŋuquruŋ	*ŋuɲu?	*kubul	*kubul

原始邹—卑南语	*bəṭulu	*suqaŋ	*ikuɬ	*gumal	*paluŋ
原始马来—他加洛语	*tiluɤ	*taḍuk	*ikuɤ	*bulu	*bulu
原始美拉—密克罗尼西亚	*guṭori	—	*ḷiku	*bulu	*bulu
原始玻利尼西亚语(布)	—	—	*ikuʁ	—	*bulu
原始南岛语(布)	*qateluʁ	—	*ikuʁ	—	—
原始南岛语	*bəṭulu	*quruŋ	*ikuɤ	*bulu	*bulu

4. 动作和感觉

	吃	喝	咬	说	看见
原始泰雅语	*qan	*nəbu	*kat	*saṭu	*kita
原始邹—卑南语	*kan	*nima	*kaɬaṭ	*ma-suŋaj	*k-um-ita
原始马来—他加洛语	*k-m-ʔan	*m-inum	*ka-gigi-t	*m-ɤut	*kita
原始美拉—密克罗尼西亚	*ŋani	*inum	*kiṭa	*pala	*ita
原始玻利尼西亚语(布氏)	*kaen	*inum	*kaʁat	*kaʁi	*kita
原始南岛语(布氏)	*kaen	*mimah	*kaʁat	—	*kita
原始南岛语	*qaqan	*inuma	*kaɤat	*ɤut	*kita

	听见	知道	睡	死	杀
原始泰雅语	*busaŋ	*baq	*qilap	*sanuq	*təlaq
原始邹—卑南语	*tala	*balaq	*luṭupuɤ	*ma-ṭaj	*pa-ṭaj

原始马来—他加洛语	*diŋəɣ	*tahu	*tiɖuʁ	*mataj	*pa-taj
原始美拉—密克罗尼西亚	*peluŋu	*ʈiḷa	*ma-ʈiḷa	*mate	*ba-mate
原始玻利尼西亚语(布)	*deŋeʁ	*taqu	*tiɖuʁ	*mataj	*bunuq
原始南岛语(布)	*tumaɴa	*bajaq	*tuɖuʁ	*m-tsaj	*ᴘ-atsaj
原始南岛语	*taŋa	*balaq	*tiɖup	*ma-ʈaj	*pa-ʈaj

	走	飞	游泳	来	坐
原始泰雅语	*sukaj	*ʈukala?	*laŋuj	*məjas	*təsamak
原始邹—卑南语	*dawaʈ	*ma-bili	*laŋuj	*kəla	*ma-ḷuŋ
原始马来—他加洛语	*laku	*lip	*m-laŋuj	*m-laj	*m-duk
原始美拉—密克罗尼西亚	*alu	*piru	*ŋalu	*mai	*tuʈat
原始玻利尼西亚语(布氏)	*lakaw	*lajap	*laŋuj	*maʁi	*tudan
原始南岛语(布氏)	*sakaj	*lajap	*ɴaŋuj	—	—
原始南岛语	*lakaj	*ma-pili	*laŋuj	*ma-laj	*ma-ḷuŋ

	站	躺(下)	给	烧	燃烧
原始泰雅语	*tə?uru	*taɣa	*btəɣaj	*lum	—
原始邹—卑南语	*ma-ʈəkəri	*lubaq	*bəɬaj	*para	—
原始马来—他加洛语	*tidag	*gali?	*biɣaj	*silab	*m-tutuŋ

原始美拉—密克罗尼西亚	*tuɽuk	*kuru	*bali	*dutu	*bela
原始玻利尼西亚语(布)	*diʁi	*qinep	—	*tinu	
原始南岛语(布)	*diʁi	—	*beʁaj	*tsuʌuh	
原始南岛语	*təkuru	*ɢaliq	*bəɣaj	*si-lab	—

5. 状态

	新	好	热	冷	满
原始泰雅语	*baɢulas	*bəla	*kilus	*tərutuʔ	*təŋaiʔ
原始邹—卑南语	*baɬawa	*ma-nuŋu	*ɖaḷaŋ	*ma-kəḷət̪	*ma-təmuj
原始马来—他加洛语	*baɣu	*balik	*haŋit	*dəmiɣ	*pənuh
原始美拉—密克罗尼西亚	*kabela	*ma-luli	*bela	*ma-kiri	*punu-k
原始玻利尼西亚语(布)	*ma-baqeʁu	*ma-pia	*ma-panas	*ma-diŋdiŋ	—
原始南岛语(布)	*ma-baqeʁu	—	—	—	*penuq
原始南岛语	*baɣu	*balik	*qaŋit	*kəlit̪	*pənuq

	干燥	红	黄	白	黑
原始泰雅语	*duŋuʔ	*talas	*turakit̪	*busaɣa	*qalus
原始邹—卑南语	*ma-ɬumiq	*ma-daraŋ	*ma-ḷiḷu	*ma-puli	*ma-quɖam
原始马来—他加洛语	*tuhuɢ	*mirah	*kuniŋ	*putih	*hitam
原始美拉—密克罗尼西亚	*mali	*ma-karu	*labura	*kelu	*kure

第七章　南岛语的分类和构拟

原始玻利尼西亚语(布)	*ma-ʁaŋaw	*ma-iʁaq	*ma-kunidz	*ma-putiq	*ma-qitem
原始南岛语(布)	*ma-qaʁiw	*ma-taNah	—	*ma-puNi	*tseŋeN
原始南岛语	*mə-duŋuq	*ma-daraŋ	—	*ma-puliq	*quḍam

	大	小	长	多	圆
原始泰雅语	*baḷas	*tikaj	*qəladus	*saparu	*tumulu
原始邹—卑南语	*ma-ḍaw	*tikiŋaj	*saduḷuŋ	*kaḷaj	*ma-taʈun
原始马来—他加洛语	*bagədi	*litik	*laba	*lubah	*buduɣ
原始美拉—密克罗尼西亚	*ḷepu	*m-ariki	*tuke	*pulu	*buru
原始玻利尼西亚语(布)	*ma-ʁaja	*dikiq	*anaduq	—	—
原始南岛语(布)	—	*kedi	*inaduq	—	—
原始南岛语	*gəḍaw	*tiki	*duḷuŋ	*paru	*mulu

6. 其他

	一	二	我	我们	你
原始泰雅语	*qutu	*dusa	*jaku	*jami	*ʔisu
原始邹—卑南语	*tasa	*ḍusa	*ku	*kumi	*su
原始马来—他加洛语	*isa	*ḍuwa	*aku	*kamij	*si-kah
原始美拉—密克罗尼西亚	*tasa	*r̥ua	*ŋalu	*ita	*iku
原始玻利尼西亚语(布)	*esa	*duha	*i-aku	*i-kita	*i-kahu

原始南岛语(布)	*esa	*duʃa	*i-aku	*i-kita	*i-kaʃu
原始南岛语	*tasa	*ɖusa	*ku	*kumi	*su

	这	那	谁	什么	人
原始泰雅语	*sini	*sija	*sima	*manu	*səquda
原始邹—卑南语	*ini	*iɖa	*sima	*manaj	*taɲu
原始马来—他加洛语	*ini	*itu	*si-nuh	*anuh	*ʔuraŋ
原始美拉—密克罗尼西亚	*inai	*enai	*atai	*ta	*tamuta
原始玻利尼西亚语(布)	*i-ni	*i-na	*i-sai	*apa	*tau
原始南岛语(布)	*i-ni	—	—	*na-anu	*tsau
原始南岛语	*ini	*iɖa	*si-ma	*manaj	*taɲu

	女人	男人	不	名字	箭
原始泰雅语	*muquda	*məliku	*ʔini	*laʈu	*basiɣ(弓)
原始邹—卑南语	*babaj	*walaj	*ani	*ŋaɖan	*buʈul
原始马来—他加洛语	*li-bu-an	*laki-laki	*ti-dak	*ŋadan	*panah
原始美拉—密克罗尼西亚	*babi-ne	*taɲa-ne	*siɢai	*lata	*pana
原始玻利尼西亚语(布)	*bahi	*ma-ʁuqanaj	*diaq	*ŋadzan	—
原始南岛语(布)	*bahi	*ma-ʁuqaɴaj	*ini	*ŋadzan	—
原始南岛语	*babaj	*lak	*ani	*ŋaɖan	*panaq

六 消亡的平埔语和大陆古南岛语

1. 西部平原消亡的平埔语

台湾省西部平原消亡的平埔语有道卡斯语、猫雾拺语、巴布拉语、洪雅语和西拉雅语。

19 世纪末伊能嘉矩记录道卡斯语的部分材料如下:

一 tanu	二 rua	三 tarua	四 yupăt
五 kassăp	六 takkăp	七 guitu	八 makaipat
九 tanasu	十 taisī	头 vōrok, taurui	头发 takkū
脸 mūra	眼睛 masa	耳朵 sareina	鼻子 yānukku
嘴 vīrha	舌头 tērra	牙齿 jiun	胡子 rūnaha
手 rima	脚 rāwat	指甲 arru	胸 kāpan
乳房 rīrok	肚子 tēya	背 vahan	额 taii
眉毛 vīvai	唇 sumunan	颈 yarik	肩膀 kavā
血 tāha	天 vāryam	地 raye, rāye	太阳 jīrahha
月亮 yērai	星星 kaisanan	火 hapoi	水 yatap
山 rānaha	河 vaharā	云 yarrap	雨 yōtta, gyattap
风 vārē	夜 hāwan	鸟 kūres	狗 mazok
来 makē	死 marinao	看见 mokoan	听见 tamara
大 tuva	多 masi	热 pādas	冷 vāsin
红 kakān	白 yōrik	黑 vīrrū	蓝 mātaha
男人 matakan	女人 maharī	我 yo-o	名字 yānan[①]

从他的记录中我们可以得出道卡斯语应属于卑南—布农语支

[①] 李壬癸《台湾原住民史·语言篇》第 115—122 页,台湾省文献委员会编印,1999 年。

的邵语语组的结论：

(1)原始卑南—布农语支的 *ț 演变为道卡斯语的 s, 如："眼睛"masa, "耳朵"sareina。

(2)卑南语 ḷ 对应于邵语、道卡斯语 r, < *ḷ：

	卑南	邵语	道卡斯语
手	ḷima	rima	rima
猴子	ḷutuŋ	ruθun	rānaha
风	baḷi	fari	vārē
三	tuḷu	turu	tarua
耳朵	taɲiḷa	ɫarina	sareina

(3)卑南语、布农语 ŋ 对应于邵语和道卡斯语 n, < *ŋ：

	卑南	邵语	道卡斯语
耳朵	taɲiḷa	ɫarina	sareina
猴子	ḷutuŋ	ruθun	rānaha

据说猫雾拺语、巴布拉语、洪雅语与道卡斯语相近，猫雾拺语与道卡斯语最为接近。[①]

2. 早期记录的语言

荷兰人 17 世纪在台湾记录的一种语言，词汇如：

一 sasat	二 sosoa	三 toutouro
四 pagpat	五 ririma	六 ninnam
七 pipito	八 kougipat	九 mattouda
十 sat keteang	天 vullum	太阳 wagi
火 apoy	雨 oudal	沙子 ligig
灰 avo	山 voucking	水 solom

---

① 李壬癸《台湾原住民史·语言篇》第 82 页，台湾省文献委员会编印，1999 年。

云 pourarey	灰尘 mal	河 agouang
风 vare	头 vongo	牙齿 walig
颈 taang	耳朵 tangira	腿 toural
眼睛 matta	乳房 oho	舌头 onini
血 gamach	脑 hoele	鼻子 gongos
肚脐 poucol	手 rima	尿 bo
尾巴 ikog	羽毛 ilil	鸟 aiam
狗 assou	臭虫 atop	船 avang
叶子 hapa	草 havour	苍蝇 agagangau
虱子 conto	名字 nanang	晚上 madong
小孩 allack	男人 ama	女人 ina
死 mapatey	说 comma	听 gmilingig
咬 kmagat	看 kmitta	游泳 lmangoy
哭泣 madagam	喝 jih	来 mapil
吃 mavock	知道 mouvana	大 isang
给 picha	吹 bavare	热 madalat
蓝 madossiang	冷 maharmil	黄 makouliang
黑 maoudim	白 mapoule	这里 hia, hiaung①

(1) 从数词看，与卑南—布农语支的布农语较相近。

(2) 身体部位词，如：

	头	耳朵	鼻子	眼睛	肚脐
古语	vongo	tangira	gongos	matta	poucol
布农语	buŋu	taŋia?	ŋutus	mata	pusuh
阿美语	fuŋuh	taŋila	ŋuʃu?	mata	puna

原始语的 *ţ 在布农语中与 *t 合并成为 t，如"耳朵""眼睛"等词中。

(3) 卑南语 b 对应于邵语 f 和 b，布农语 b 和 v，古语 v：

---

① 陈康《台湾高山族语言》，第 413—469 页，中央民族出版社，1992 年。

	卑南	邵语	布农	古语
风	baḷi	fari	ɬuvɬuv	vare
头	taŋuruʔ	fatu	buŋu	vongo

以上的比较表明,荷兰人记录的是一种与布农语相近的语言。

3. 南部沿海的古南岛语

前面已经提到,珠江三角洲及邻近沿海地区,距今6千年至5千5百年的遗址中彩陶的纹饰有较多的变化。粤闽台的彩陶文化的形式和发展表现出一定的共性。

金兰寺、万福庵和夏江村等珠江三角洲的遗址中出土霏细岩双肩斧、锛,双肩器应起源于岭南。[①] 双肩石器又发现于台湾大坌坑文化的上层、圆山文化及浙江的良渚文化。广东的史前文化具有一定的稳定性和前后的传承关系。

有段石锛主要分布在太平洋西部的沿海地区,包括中国东部、南部沿海和内陆的几个省区,美洲西部海岸,南太平洋诸岛屿及菲律宾等地。最南到新西兰。台湾在公元几百年时的植物园文化中仍有有段石锛。

侗台语史前曾分布在长江下游,夏商时向南传播。侗台语词与南岛语词的对应关系使一些学者相信侗台语和南岛语有发生学关系。而我们则认为这是侗台语与南岛语有不同时期的接触造成的。

今侗台语有壮傣、侗水、黎和仡央4个支系,诸支的共同语(或原始语)来自侗台共同语以及更早时的原始侗台语。早期的南岛

---

① 杨式挺《广东新石器时代文化与毗邻原始文化的关系》,《中国考古学会第七次年会论文集》,文物出版社,1992年。

人转用侗台语把他们的南岛底层遗留在不同支系的侗台语中。前面我们已经提到,侗台语的南岛底层有的存在于侗台共同语。从侗台语发生学史看,大约是商周时代分布于东南沿海的南岛语的遗存。

沿海南岛语与侗台语的早期接触关系留在侗台共同语中的底层词比较如下:

	太阳	月亮	水	火
原始泰雅语	*ʔwagi-q	*bula	*qəsilaq	*sapuj
原始邹—卑南语	*waɬi	*buḷan	*ḍəṇum	*apuj
原始马来—他加洛语	*hadaw	*bulan	*t-bi-ɣ	*apuj
原始美拉—密克罗尼西亚语	*siŋat	*bula-na	*vai	*labi
原始南岛语	*qadawɣi	*bula-n	*ḍanum	*sapuj
侗台共同语	*pra ʔban	*blən	*r-nam	*ɕ-buj

"太阳",黎、壮傣、侗水语普遍采用南岛语"天的眼睛"语义构词。侗台语 *pra"眼睛", *ʔban"天"。其他南岛语的双音节词后来的侗台语中通常成为单音节词。"头虱",泰雅语 kuhiŋ,卑南语 kuṭu,阿美语 kutu,鲁凯语 kutsu。侗台语中,水语、毛南语 tu,布央语 ʔa tu[24]。试比较南岛语不同支系与侗台语词的关系:

	我	你	鸟
原始泰雅语	*jaku	*ʔisu	*qəbasu
原始邹—卑南语	*ku	*su	*qalam
原始马来—他加洛语	*aku	*si-kah	*manuk
原始美拉—密克罗尼西亚	*ŋalu	*iku	*manuk
原始南岛语	*ku	*su	*manuk
侗台共同语	*ku	*su(你们)	*m-nuk

	多	这	箭
原始泰雅语	*saparu	*sini	*basiɣ(弓)

原始邹—卑南语	*kaḷaj	*ini	*buṭul
原始马来—他加洛语	*lubah	*ini	*panah
原始美拉—密克罗尼西亚	*pulu	*inai	*pana
原始南岛语	*paru	*ini	*panaq
侗台共同语	*p-lar	*c-ni(-?)	*ʔna?

	红	黑	坐
原始泰雅语	*talas	*qalus	*təsamak
原始邹—卑南语	*ma-daraŋ	*quḍam	*ma-ḷuŋ
原始马来—他加洛语	*mirah	*hitam	*m-duk
原始美拉—密克罗尼西亚	*ma-karu	*kure	*tuṭat
原始南岛语	*ma-daraŋ	*quḍam	*ma-ḷuŋ
侗台共同语	*greŋ	*q-dam	*m-laŋ

以上侗台语词同泰雅语、美拉—密克罗尼西亚语差别较大，与邹—卑南语的最为接近。大约是商周时期操与邹—卑南语相近的语言的南岛人转用侗台语留下的词汇底层。当时这一部分南岛人居住在东南沿海浙闽一带。战国时的百越人主要由侗台人和南岛人的部落组成。①

4. 北部沿海古东夷人的南岛语

古辽东半岛和山东半岛的情况也是值得我们注意的。辽东半岛出土过有段石锛和扁平穿孔石斧。古高句丽原本在辽东，朝鲜语中今天仍保存着一些来自南岛语的词。②

汉语夏商时分布在黄河下游，当时黄河流域的东、西文化差异是东夷、西羌文化的差别。东夷人建立了商王朝，羌是商西部的居

---

① 其中骆越与操南亚语言的部落关系密切，这从铜鼓的分布可以看出来。
② 参见拙文《论朝鲜语中的南岛语基本成分》，《民族语文》1994年第1期。

民。商人主中原后,商文化扩展至今陕西等地,汉语成为中原地区的主要语言。东夷人是商的主要力量,西周时还有很强的力量,到春秋时山东半岛的"莱夷"仍在活动,已式微。据说现山东荣成还有东夷人遗存的巨石。

(1) 朝鲜语中的南岛语词

朝鲜语中古以后一些词的末音节元音脱落,词末的-t > *-r。①

朝鲜语"云",kurɯm。② 南岛语方面,如邵语 urum,卑南语 kuʈəm。

"火"pur,邹语 puzu,罗东语 rɔhi(< *ropi)。

"岩石",中古文献 pahø,庆州话 paŋku,阿美语 fukəluh,宁德娄语 bek。

"乳房",中古文献 tʃjəs < *sisi,原始南岛语 *susu,阿美语 tʃutʃu。

"脚",par,原始南岛语 *pala。

"手指",(son)kɑrak,印尼语 tʃakar(爪子),萨萨克语 kikir(手指)。

"屁股",porki,邵语 paqi,印尼语 piŋgul,帕芳语(Paafang)horāk (< *porak)。

"尾巴",kkori,毛利语 kokore(鸟尾),印尼语 ekor,汤加语 iku。

"弓",hwar < *botu,邹—卑南语 *buʈu(箭),印尼语 busur。

"米",psʌr,卑南语 bəras,印尼语 beras。

"肉",koki,毛利语 kikokiko,拉巴努伊语 kiko。

---

① 潘悟云《朝鲜语中的上古汉语借词》,《民族语文》,2006 年第 1 期。
② 此处朝鲜语材料引自宣德五等《朝鲜语方言调查报告》,延边人民出版社,1990 年。

"卖"phar(-ta),如赛德克语 bari,排湾语 pavəɭi,亚齐语 publɔe。

"吃"mək(-ta) < *məka,*mə-是古南岛语动词前缀,保留在朝鲜语词上,-ta 是现代朝鲜语动词后缀。"吃",卑南语 məkan,赛德克语 makan。

"吹"pur-(-ta) < *pura,如邹语 porepe,拉巴努伊语 puhi。

"远"mər(-ta),阿美语 maraaj,汤加语 mamaʔo。

阿尔泰语使用后缀,而不用前缀的历史可以追溯到早期的文献。而古朝鲜语使用前缀。如朝鲜语数词"六""八""十"像早期的南岛语那样,用一个前缀表示是一种加倍的关系:"三"sam/"六"jə-səs,"四"sa/"八"jə-tərp,"五"o/"十"jə-r。

"六"中的-səs,来自"三"*sət。如"三十"sərɯn < *sətɯn。

"八"中的-tərp,来自阿尔泰语,如古蒙古语"四"dөrөb。

"十"中的-r,可能来自阿尔泰语,如蒙古语"五"tabun。

现代朝鲜语前缀 mat-用来表示子女居长,可与南岛语表示兄妹年长的 mata-比较。如拉巴努伊语"哥哥""姐姐"matahiapo,帕芳语 muaite(大哥、大姐)。

朝鲜语的系属问题牵涉与南岛语、汉语和阿尔泰语的进一步比较。这里只是说明,朝鲜语中的南岛语成分是古南岛语曾经分布在辽东半岛或朝鲜半岛的证据。

史前分布在辽东半岛的南岛语"米"psʌr < *bəsar,与古大陆南岛语的比较一致。另一方面一些词又与毛利语、拉巴努伊语等一致。猜想这种古南岛语是大洋南岛语迁徙前,泰雅语迁徙到台湾以后,才到辽东的。

(2)汉语中的南岛语词

早期汉语中的南岛语成分并不很多。殷商天干的读法似乎与东夷语有关系密切。傣族也有类似的读法的天干纪年法可比较。这一计数法可能是从利用身体诸部位,从"指甲"开始到"头"的记数法。这一点在拙文《汉傣天干研究》中已经讨论过。①

法国学者沙加尔(Laurent Sagart)认为,提出南岛语与汉语有发生学关系,引起学术界的关注。他举出了一些汉语与南岛语对应词,说明汉语与南岛语的发生学关系。②我认为它们主要是南岛语的借词或底层词。

甲骨文辨认为"疋"的字以小腿带脚为形,是"足"字的初文。"足"汉语上古音*s-krok。早期汉语身体部位词常用*s-前缀。甲骨文和早期金文另有"止",为形似带趾之足。朝鲜语"(手)指"(son)karak,印尼语tʃakar(爪子),萨萨克语kikir(手指),可比较。

"吴",见于甲骨文一期(4.29.4)和周早期的金文。《说文》:"吴,大言也。"段注:"大言即谓譁也。"上古音*ŋa。"喊",爪哇语(m-)bəŋɡʔ,梅柯澳语(巴布亚新几内亚)ŋaŋa,<占南岛语*ŋaŋa。

《说文》:"红,帛赤白色。"汉语"红"这一类颜色最初用"赤"。"红"汉语上古音*goŋ,疑来自*g-roŋ,*g-是形容词前缀。南岛语中如原始邹—卑南语"红"*ma-daraŋ,*m-是形容词前缀。

《说文》:"黔,黎也。""黔"上古音*gəm,来自*g-rəm,*g-是形容词前缀。南岛语中如邹—卑南语"黑"*ma-quɖam,*m-是形容词前缀。

《左传·宣公三年》:"公嗾夫獒焉。"《说文》:"嗾,使犬声。""嗾"

---

① 吴安其《汉傣天干研究》,《民族语文》2005年第1期。

② Laurent Sagart, *Chinese and Austronesian Are Genetically Related*, 23rd International Conference on Sina-Tibetan Language and Linguistics, 1990, Arlington Taxas.

上古音*s-glok。扬雄《方言》:"秦晋之西鄙,自冀、陇而西,使犬曰哨。"西部方言"嗾"的*-k尾丢失。"狗"原始马来—他加洛语*asu,原始美拉—密克罗尼西亚*sikuli。① 台湾布农语与印尼语等"狗"为asu,似为古南岛语*sikuli的演变形式。沙加尔认为原始南岛语"狗"*asu与汉语"嗾"有渊源关系。②"嗾"汉语中原本先在东部方言中使用,与南岛语有关,而藏缅语"狗",与汉语"犬"有同源关系。

后来遗留在南方汉语方言中的南岛语词,是通过侗台语进入汉语方言的,并为中古的汉语文献所记录,与古东夷的遗存无关。

---

① "狗",莫图语sisia,汤加语kuli,马绍尔语kiru,罗维阿纳语siki。
② Laurent Sagart, *Chinese and Austronesian Are Genetically Related*.

附录　诸地区南岛语的分布

一　中国台湾地区

1. 泰雅语（Atayal, Tayal）

泰雅语分布在台湾北部埔里以北浊水、北港流域,使用人口6万3千(1993),有赛考利兑(Sqoleq)和泽敖利(Tsole)两种方言。

2. 赛德克语（Sediq, Sedeq, Taroko）

赛德克语分布在台湾南投县和花莲县,使用人口2万8千(1993),有雾社、春阳和泰鲁阁3种方言。赛德克是泰雅语族群的支系,赛德克语是泰雅语相近的亲属语。

3. 赛夏语（Saisyat, Saiset）

赛夏语又叫做萨斯特语,分布在台湾西北部新竹县、苗栗县,使用人口3千2百(1978),有大隘和东河两种方言。

4. 布农语(Bunun)

布农语分布在台湾中部的南投、花莲、高雄、台东等地山区,使用人口3万4千(1993),划分为北部、中部和南部3种方言。或叫做布嫩语。

5. 邹语(Tsou)

邹语分布在台湾中南部玉山以西的阿里山山区,使用人口5千(1982),有达邦、图富雅、鲁赫都3种方言。

6. 卡那卡那富语和沙阿鲁阿语(Kanakanabu and Saaroa)

卡那卡那富语与沙阿鲁阿语分布在台湾南部山区,是相近的语言,或认为是邹语的方言。卡那卡那富语使用人口160(1977),沙阿鲁阿语使用人口370(1977)。

7. 鲁凯语(Rukai, Drukai)

鲁凯语分布在阿里山以南、大武山以北的高雄和台东地区,使用人口8千(1994),有大南、雾台、茂林、多纳和万山5种方言。大南方言分布在台东县卑南乡,雾台方言分布在屏东县雾台乡,茂林、多纳和万山方言分布在高雄县茂林乡。大南方言和雾台方言分别受到卑南语和排湾语较多的影响,茂林、多纳和万山方言受布农语的影响较大。

8. 排湾语(Paiwan)

排湾语分布在台湾南端的大武山山区屏东、台东县境内,使用人口5万3千(1981),有东南部和西北部两种方言。

9. 卑南语（Pyuma, Pelam）

卑南语分布在台湾南端的东部沿海，使用人口7千2百（1973），内部有方言差别。

10. 阿美语（Amis, Ami）

阿美语又叫做阿眉斯语，分布在台湾东部沿海地区，使用人口13万（1986），区分为中部阿眉斯（Central Amis）、太巴望—马太鞍（Tavalong-Vataan）、南部阿眉斯（South Amis）、北部阿眉斯（Northern Amis）和成昆—广山（Chengkung-Kwangshan）5种方言。成昆—广山方言与中部阿眉斯方言相近。阿眉斯是阿眉斯人的自称。

11. 雅美语（Yami, Lanyu）

雅美语分布在离台湾本岛45海里的大、小兰屿岛上，使用人口3千（1994），内部方言差别不大。

12. 凯达格兰语（Ketangalan, Ketagalan）

凯达格兰语原分布在台湾台北一带，有马赛（Basal）、雷朗（Luilang）和德罗比阿湾（Trobiawan）3种方言，现已消亡。

13. 噶玛兰语（Kavalan）

噶玛兰语分布在台湾北部宜兰一带，20世纪30年代时仅在家庭内使用，1987年时使用者不足百人。

14. 道卡斯语（Taokas）

道卡斯语也认为是西拉雅语的方言，原分布在台湾西北沿海地区,现已消亡。

15. 巴则海语(Pazeh)

巴则海语分布在台中一带,20世纪30年代时仅在家庭内部使用,1990年时只有2人能说。

16. 巴布拉语(Papora)

巴布拉语原分布在台中沿海地区,已消亡。

17. 猫雾拣语(Babuza)

猫雾拣语原分布在台湾中西部沿海地区,已濒于消亡。

18. 和安雅语(Hoanya)

和安雅语原分布在台湾中西部地区,有3种方言,已消亡。

19. 邵语(Thao)

邵语分布在台湾中部日月潭地区,1989年时仅有数人能讲。

20. 西拉雅语(Siraya)

西拉雅语原分布在台南地区,内部有多种方言,20世纪初消亡。

21. 回辉语

回辉语分布在海南三亚地区,约有5000人在使用(1990年)。使用者是当地伊斯兰教的回族。

二 菲律宾

1. 他加洛语(Tagalog)

他加洛语,也译为泰加洛语或他加禄语,使用人口为 1700 万(1990),有卢邦(Lubang)、马尼拉(Manila)、马林杜克(Marinduque)、巴丹(Bataan)、八打雁(Batangas)、布拉干(Bulacan)、塔那依—帕埃特(Tanay-paete)、塔亚巴斯(Tayabas)等 8 种方言。

2. 阿卡拉农语(Aklanon)

阿卡拉农语主要分布在菲律宾中部的班乃岛(Panay)北部,使用人口 39 万(1990)。

3. 比科拉诺语(Bicolano)

比科拉诺语主要分布在菲律宾中部的卡坦端内斯岛(Catanduanes)等地,使用人口 330 多万。中部方言的使用者有 250 万(1990)。

4. 务宿语(Visayan, Cebuano)

务宿语主要分布在内格罗斯岛(Negros)、务宿岛(Cebu)、保和岛(Bohol)、米沙鄢岛(Visayas),及棉兰老岛(Mindanao)的部分地区,使用人口 1471 万(1990)。有务宿、保和、莱特(Leyte)、棉兰老、米沙鄢等方言。

5. 卡皮斯语(Capiznon)

卡皮斯语分布在班乃岛东北部,使用人口44万5千(1975)。

6. 库约语(Cuyonon)

库约语分布在巴拉望沿海和库约岛,使用人口12万3千(1990)。

7. 达沃语(Davawenyo)

达沃语分布在棉兰老达沃湾东部,使用人口14万7千(1990)。

8. 伊利甘语(Hiligaynon, Ilonggo)

伊利甘语分布在伊洛伊洛(Iloilo)、卡皮斯(Capiz)、班乃岛、内格罗斯岛、米沙鄢岛,使用人口700万(1995),有伊利甘、凯沃亚(Kawayan)、班塔延(Bantayan)等方言。

9. 卡拉干语(Kalagan)

卡拉干语分布在达沃湾(Davao)东西部沿海,使用人口约6万(1987)。

10. 巴拉望语(Palawano)

巴拉望语分布在巴拉望,有3种方言,中部方言使用人口为1万2千(1981),另外两种方言使用人口各约3千。

11. 基那拉雅语(Kinaray-a)

基那拉雅语分布在伊洛伊洛、安蒂桂和班乃岛西部,使用人口37万7千(1994),有7种方言。

12. 洛克语(Loocnon)

洛克语分布在塔布拉斯岛(Tablas)南部,使用人口约3万—4万(1984),有4种方言。

13. 曼萨卡语(Mansaka)

曼萨卡语分布在达沃省东部及其以东地区,使用人口约3万(1975)。

14. 马斯巴特语(Masbatenyo)

马斯巴特语分布在马斯巴特省的3个岛上,60万人以其为母语(1996),另有15万—20万以其为交际语(1986)。

15. 朗布隆语(Romblon, Romblomanon)

朗布隆语分布在朗布隆岛、锡布燕岛(Sibuyan)及塔布拉斯岛东部的部分地区,使用人口20万(1987)。

16. 陶苏格语(Tausug)

陶苏格语分布在和乐岛(Jolo)和苏禄群岛(Sulu Archipelago),又叫做和乐语(Joloano)、苏禄语(Sulu, Suluk),菲律宾本土使用这种语言的人有65万(1990)。马来西亚沙巴(Sabah)和印度尼西亚的加里曼丹共有49万人以其为母语(1981),50万人兼通这种语言。

17. 萨马语(Samaran, Waray-Waray)

萨马语分布在萨马尔—莱特岛(Samar-Leyte)的东部和北部，使用人口 243 万(1990)，有瓦拉伊(Waray)、萨马—莱特和北萨马等 3 种方言。

以上 17 种语言的发生学分类依照西方学者 20 世纪 90 年代的意见归于马来—玻利尼西亚西支菲律宾中支。

以下是菲律宾北支的语言。

18. 卡林阿语(Kalinga)

卡林阿语主要分布在吕宋岛，共有 8 种差别较大的方言。里摩斯方言(Limos)分布在吕宋岛卡林阿—阿巴饶省(Kalinga-Apayao)，使用人口约 2 万(1977)，是卡林阿语中使用人口最多的方言。其次是卡林阿语的南部方言，分布在卡林阿—阿巴饶省的南部，使用人口为 1 万 2 千(1981)。

19. 博利瑙语(Bolinao)

博利瑙语分布在吕宋岛邦阿西南省(Pangasinan)西部，使用人口 5 万(1990)。

20. 班都克语(Bontok)

班都克语的中部方言和东部方言分布在吕宋岛的中部山区省(Central Mountain)，使用人口分别为 4 万(1994)和 5 千(1998)。

21. 卡加延语(Cagayan, Gaddang)

卡加延语分布在吕宋岛伊莎贝拉(Isabela)中部、巴加巴格

(Bagabag)、索拉诺(Solano)、巴云帮(Bayombong)等地,使用人口 3 万(1984)。

22. 本格特—伊戈罗特语(Benguet-Igorot)

本格特—伊戈罗特语又叫做伊巴洛伊语(Ibaloi, Ibaloy, Ibadoy),分布在吕宋岛的本格特中部和南部,新比斯开省(Nueva Vizcaya)西部,使用人口 11 万(1990)。

23. 伊巴那格语(Ibanag, Ybanag)

伊巴那格语分布在吕宋岛伊莎贝拉省和卡加延省,有南北两种方言,使用人口 50 万(1990)。

24. 伊富高语(Ifugao)

伊富高语分布在吕宋岛伊富高省,有 4 种差别较大的方言。巴他德方言(Batad)使用者最多,有 4 万 3 千(1987)。

25. 伊洛干诺语(Ilocano, Iloko, Ilokano)

伊洛干诺语分布在吕宋岛西北部及棉兰老等地,使用人口 800 万(1991)。

26. 依斯那格语(Isnag)

依斯那格语分布在吕宋岛阿帕雅沃(Apayao)北部,有 5 种方言,使用人口为 3 万(1994)。

27. 依他威特语(Itawit, Itawis, Tawit)

依他威特语分布在吕宋岛卡加延南部,有两种方言,使用人口13万(1990)。

28. 依瓦坦语(Ivatan)

依瓦坦语分布在巴示戈(Basco)和巴坦群岛(Batanes),使用人口3万5千(1998)。

29. 康康那伊语(Kankanaey)

康康那伊语有中部和北部两种差别较大的方言。中部方言分布在本格特省北部、西南部山区省(Southweatern Mountain)、伊洛戈省东南部等地,使用人口11万(1981)。北部方言分布在吕宋岛西部山区省(Western Mountain)、伊洛戈省东南部等地,使用人口7万(1987)。

30. 邦板牙语(Pampangan)

邦板牙语分布在吕宋岛邦板牙省(Pampanga)、打拉省(Tarlac)和巴丹省(Bataan),使用人口189万(1990)。

31. 邦阿西楠语(Pangasinan)

邦阿西楠语分布在吕宋岛邦阿西楠省,使用人口116万(1990)。

32. 桑巴尔语(Sambal)

桑巴尔语有7种差别较大的方言,博托兰方言(Botolan)和蒂纳方言(Tina)使用人口较多。博托兰方言分布在吕宋岛中部的三描礼士省(Zambales),使用人口3万(1975)。蒂纳方言分布在三描礼士省的北部,使用人口7万(1998)。

以上15种是菲律宾北支中使用人口较多的语言。

以下是南支的语言。

33. 布基农语(Bukidnon, Binukid)

布基农语分布在棉兰老岛中北部,布基农省的南部和哥打巴托(Cotabato)东北部等地,使用人口共10万(1987)。

34. 卡加延语(Cagayano Cillo, Kagayanen)

卡加延语分布在卡加延群岛及巴拉望岛沿海,使用人口2万3千(1992)。

35. 马京达瑙语(Maguindanao, Magindanaon)

马京达瑙语分布在马京达瑙省、哥打巴托北部和南部等地,使用人口100万(1999)。

36. 马诺波语(Manobo)

马诺波语有12种差别较大的方言。阿古桑方言(Agusan)分布在南阿古桑省等地,使用人口4万(1981)。他加巴瓦方言(Tagabawa)分布在棉兰老岛,使用人口4万3千(1998)。萨兰加尼方言(Sarangani)分布在达沃东部和南部,使用人口3万5千(1987)。

以上马诺波语等4种语言依照西方学者20世纪90年代的意见归于菲律宾南支。以下布拉安语、第波利语和第鲁拉伊语为棉兰老语支的语言,雅肯语和沙玛语是沙玛—巴贾瓦语支的语言。

37. 布拉安语(Blaan)

布拉安语有两种差别较大的方言。科罗拿大尔方言(Koronadal)分布在南哥打巴托省,使用人口10万(1981)。比拉安方言(Bilaan)分布在南哥打巴托省及萨兰加尼半岛,使用人口估计为7万5千—10万(1998)。

38. 第波利语(Tiboli, Tbol)

第波利语分布在哥打巴托南部,使用人口估计为8万—10万(1997)。

39. 第鲁拉伊语(Tiruray)

第鲁拉伊语分布在哥打巴托,使用人口3万4千(1975)。

40. 雅肯语(Yakan, Yacan)

雅肯语分布在苏禄群岛、巴西兰岛及棉兰老岛西部,使用人口6万—7万(1987)。马来西亚的沙巴州有数千人使用这种语言。

41. 沙玛语(Sama)

沙玛语有6种差别较大的方言。沙玛中央方言分布在苏禄省,使用人口10万(1977)。巴朗伊尼方言(Balangingi)分布在和乐岛,使用人口6万(1981)。沙玛语还分布在马来西亚。

42. 摩尔波格语(Molbog)

摩尔波格语分布在巴拉巴科岛(Balabac)等地,使用人口7000

(1987)。

三 马来西亚

依照西方学者 20 世纪 90 年代的意见,马来西亚巽他语支的语言有:

1. 马来语(Malay, Bahasa Malaysia)

马来语或叫做马来西亚语,是马来西亚的官方语言和民族共同语,有 7 种方言,使用人口 718 万(1986)。

2. 杜阿诺语(Duano)

杜阿诺语分布在马来半岛,使用人口 1 万 9 千(1981)。

3. 米南卡保语(Minangkabau)

吉隆坡(Kuala Lumpur)东南地区使用米南卡保语的人有 30 万(1981),印度尼西亚苏门答腊和雅加达地区有 650 万(1981)。马来半岛的米南卡保语和苏门答腊的分属不同的方言。

4. 文莱语(Brunei)

文莱语分布在沙巴州(Sabah)和沙捞越州(Sarawak),使用人口 5 万 4 千(1984)。此外,在文莱使用者有 25 万(1984)。

5. 布吉斯语(Bugis)

印度尼西亚的苏拉威西(Sulawea)和马来西亚的沙巴州共有 40 万人在使用(1981)。

6. 伊板语(Iban)

伊板语主要分布在沙捞越,也分布在沙巴州和印度尼西亚的加里曼丹,有 7 种方言,一共有 41 万人在使用(1995)。

7. 爪哇语(Javanese)

爪哇语主要分布在印度尼西亚,马来西亚沙巴州有 30 万人使用这种语言(1981)。

以下是婆罗洲语支的语言。

8. 比萨雅语(Bisya)

比萨雅语分布在婆罗洲湾周围,使用人口 1 万—1 万 2 千(1985)。

9. 杜孙语(Dusun)

杜孙语分布在沙巴州,有两种方言。中央方言使用人口 14 万(1991),苏古特方言(Sugut)使用人口 8 千—9 千(1985)。

10. 卡达仁语(Kadazan)

卡达仁语有 3 种差别较大的方言。沿海方言分布在沙巴州沿海,使用人口 6 万;东部方言分布在沙巴州东北地区,使用人口估计为 2 万 1 千—2 万 4 千(1987);克立阿斯河方言(Klias River)分布在克立阿斯河地区,使用人口仅 1 千(1984)。

11. 伦达叶赫语(Lundayeh)

沙捞越有 1 万人在使用伦达叶赫语(1987),沙巴州有 2 千(1982)。

12. 路乌斯语(Rungus)

路乌斯语或认为是杜孙语的方言,分布在沙巴州,使用人口为 1 万 5 千(1991)。

13. 木鲁特语(Murut)

沙巴州有两种木鲁特语。塔加尔木鲁特语(Tagal Murut, Sumambu)主要分布在沙巴州,使用者约 3 万—5 万(1987),印度尼西亚的阿鲁姆比斯地区有 2 千人在使用这种语言。丹南木鲁特语(Tenom Murut, Timugon Murut)分布在沙捞越的丹南地区(Tennom)。

14. 比亚大赫语(Biatah)

比亚大赫语主要分布在沙捞越的第一区和古晋区(Kuching District),共有 10 个村的居民在使用这种语言,印度尼西亚的加里曼丹也有人使用这种语言,使用者估计共有 2 万(1981)。

15. 布卡尔沙东语(Bukar Sadong)

布卡尔沙东语分布在沙捞越第一区的 30 或 30 多个村子,印度尼西亚也有人使用这种语言,使用者共 3 万 4 千(1981)。

16. 达雅克语(Dayak)

达雅克语大陆方言(Land)内部较为复杂,分布在沙捞越南部和印度尼西亚的加里曼丹,使用人口约为 5 万 7 千。[①]

17. 贾戈伊语(Jagoi)

贾戈伊语又叫做沙捞越达雅克语(Sarawak Dayak),分布在沙捞越,20 个村子共 1 万 9 千人在使用这种语言(1981)。

18. 梅兰瑙语(Melanau)

梅兰瑙语分布在沙捞越,使用人口 2 万 5 千(1981)。

19. 杜通语(Tutong)

杜通语分布在沙捞越和文莱,使用者共有 2 万 5 千(1981)。
以上 12 种是婆罗洲语支的语言。

20. 沙玛语(Sama)

沙玛语属沙玛—巴贾瓦语支。沙巴州有 4 种差别较大的沙玛语的方言。沙玛语中央方言除沙巴州外还分布在菲律宾,使用者共有 10 万。沙玛语南部方言沙巴州有 2 万人在使用,菲律宾有 3 万人在使用。沙玛语巴朗伊尼方言使用者 3 万(1977)。

21. 巴贾瓦语(Bajiau)

巴贾瓦语属沙玛—巴贾瓦语支,分布在沙巴州,使用人口 4 万(1982)。

[①] Ethnologue, Language of the World, 1988.

四 印度尼西亚

1. 印度尼西亚语(Bahasa Indonesian)

印度尼西亚语是印尼的官方语言,约有 1700 万—3000 万人以其为母语。

2. 马来语

马来语主要分布在苏门答腊、加里曼丹等地,使用者约 1000 万(1981)。

3. 巴厘语(Bali, Balinese)

巴厘语分布在巴厘、龙目岛(Lombok)西部和东爪哇等地,使用人口 380 万(1993)。

4. 爪哇语(Javanese, Jawa)

爪哇语是南岛语中使用人口最多的一种语言,主要分布在爪哇、伊里安、苏拉威西、马六甲等地,使用人口 7500 万(1995)。

5. 马都拉语(Madura, Madurese)

马都拉语分布在马都拉、萨普迪(Sapud, Pulau)、康厄安群岛(Kangean)、爪哇东部沿海地区,使用人口 1369 万(1995)。

6. 巽他语(Sunda)

巽他语主要分布在爪哇西部,使用人口 2700 万(1990)。

7. 奥兴语(Osing, Banyuwangi)

奥兴语分布在东爪哇的东部和东北部沿海地区,使用人口估计为 20 万—50 万(1981)。

8. 滕格尔语(Tengger, Tenggerese)

滕格尔语分布在东爪哇,使用人口 50 万(1989)。

9. 阿赫语(Ahe, Ahe Dayak)

阿赫语分布在加里曼丹,使用人口 3 万(1990)。

10. 班贾尔语(Banjar, Banjarese)

班贾尔语分布在加里曼丹班贾尔马辛(Banjarmasin)的南部和东部周边地区,有瓜拉(Kwala)和胡鲁(Hulu)两种方言,使用人口 210 万(1993)。

11. 肯达延语(Kendayan, Kendayan Dayak)

肯达延语分布在加里曼丹的巴拉特(Barat)、孟嘉影(Bengkayang)东北地区,使用者约 15 万(1981)。

12. 肯尼贾尔语(Keninjal, Keninjal Dayak)

肯尼贾尔语分布在加里曼丹中西部,使用人口 3 万 5 千(1990)。

13. 马来达雅克语(Malayic Dayak)

马来达雅克语分布在加里曼丹的巴纳纳(Banana)等地,有 7 种差别较大的方言,使用人口 52 万(1981)。巴纳纳方言是最大的方言,使用者 10 万。

14. 锡拉科语(Selako, Selako Dayak)

锡拉科语分布在加里曼丹的比曼卡特(Pemangkat)一带,使用者约 10 万(1981)。

15. 萨萨克语(Sasak, Lombok)

萨萨克语分布在巽他群岛和龙目岛东部,有 4 种方言,使用人口 210 万(1989)。

16. 松巴哇语(Sumbawa, Semawa)

松巴哇语分布在松巴哇岛西端和龙目岛东部,使用人口 30 万(1989)。

17. 阿朋语(Abung)

阿朋语分布在苏门答腊南部,使用人口 50 万(1976)。

18. 巴塔克语(Batak)

巴塔克语分布在苏门答腊,有 7 种差别较大的方言。多巴方言(Toba)分布在多巴湖的东边、南边、西边及萨默西尔岛(Samosir),使用者 200 万(1991)。大伊里方言(Dairi)分布在多巴湖北边和西南地区,使用者 120 万(1991)。辛马龙温方言(Simalungun)分布在多巴湖北边及东北地区,使用者 80 万(1977)。

19. 科林基语(Kerinci, Kerintji)

科林基语分布在苏门答腊的双溪槟努赫山(Sungaipenuh)周围,使用人口 30 万(1989)。

20. 哥友语(Gayo)

哥友语分布在苏门答腊北部山区,有 4 种方言,使用人口 18 万(1989)。

21. 科梅棱语(Komering)

科梅棱语分布在苏门答腊南部,使用人口 70 万(1989)。

22. 克鲁伊语(Krui)

克鲁伊语分布在苏门答腊克鲁伊省和拉瑙湖一带,使用人口 2 万—3 万(1985)。

23. 楠榜语(Lampung, Lampong)

楠榜语分布在苏门答腊南部的楠榜省,使用人口 150 万(1981)。

24. 卢布语(Lubu)

卢布语分布在苏门答腊东部的中部地区,使用人口 3 万(1981)。

25. 明打威语(Mentawai)

明打威语分布在苏门答腊西边的明打威群岛上，有9种方言，使用人口5万(1992)。

26. 米南卡保语(Minangkabau)

米南卡保语分布在苏门答腊西部，有9种方言，使用人口650万(1981)。

27. 尼亚斯语(Nias)

尼亚斯语分布在苏门答腊西边的尼亚斯和巴都群岛(Badu Islands)上，使用人口48万(1989)。

28. 穆西语(Musi)

穆西语分布在苏门答腊南部穆西河两岸，使用人口15万(1989)。

29. 欧根语(Ogan)

欧根语分布在苏门答腊南部的巴都拉惹(Baturaja)等地，使用人口30万(1989)。

30. 巴邻旁语(Palembang)

巴邻旁语分布在苏门答腊东南部的巨港地区(旧称巴林旁)，使用人口50万(1989)。

31. 巴西马赫语(Pasemah, Besemah)

巴西马赫语分布在苏门答腊的中布吉特巴立三高地(Cental Bukit Barisan Highland),使用人口 40 万(1989)。

32. 比西西尔语(Pesisir)

比西西尔语分布在苏门答腊南部,有 5 种方言,使用人口 40 万(1976)。

33. 浦比安语(Pubian)

浦比安语分布在苏门答腊南部,使用人口 40 万(1976)。

34. 雷姜语(Rejang)

雷姜语分布在苏门答腊南部高地,使用人口 100 万(1981)。

35. 锡古勒语(Sikule)

锡古勒语分布在锡默乌卢岛(Simeulue)中部,使用人口 2 万。

36. 锡默乌卢语(Simeulue)

锡默乌卢语分布在锡默乌卢岛东西两头,使用人口 10 万(1981)。

以上 36 种为巽他语支的语言。以下是婆罗洲语支的语言。

37. 安板盎语(Ampanang)

安板盎语分布在加里曼丹杜荣(Tunjung)地区的东南部,使用人口约为 3 万(1981)。

38. 巴古姆巴伊语(Bakumpai)

巴古姆巴伊语分布在加里曼丹的卡普阿斯河(Kapuas)和巴里多河(Barito)一带,使用人口4万(1981)。

39. 本雅都语(Benyadu)

本雅都语分布在加里曼丹和沙捞越相邻的地区,使用人口约为4万5千(1981)。

40. 比雅达赫语(Biatah,Lundu)

比雅达赫语分布在加里曼丹与沙捞越相邻的西北地区,使用人口2万(1981)。

41. 德琼根语(Djongkan)

德琼根语分布在加里曼丹西北部,使用人口4万5千(1981)。

42. 多荷伊语(Dohoi,Uut Danum)

多荷伊语分布在加里曼丹的斯赫瓦纳(Schwaner)地区,有7种方言,使用人口约8万(1981)。

43. 杜孙语(Dusun)

印度尼西亚的杜孙语,加里曼丹有3种差别较大的方言,德雅赫方言(Deyah)、马朗方言(Malang)和威图方言(Witu),使用人口分别估计为2万、1万和2万5千(1981)。杜孙语中央方言分布在马来西亚。

44. 卡哈延语(Kahayan)

卡哈延语分布在加里曼丹卡普阿斯河(Kapuas)和卡哈延河地区,使用人口4万5千(1981)。

45. 卡丁安语(Katingan)

卡丁安语分布在加里曼丹卡丁安河地区,使用人口估计为4万5千(1981)。

46. 拉汪安语(Lawangan)

拉汪安语分布在加里曼丹南部的卡拉乌河(Karau)周边地区,方言情况较为复杂(或认为有17种不同的方言),使用人口12万(1981)。

47. 马安延语(Maanyan, Maanyan Dayak)

马安延语分布在加里曼丹南部,有3种方言,使用人口7万(1981)。

48. 纳朱语(Ngaju)

纳朱语分布在加里曼丹卡普阿斯河、卡哈延河(Kahayan)等地,有4种方言,使用人口25万(1981)。

49. 帕古语(Paku)

帕古语分布在加里曼丹东南部地区,使用人口约2万(1981)。

50. 里本语(Ribun)

里本语分布在加里曼丹西北金巴延(Kembayan)南部,使用人口约4万5千(1981)。

51. 塞曼当语(Semandang)

塞曼当语分布在加里曼丹中西部,使用人口3万(1981)。

52. 西盎语(Siang)

西盎语分布在加里曼丹中部,有两种方言,使用人口约6万(1981)。

53. 吞君语(Tunjung, Tunjung Dayak)

吞君语分布在加里曼丹中部,有4种方言,使用人口估计为5万(1981)。

以上17种是婆罗洲语支的语言。以下是苏拉威西语支的语言。

54. 巴兰塔语(Balantak)

巴兰塔语分布在苏拉威西的卢武克(Luwuk)、巴塔兰等地,使用人口2万5千(1991)。

55. 宾科客语(Bingkokak)

宾科客语分布在苏拉威西东南部,使用人口15万(1977)。

56. 布吉斯语(Bugis, Buginese)

布吉斯语分布在苏拉威西的南部及其他地区,马来西亚的沙巴州,共有5种方言。分布在苏拉威西的有350万人(1991)。

57.邦库语(Bungku)

邦库语分布在苏拉威西中部,有6种方言,使用人口2万1千(1995)。

58.布奥尔语(Buol)

布奥尔语分布在苏拉威西中部,使用人口7万5千(1989)。

59.坎帕拉几安语(Campalagian)

坎帕拉几安语分布在苏拉威西的南部,使用人口3万(1986)。

60.达阿语(Da'a,Penkawa)

达阿语分布在苏拉威西的中部和南部,有两种方言,使用人口3万(1985)。

61.戈龙塔洛语(Gorontalo)

戈龙塔洛语分布在苏拉威西的西北部,使用人口90万(1989)。

62.凯伊地邦语(Kaidipang,Dio)

凯伊地邦语分布在苏拉威西的北部,有两种方言,使用人口2万2千(1981)。

63.贡诺语(Kondjo)

贡诺语分布在苏拉威西南部,有两种方言。沿海方言分布在半岛南端的东南角,使用人口为 12 万 5 千(1991),高地方言分布在苏拉威西南部中央的山区,使用人口 15 万(1991)。

64. 劳乌吉语(Lauje, Laudje)

劳乌吉语分布在苏拉威西,使用人口 4 万 5 千(1991)。

65. 勒多语(Ledo, Kaili, Palu)

勒多语分布在苏拉威西的中部及南部,4 种方言,使用人口 13 万(1985)。

66. 望加锡语(Makassar, Macassarese)

望加锡语分布在苏拉威西南部,4 种方言,使用人口 160 万(1989)。①

67. 马马萨语(Mamasa)

马马萨语分布在苏拉威西南部马马萨河沿岸的波尔马斯地区,使用人口 10 万(1991)。

68. 马穆朱语(Mamuju)

马穆朱语分布在苏拉威西南部的马穆朱地区,5 种方言,使用人口 6 万(1991)。

---

① 望加锡是旧地名,现称乌戎潘当(Ujung Pang)。

69. 曼达尔语(Mandar)

曼达尔语分布在苏拉威西南部的马穆朱地区及一些岛屿上,5种方言,使用人口20万(1986)。

70. 马辛仁普鲁语(Masenrempulu)

马辛仁普鲁语分布在苏拉威西南部的恩雷康(Enrekang)等地,3种方言,使用人口20万(1981)。

71. 默孔加语(Mekongga)

默孔加语分布在苏拉威西东南部地区,3种方言,使用人口2万5千(1982)。

72. 孟温斗语(Mongondow, Bolaang)

孟温斗语分布在苏拉威西的东南地区,两种方言,使用人口90万(1989)。

73. 莫罗内内语(Moronene, Maronene)

莫罗内内语分布在苏拉威西的东南地区,使用人口3万1千(1991)。

74. 穆纳语(Muna)

穆纳语分布在苏拉威西东南部的穆纳岛等地,有北穆纳、南穆纳和东穆纳3种方言,使用人口22万7千(1989)。

75. 帕莫纳语(Pamona)

帕莫纳语主要分布在苏拉威西的中部,少数使用者在南部,7种方言,使用人口10万6千(1979)。

76. 帕他厄语(Pattae)

帕他厄语分布在苏拉威西南部,4种方言,使用人口3万5千(1983)。

77. 拉塔汉语(Ratahan)

拉塔汉语分布在苏拉威西半岛东北的拉塔汉地区,使用人口3万(1989)。

78. 隆空语(Rongkong)

隆空语分布在苏拉威西南部林邦(Limbong)等地,3种方言,使用人口3万(1983)。

79. 萨卢安语(Saluan)

萨卢安语分布在苏拉威西的东中部地区,有沿海和内陆两种方言,沿海方言使用人口为7万5千(1979),内陆方言使用人数不明。

80. 桑义赫语(Sangihe,Sangir)

桑义赫语主要分布在苏拉威西的桑义赫岛,部分在菲律宾,有多种方言。苏拉威西地区20万人使用这种语言(1995),菲律宾有5万5千(1981)。

81. 舍拉雅尔语(Selayar)

舍拉雅尔语主要分布在苏拉威西南边的舍拉雅尔岛,使用人口 9 万(1983)。

82. 塔劳语(Talaud)

塔劳语分布在苏拉威西北边的塔劳群岛,有 10 种不同的方言土语,使用人口 6 万(1981)。

83. 托阿拉语(Toala)

托阿拉语分布在苏拉威西南部,有托阿拉赫帕丽丽两种方言,使用人口共有 3 万(1983)。

84. 托拉基语(Tolaki)

托拉基语分布在苏拉威西东南部地区,有 8 种不同的方言土语,使用人口 28 万(1991)。

85. 托利托伊语(Tolitoi)

托利托伊语分布在苏拉威西中部的托利托伊等地,使用人口 2 万 8 千(1991)。

86. 通布鲁语(Tombulu, Tombalu)

通布鲁语分布在苏拉威西的东北部地区有两种方言,使用人口 6 万(1981)。

87. 托米尼语(Tomini)

托米尼语分布在苏拉威西中部的莫乌通(Moutong)、托米尼等地,使用人口4万2千(1992)。

88. 通达诺语(Tondano)

通达诺语分布在苏拉威西东北部的通达诺周边地区,3种方言。

89. 通巴杜语(Tombatu, Tonsawang)

通巴杜语分布在苏拉威西东北部的通巴杜周边地区,使用人口2万(1989)。

90. 通西亚语(Tonsea)

通西亚语分布在苏拉威西东北端,使用人口9万(1989)。

91. 通滕波阿语(Tontemboan)

通滕波阿语分布在米纳哈萨半岛(Minahasa)沿海的东北地区,3种方言,使用人口15万(1990)。

92. 托拉贾语(Toraja, Toraja-Sadan)

托拉贾语分布在苏拉威西南部的塔纳·托拉贾(Tana Toraja)等地,3种方言,使用人口50万(1990)。

93. 图康伯西语(Tukangbesi)

图康伯西语分布在苏拉威西东南的图康伯西群岛,有南北两种方言。北部方言使用人口12万(1995),南部方言使用人口13

万(1995)。

94. 乌玛语(Uma, Pipikoro)

乌玛语分布在苏拉威西中部的科罗—拉里昂河(Koro-Lariang)流域等地,使用人口2万(1990)。

95. 窝里沃语(Wolio, Buton, Butonese)

窝里沃语分布在苏拉威西东南部及布屯岛(Buton)南部,使用人口估计为2万5千—3万5千(1990)。

以上42种语言依照西方学者20世纪90年代的意见归于马来—波利尼西亚西支苏拉威西语支。

以下是马来—波利尼西亚中支的语言,主要分布在马鲁古(Maluku)群岛和努沙·登加拉(Nusa Tenggara)群岛。

96. 阿鲁纳语(Alune)

阿鲁纳语分布在马鲁古省中部的开伊拉都(Kairatu)等地,使用人口1万3千(1987)。

97. 拉腊特语(Larat, Fordata)

拉腊特语分布在马鲁古省东南部的塔宁巴尔(Tanimbar)群岛,使用人口5万(1995)。

98. 葛舍尔语(Geser, Goram)

葛舍尔语分布在塞蓝岛(Seram)的东端及该群岛的另一些岛上,两种方言,使用人口3万6千(1989)。

99. 卡伊语(Kai, Kei)

卡伊语分布在马鲁古省东南部的卡伊岛上，5种方言，使用人口8万6千(1990)。

100. 勒梯语(Letti, Leteri, Letri Lgona)

勒梯语分布在马鲁古南部的勒梯等岛屿，有10数种方言土语，使用人口7千5百(1995)。

101. 马基安语(Makian)

马基安语分布在马基安等岛屿上，有东马基安和西马基安两种方言。两种方言的使用人口皆为2万(1983)。

102. 苏拉语(Sula)

苏拉语分布在马鲁古北部的苏拉群岛等地，3种方言，使用人口2万(1983)。

103. 扬德纳语(Yamdena)

扬德纳语分布在马鲁古东南的扬德纳岛东部沿海地区，使用人口2万5千(1991)。

104. 比玛语(Bima, Bimanese)

比玛语分布在巽他群岛和松巴哇岛(Sumbawa)东部，5种方言，使用人口50万(1989)。

105. 恩德—里沃语(Ende-Lio)

恩德—里沃语分布在弗洛勒斯岛(Flores)中部、锡加(Sikka)西部等地,4种方言,使用人口30万(1981)。人口最多的恩德方言使用者8万7千(1981)。

106. 加洛里语(Galoli)
加洛里语分布在帝汶岛(Timor),使用人口约为5万(1981)。

107. 科当语(Kedang, Kedangese)
科当语分布在龙布林岛(Lomblen)东北部和小巽他群岛(Lesser Sundas),使用人口3万(1997)。

108. 坎马克语(Kemak, Ema)
坎马克语分布在帝汶岛中北部,两种方言,使用人口5万(1981)。

109. 可地语(Kodi, Kudi)
可地语分布在松巴岛(Sumba)西部和小巽他群岛,两种方言,使用人口4万(1987)。

110. 曼拜语(Mambai)
曼拜语分布在东帝汶中部山区,4种方言,使用人口8万(1981)。

111. 芒加莱语(Manggarai, Badjava)
芒加莱语分布在弗洛勒斯岛和小巽他群岛,4种方言,使用人口 50 万(1989)。

112. 那大语(Ngada)
那大语分布在弗洛勒斯岛中南部,有 4 种方言,使用人口 6 万(1995)。

113. 罗地语(Roti)
罗地语分布在罗地岛及与之相邻的东帝汶地区,有 8 种方言土语,使用人口 12 万 3 千—13 万 3 千(1981)。

114. 萨武语(Sawu, Hawu)
萨武语分布在萨武岛等地,5 种方言,使用人口 7 万 5 千—8 万 5 千(1981)。

115. 锡加语(Sikka)
锡加语分布在弗洛勒斯岛中部和小巽他群岛,3 种方言,使用人口 17 万 5 千(1990)。

116. 索洛语(Solor)
索洛语分布在索洛岛等地,3 种方言,使用人口 25 万(1981)。

117. 松巴语(Sumba)
松巴语分布在松巴岛等地,7 种方言土语,使用人口 12 万 5 千(1981)。

118. 德屯语(Tetun, Tetum)

德屯语分布在帝汶中部及西北端等地,有数种方言,使用人口45万(1997)。

119. 帝汶语(Timor)

帝汶语分布在帝汶岛,6种方言,使用人口60万(1981)。

120. 土库得得语(Tukudede)

土库得得语分布在帝汶岛北部沿海地区,使用人口5万(1981)。

121. 韦叶哇语(Weyewa, Wejewa)

韦叶哇语分布在小巽他群岛和松巴岛,4种方言,使用人口6万5千(1997)。

122. 比亚克语(Biak)

比亚克语分布在伊利安北边的比亚克群岛等地,4万人为母语(1981)。

以上27种语言划归马来—波利尼西亚中支。

123. 巴贾乌语(Bajau, Badjaw)

巴贾乌语划归沙玛—巴贾语支,分布在苏拉威西中部、南部,马鲁古北部和努沙·登加拉地区,有11种方言土语,使用人口5万(1977)。

124. 亚齐语(Aceh)

亚齐语是占语支语言[①]，分布在苏门答腊北部的亚齐省，有7种方言土语，使用人口300万(1999)。

五 巴布亚新几内亚

分布在巴布亚新几内亚的语言依照西方学者20世纪90年代的意见归于大洋语支，主要有：

1. 阿者拉语(Adzera, Azera)

阿者拉语分布在万罗贝省(Morobe)，有多种方言，使用人口2万(1988)。

2. 阿瓦乌语(Avau)

阿瓦乌语分布在新不列颠省(West New Britain)，使用人口6千(1982)。

3. 巴里—维杜语(Bali-Vitu)

巴里—维杜语分布在新不列颠省，有巴里和维杜两种方言，使用人口共8千(1982)。

4. 波拉语(Bola, Bakovi, Bola-Bakovi)

波拉语分布在新不列颠省，使用人口7千5百(1982)。

---

① 一些学者将其归于巽他语支。

5. 布昂语(Buang)

布昂语分布在莫罗贝省,有两种方言。中部布昂语(Central Buang, Mapos)有7种土语,使用人口共6千7百(1982)。芒加布昂语(Mangga, Kaidemui)有两种土语,使用人口3千5百(1991)。

6. 布因语(Buin)

布因语分布在北所罗门省(North Solomons),使用人口2万5千—2万8千(1996)。

7. 布卡乌阿语(Bukaua, Kawa)

布卡乌阿语分布在莫罗贝省,使用人口9千6百(1978)。

8. 布哇伊多卡语(Bwaidok)

布哇伊多卡语分布在米尔内湾省(Milne Bay),有多种方言,使用人口6千(1994)。

9. 达密语(Dami, Ham)

达密语分布在马当省(Madang)的马当地区,使用人口1千5百(1981)。

10. 多布语(Dobu)

多布语分布在米尔内湾省,有多种方言,使用人口1万(1998)。

11. 杜阿乌语(Duau)

杜阿乌语分布在米尔内湾,有多种方言,使用人口3千5百(1991)。

12. 金米语(Gimi, Loko)
金米语分布在新不列颠省,使用人口3千7百(1982)。

13. 哈里阿语(Halia)
哈里阿语分布在北所罗门省,使用人口2万(1994)。

14. 哈姆打伊语(Hamtai, Hamde, Kapau)
哈姆打伊语分布在海湾省(Gulf),又叫做库库库库语(Kukukuku)。当地人不喜欢库库库库这种叫法,有多种方言,哈姆打伊是该语言的一种方言。使用人口4万5千(1998)。

15. 伊杜那语(Iduna)
伊杜那语分布在米尔内湾省,有多种方言,使用人口6千(1984)。

16. 卡里阿伊语(Kaliai)
卡里阿伊语分布在新不列颠省,有卡里阿伊和柯姆贝(Kombe)两种方言,使用人口共5千6百(1982)。

17. 卡乌龙语(Kaulong, Pasismanua)
卡乌龙语分布在新不列颠省,有多种方言,使用人口3千(1991)。

18. 科奥帕拉语(Keopara)

科奥帕拉语分布在中央省,有科奥帕拉等多种方言,使用人口1万6千(1975)。

19. 吉立威拉语(Kiriwina, Kilivila)

吉立威拉语分布在米尔内海湾省,3种方言,使用人口2万2千(1991)。

20. 利希尔语(Lihir)

利希尔语分布在新爱尔兰省(New Ireland)的利希尔岛及其附近的3个较小的岛屿上,使用人口6千(1985)。

21. 宁德娄语(Lindrou, Nyindrou, Nyada)

宁德娄语分布在马努斯省(Manus),使用人口4千2百(1998)。

22. 马乐乌—吉陵厄语(Maleu-Kilenge, Idne)

马乐乌—吉陵厄语分布在新不列颠省,有马乐乌和吉陵厄两种方言,使用人口共5千(1991)。

23. 马伦语(Malon, Malol, Malolo)

马伦语分布在西塞皮克省(West Sepik),使用人口3千3百。

24. 姆布拉语(Mbula, Mangap)

姆布拉语分布在莫尔贝克省萨卡尔岛(Sakar)等地,有多种方言,使用人口 2 千 5 百(1991)。

25. 马穆斯语(Mamusi, Kakuna)

马穆斯语分布在新不列颠省,有马穆斯、卡库那(Kakuna, Melkoi)两种方言,使用人口共 6 千(1985)。

26. 马那姆语(Manam, Manum)

马那姆语分布在马当省得马纳姆岛,使用人口 7 千(1998)。

27. 曼达克语(Mandak, Madak)

曼达克语分布在新爱尔兰省,有多种方言,使用人口 3 千(1985)。

28. 梅柯澳语(Mekeo, Mekeo-Kovio)

梅柯澳语分布在中央省,有梅柯澳、西梅柯澳和可维澳(Kovio)3 种方言,使用人口共 2 万(1998)。

29. 蒙恩语(Mengen)

蒙恩语分布在新不列颠省,4 种方言,使用人口 8 千 4 百(1982)。

30. 米斯马—帕尼阿梯语(Misima-Paneati)

米斯马—帕尼阿梯语分布在米尔内海湾省,使用人口 1 万 4 千(1994)。

31. 莫里马语(Morima, Molima)

莫里马语分布在米尔内海湾省等地,4 种方言,使用人口 3 千(1972)。

32. 莫图语(Motu)

莫图语分布在中央省,有"真莫图"(True Motu)和"泾浜莫图"(Pidgin Motu)之分。真莫图语的使用人口有 1 万 4 千(1981)。泾浜莫图语除了中央省外还分布在莫尔兹比港(Port Moresby)及其周围地区,使用人口 12 万(1989)。

33. 木由语(Muyu, Muyuw)

木由语分布在米尔内海湾省,使用人口 6 千(1998)。

34. 那卡那依语(Nakanai)

那卡那依语分布在新不列颠省,有多种方言,使用人口 1 万 3 千(1981)。

35. 那拉语(Nala, Nara, Lala)

那拉语分布在中央省,使用人口 7 千 6 百(1981)。

36. 尼桑语(Nissan, Nehan)

尼桑语分布在新不列颠省和北所罗门之间的尼桑岛,使用人口 7 千(1995)。

37. 帕特帕塔尔语(Patpatar, Patpari)

帕特帕塔尔语分布在新爱尔兰省及中央省南部地区,有帕特帕塔尔等3种方言,使用人口7千(1998)。

38. 拉莫阿阿伊那语(Ramoaajna, Ramoaina)

拉莫阿阿伊那语分布在新不列颠省,有多种方言,使用人口1万(1997)。

39. 罗罗语(Roro)

罗罗语分布在中央省,有罗罗等4种方言,使用人口8千(1991)。

40. 西那加罗语(Sinagoro)

西那加罗语分布在中央省,有多种方言,使用人口1万5千(1991)。

41. 西奥语(Sio, Sigabac)

西奥语分布在莫罗贝省,使用人口3千5百(1987)。

42. 索罗斯语(Solos)

索罗斯语分布在北所罗门省,使用人口3千2百(1977)。

43. 苏阿乌语(Suau)

苏阿乌语分布在米尔内海湾省,有多种方言,使用人口6千8百(1981)。

44. 塔几亚语（Takia）

塔几亚语分布在卡尔卡尔岛（Karkar）南部，使用人口2万（1998）。

45. 坦加语（Tangga, Tanga）

坦加语分布在新爱尔兰省坦加群岛，有坦加等3种方言，使用人口5千8百（1990）。

46. 大瓦拉语（Tawala, Tavora）

大瓦拉语分布在米尔内海湾省，3种方言，使用人口1万（1988）。

47. 梯加克语（Tigak, Omo）

梯加克语分布在新爱尔兰省北部及贾乌尔岛（Djaul）西部，有多种方言，使用人口6千（1991）。

48. 梯坦语（Titan, Manus）

梯坦语或叫做马努斯语，分布在马努斯省的一些岛屿上，有5种相近的方言，使用人口3千8百（1992）。

49. 托莱语（Tolai, Tinata）

托莱语又叫做新不列颠语，分布在新不列颠省东部，有多种方言，使用人口6千（1982）。另有2千人以其为第二语言。

50. 屯加语（Tungak）

屯加语分布在新阿尔兰省的新哈诺威尔岛(New Hanover)等地,使用人口1万2千(1990)。

51. 乌沃尔语(Uvol, Lote)

乌沃尔语分布在新不列颠省东边的丹皮尔海峡(Dampier)的沿海和内地,使用人口4千2百(1982)。

52. 瓦姆帕尔语(Wampar)

瓦姆帕尔语分布在莫尔贝省,使用人口5千1百(1990)。

53. 雅贝姆语(Yabim)

雅贝姆语分布在莫尔贝省,使用人口2千(1978)。

六 所罗门群岛和瓦努阿图

分布在所罗门群岛的语言主要有:

1. 阿勒阿勒语(Areare)

阿勒阿勒语分布在南马来塔岛(South Malaita),有阿勒阿勒和马拉乌(Marau)两种方言,使用人口1万7千(1998)。

2. 阿罗斯语(Arosi)

阿罗斯语分布在马基拉岛(Makira)西北部,有汪勾(Wango)和阿罗斯两种方言,使用人口4千6百(1998)。

3. 巴乌罗语(Bauro)

巴乌罗语分布在马基拉岛中部,3种方言,使用人口4千6百(1998)。

4. 比拉奥语(Birao, Mbirao)

比拉奥语分布在瓜达尔卡那儿岛(Guadalcanal)东部,使用人口6千6百(1998)。

5. 法塔勒卡语(Fataleka)

法塔勒卡语分布在马基拉岛,使用人口5千7百(1998)。

6. 葛拉语(Gela, Nggela)

葛拉语分布在葛拉岛和佛罗里达群岛,使用人口1万(1998)。

7. 西部瓜达尔卡那尔语(West Guadalcanal, Ghari)

西部瓜达尔卡那尔语分布在瓜达尔卡那尔岛西部等地,使用人口1万(1998)。

8. 库沙柯语(Kusaghe, Kusage)

库沙柯语分布在北新乔治亚岛(North New Geogia),使用人口2千(1998)。

9. 瓜依沃语(Kwaio, Koio)

瓜依沃语分布在马莱塔岛中部,使用人口1万6千(1998)。

10. 郎阿郎阿语(Langalanga)

郎阿郎阿语分布在马莱塔岛中西部,使用人口7千8百(1998)。

11. 劳语(Lau)
劳语分布在马莱塔岛西北部,使用人口1万6千(1998)。

12. 陵沃语(Lingo, Ruavatu, Tasemboko)
陵沃语分布在瓜达尔卡那尔岛中西部和中北部,有陵沃等4种方言,使用人口1万(1998)。

13. 马郎沃语(Malango)
马郎沃语分布在瓜达尔卡那尔岛中部,使用人口3千4百(1998)。

14. 马罗佛语(Marovo)
马罗佛语分布在新乔治亚岛南边的马罗佛岛等地,使用人口8千7百(1998)。

15. 翁通语(Ontong Java, Luangiua)
翁通语分布在翁通爪哇环礁岛(Ontong Java Atoll),使用人口1千8百(1998)。

16. 罗维阿那语(Roviana, Robiana)
罗维阿那语分布在新乔治亚岛中北部的罗维阿那珊瑚岛和沃纳沃那珊瑚岛(Vonavona),使用人口1万(1998)。

17. 托阿巴伊塔语(Toabaita)

托阿巴伊塔语分布在托阿巴伊塔岛、巴厄勒勒阿岛(Baelelea)、巴厄古岛(Baeggu)等地,使用人口1万3千(1998)。

18. 瓦乐瑟语(Varese)

瓦乐瑟语分布在舒瓦瑟尔岛(Choiseul)东北部,有哥荷厄和瓦乐瑟两种方言,使用人口共7千2百(1998)。

19. 扎巴纳语(Zabana, Jabana)

扎巴纳语分布在圣伊莎贝尔岛(Santa Isabel),使用人口1千6百(1998)。

20. 布葛荷图语(Bughotu, Bugoto)

布葛荷图语分布在圣伊莎贝尔岛,有哈葛乌鲁(Hageulu)和武拉瓦(Vulava)两种方言,使用人口3千1百(1998)。

21. 杜科语(Duke, Nduke)

杜科语分布在科隆邦阿拉岛(Kolombangara),使用人口2千5百(1998)。

22. 古拉阿拉阿语(Gulaalaa)

古拉阿拉阿语分布在夸伊岛(Kwai)和俄俄斯拉岛(Ngongosila),使用人口1千6百(1998)。

23. 卡胡阿语(Kahua)

卡胡阿语分布在马基拉岛,有卡胡拉等数种方言,使用人口 7 千 7 百(1998)。

24. 夸拉阿厄语(Kwaraae, Fiu)

夸拉阿厄语分布在马莱塔岛中部,使用人口 3 万 3 千 6 百(1998)。

25. 龙伽语(Lungga)

龙伽语分布在拉农阿岛(Ranonga)南部及斯姆波岛(Simbo)等地,使用人口约有 1 千 3 百—2 千(1997)。

26. 马林厄语(Maringe, Cheke Holo, Holo)

马林厄语分布在圣伊莎贝尔岛中部,有马林厄和荷格拉诺(Hograno)两种方言,使用人口 9 千 8 百(1998)。

27. 摩诺语(Mono, Alu, Mono-Alu)

摩诺语分布在特雷热里岛(Treasury)和肖特地岛(Shortland)等地,有摩诺、阿鲁和法乌罗 3 种方言,使用人口 9 千 5 百(1998)。

28. 伦内语(Rennell)

伦内语分布在伦内岛和贝洛纳岛(Bellona),有伦内和贝洛纳两种方言,使用人口 3 千 5 百(1998)。

29. 沙阿语(Saa, South Malaita)

沙阿语分布在南马莱塔岛(South Malaita)、乌拉瓦岛 (Ulawa)和三姐妹岛(Three Sisters Island),使用人口 1 万(1998)。

30. 塔立舍语(Talise, Talisi, Tolo)

塔立舍语分布在瓜达尔卡那尔岛的东南至西南沿海,有塔立舍、托罗等 6 种方言,使用人口 9 千 7 百(1998)。

31. 塔武拉语(Tavula, Vagua)

塔武拉语分布在舒瓦瑟尔岛,使用人口 1 千 6 百(1998)。

以下是分布在瓦努阿图的语言。

32. 安比利姆语(Ambrym)

安比利姆语分布在安比利姆岛,北部方言使用人口 2 千 8 百,东南部方言使用人口 1 千 8 百(1983)。

33. 阿帕马语(Apma, Central Raga)

阿帕马语分布在庞特科特岛(Pentecot),有多种方言,使用人口 4 千 5 百(1983)。

34. 阿钦语(Atchin, Nale)

阿钦语分布在阿钦岛,使用人口 1 千 3 百(1983)。

35. 埃法特语(Efate)

埃法特语分布在埃法特及另外几个小岛,有多种方言。北部方言使用人口 3 千,南部方言使用人口 3 千 7 百(1983)。

36. 菲拉—梅勒语(Fila-Mele, Efira, Fira)

菲拉—梅勒语分布在埃法特岛和菲拉岛,有菲拉和梅勒两种方言,使用人口共 2 千(1980)。

37. 夸梅拉语(Kwamera)

夸梅拉语分布在坦那岛(Tanna)东南部,使用人口 2 千 5 百(1989)。

38. 蓝巴西语(Lambahi, Aoba, Omba)

蓝巴西语分布在安巴厄岛(Ambae),有多种方言,使用人口 3 千(1981)。

39. 乐那科尔语(Lenakel)

乐那科尔语分布在坦那岛的中西部,有多种方言,使用人口 6 千 5 百(1988)。

40. 勒窝语(Lewo, Varsu)

分布在埃皮岛(Epi)等地,使用人口 750(1986)。

41. 梅尔拉乌语(Merlav, Merelava)

梅尔拉乌语分布在梅热拉瓦岛(Mere Lava)和梅里格岛(Merig),3 种方言,使用人口 1 千 3 百。

42. 摩特拉乌语(Motlav)

摩特拉乌语分布在摩他拉瓦岛(Mota Lava),使用人口 1 千 2

百(1983)。

43. 纳马库拉语(Namakula)

纳马库拉语分布在埃法特岛北边的通奥阿岛(Tongoa)等地，有多种方言，使用人口2千8百(1983)。

44. 纳姆巴斯语(Nambas, Big)

纳姆巴斯语分布在马勒库拉岛(Malekula)的西北部，使用人口1千8百(1983)。

45. 恩杜伊恩杜伊语(Nduindui, West Ambae)

恩杜伊恩杜伊语分布在阿姆巴埃岛(Ambae)的西部，使用人口4千5百(1983)。

46. 帕马语(Paama, Paama-Lopevi)

帕马语主要分布在帕马岛，有北帕马和南帕马两种方言，使用人口共6千(1996)。

47. 拉加语(Raga)

拉加语分布在庞特科特岛(Pentecot)的北部及迈沃岛(Maewo)的南部，使用人口3千4百(1983)。

48. 莎语(Sa)

莎语分布在拉加岛(即庞特科特岛)南部，使用人口1千8百(1983)。

49. 莎考语(Sakao)

莎考语分布在桑托岛(Santo)的东北部,使用人口1千5百(1983)。

50. 坦纳语(Tanna)

坦纳语分布在坦纳岛。该岛北部的北部方言使用人口2千(1988),西南部的西南方言使用人口2千2百(1983)。

51. 乌利比武—瓦拉—拉诺语(Uripiv-Wala-Rano)

乌利比武—瓦拉—拉诺语分布在马勒库拉岛及邻近的小岛上,有乌利比武、瓦拉—拉诺等方言,使用人口6千(1988)。

52. 瓦奥语(Vao)

瓦奥语分布在马勒库拉岛北边的瓦奥岛,使用人口1千3百(1983)。

53. 白沙语(Whitesands)

白沙语分布在坦纳岛的东部沿海地区,有两种方言,使用人口3千5百(1988)。

七 密克罗尼西亚和马绍尔群岛

1. 加洛林语(Carolinian, Saipan Carolinian)

加洛林语分布在塞班岛(Saipan)、帕甘岛(Pagan)和阿格里汉岛(Agrihan),使用人口2千5百(1981)。

2. 卡平阿马朗伊语(Kapingamarangi)

卡平阿马朗伊语分布在波那佩岛(Ponape),使用人口 3 千(1995)。

3. 库沙伊埃语(Kusaie, Kosrae)

库沙伊埃语分布在库沙伊埃岛和加洛林群岛,使用人口 6 千 9 百(1993)。

4. 莫基尔语(Mokil)

莫基尔语分布在加洛林群岛东边的莫基尔阿托尔岛(Mokil Atoll),使用人口 1 千(1993)。

5. 莫特洛克语(Mortlock)

莫特洛克语分布在莫特洛克岛,有上莫特洛克、中莫特洛克和下莫特洛克 3 种方言,使用人口 5 千 9 百(1989)。

6. 帕芳语(Paafang)

帕芳语分布在霍尔群岛(Hall),使用人口 1 千 3 百(1989)。

7. 平厄拉普语(Pingelap, Pingilapese)

平厄拉普语分布在波那佩岛,使用人口 2 千 5 百。

8. 波那佩语(Ponape, Ponapean)

波那佩语分布在加洛林群岛的波那佩岛上,有基梯(Kiti)、波纳佩和沙普阿哈菲克(Sapwuahfik)3 种方言,使用人口共 1 千 3 百

(1989)。

9. 普卢瓦特语(Puluwat)

普卢瓦特语分布在加洛林群岛的普卢瓦特等岛屿,有普卢瓦特、普拉比(Pulapese)和普卢苏克3种方言,使用人口1千3百(1989)。

10. 特鲁克语(Truk, Ruk, Trukese)

特鲁克语分布在特鲁克群岛,有东环礁(East Lagoon)、特鲁克和法耶楚克3种方言,使用人口2万2千(1981)。

11. 乌列梯语(Ulithi)

乌列梯语分布在加洛林群岛的乌列梯等岛屿,使用人口3千(1987)。

12. 沃勒阿伊语(Woleain, Wolean)

沃勒阿伊语分布在加洛林群岛东部的沃勒阿伊等岛屿,使用人口1千6百(1987)。

13. 雅浦语(Yapese)

雅浦语分布在加洛林群岛的雅浦等10个岛屿上,使用人口6千6百(1987)。

14. 马绍尔语(Marshallese, Ebon)

马绍尔语分布在马绍尔群岛,有拉列克(Ralik)和拉他克

(Ratak)两种方言,使用人口 4 千 4 百(1979)。

八 新喀里多尼亚和太平洋其他地区

分布在太平洋西部帕劳群岛和关岛上的帕劳语、查莫罗语,依照西方学者 20 世纪 90 年代的意见,划归马来—玻利尼西亚的西部语支,其他的语言的划归东中部语支。

1. 帕劳语(Palau)

帕劳语分布在帕劳群岛和关岛,使用人口 1 万 5 千(1991)。

2. 查莫罗语(Chamorro, Tjamoro)

查莫罗语分布在关岛和马里亚纳群岛北部,使用人口 6 万 2 千(1991)。

3. 吉尔伯特语(Gilbertese, Kiribati)

在基里巴斯,吉尔伯特语有 5 万 8 千人在使用(1987);部分使用者居住在图瓦卢及斐济等地。

4. 图瓦卢语(Tuvalu)

图瓦卢语分布在图瓦卢,有南北两种方言,使用人口共 8 千 4 百(1987)。

以下 17 种语言分布在新喀里多尼亚。

5. 阿杰语(Ajie, Anjie)

阿杰语分布在瓦伊卢(Houailou),使用人口 5 千(1982)。

6. 科木希语(Cemuhi, Camuki)

科木希语分布在图奥(Touho),使用人口 2 千 5 百(1982)。

7. 德胡语(Dehu, Drehu, Lifou)

德胡语分布在利富岛(Lifou),两种方言(Losi, Wete),使用人口 1 万 5 千(1991)。

8. 杜姆贝阿语(Dumbea, Ndumbea, Naa Dubea, Dubea, Drubea)

杜姆贝阿语分布在帕依塔(Paita)西部沿海等地,使用人口 1 千 4 百(1982)。

9. 富图纳语(Futuna)

新喀里多尼亚有 3 千人使用富图纳语(1986)。

10. 佛埃语(Fwai, Poai, Yengen)

佛埃语分布在新喀里多尼亚延根(Hienghene)地区的东海岸,使用人口 1 千(1982)。

11. 牙埃语(Iaai, Iai)

牙埃语分布在乌韦阿岛(Ouvea),使用人口 2 千 2 百(1982)。

12. 爪哇语(Javanese)

新喀里多尼亚爪哇语分布在新喀里多尼亚的努美阿(Noumea),使用人口 6 千 7 百(1987)。

13. 南密语(nami)

南密语分布在新喀里多尼亚延根区(Hienghene)北部河谷等地,使用人口6百(1982)。

14. 能恩厄语(Nengone, Mare)

能恩厄语分布在马雷(Mare)和洛亚蒂群岛(Loyalty),使用人口6千(1982)。

15. 努梅语(Numee, Naa Numee, Kapone)

努梅语分布在牙特岛(Yate)等地,使用人口1千8百(1982)。

16. 帕伊西语(Paici, Paaci, Pati)

帕伊西语分布在浦安迪美耶(Poindimie)和波内里旺(Ponerihouen)之间的东海岸和内地,使用人口5千5百(1982)。

17. 乌韦阿语(Ouvean, Uvean)

乌韦阿语分布在乌韦阿岛和洛亚蒂岛北部,使用人口1千8百(1982)。

18. 瓦尔利西语(Wallisian, East Uvean)

瓦尔利西语分布在努美阿,使用人口9千(1982)。

19. 哈拉朱乌语(Xaracuu)

哈拉朱乌语分布在新喀里多尼亚的卡纳拉地区,使用人口3千5百(1982)。

20. 雅拉峪语(Yalayu)

雅拉峪语分布在巴拉比奥岛(Balabio)和贝莱普群岛(Belep),有雅拉峪和贝莱普两种方言,使用人口 1 千 2 百(1974)。

21. 峪阿加语(Yuaga,Juanga,Nyua)

峪阿加语分布在戈门(Gomen)和邦德(Bonde),使用人口 2 千(1991)。

以下是分布在太平洋中部斐济、汤加、萨摩亚及库克群岛的语言。

22. 斐济语(Fiji,Eastern Fiji)

斐济语主要分布在斐济,有 4 种方言。斐济维提岛(Viti Levu)的居民以斐济语为母语,其他地区的居民以其为第二语言。以斐济语为母语的居民有 33 万(1996)。

23. 西部斐济语(Western Fiji,Nadroga)

西部斐济语分布在瓦雅(Waya)和楠德龙加(Nadroga),有瓦雅和楠德龙加两种方言,使用人口 5 万 7 千(1977)。

24. 坎达武语(Kadavu)

坎达武语分布在斐济群岛的坎达武岛,使用人口 1 千(1981)。

25. 劳安语(Lauan,Lau)

劳安语分布在斐济群岛东部,有两种方言(Lau,Vanu Balavu),使用人口 1 万 6 千(1981)。

26. 罗图马语（Rotuman, Rotuna）

罗图马语分布在罗图马岛，使用人口 9 千(1991)。

27. 纽阿托普塔普语（Niuatoputapu）

纽阿托普塔普语分布在汤加的纽阿托普塔普岛，使用人口 1 千 6 百(1981)。

28. 汤加语（Tonga, Tongan）

汤加语主要分布在汤加，使用人口 10 万 3 千(1987)。新西兰等地另有使用者数千人。

29. 萨摩亚语（Samoan）

萨摩亚语的使用者有 14 万，分布在（西）萨摩亚(1987)，6 千分布在美属萨摩亚（American Samoa），新西兰 1 万 9 千(1976)。

30. 拉罗汤加语（Rarotongan）

拉罗汤加语除了分布在库克群岛外还分布在波利尼西亚、新西兰，有多种方言，使用人口共 4 万 3 千(1976)。

31. 拉卡杭加—马尼黑基语（Rakahanga-Manihiki）

拉卡杭加—马尼黑基语使用人口半数在库克群岛，其余在新西兰，一共约 5 千(1981)。

32. 夏威夷语（Hawaii, Hawaiian）

夏威夷语主要分布在夏威夷群岛，以其为母语者有 1 千人

(1995),能说和听得懂的人共 8 千(1993)。

33. 芒加勒瓦语(Mangareva, Mangarevan)

芒加勒瓦语分布在波利尼西亚的甘比尔群岛(Gambier),使用人口 1 千 6 百(1987)。

34. 奥斯特拉尔语(Austral)

奥斯特拉尔语分布在奥斯特拉尔群岛的土布艾岛等地,有鲁鲁土(Rurutu)、土布艾等 4 种方言,使用人口 8 千(1987)。

35. 马克萨斯语(Marquesan)

马克萨斯语分布在马克萨斯群岛及塔希提岛,有南北两种方言,方言内部有不同的土语。北部方言人口 3 千 4 百,南部方言人口 2 千 1 百(1981)。

36. 土阿莫图语(Tuamotu)

土阿莫图语分布在土阿莫图和塔希提岛,有多种方言,使用人口 1 万 4 千 4 百(1987)。

37. 塔希提语(Tahitian)

塔希提语分布在塔希提岛、社会群岛(Society)和土阿莫图群岛等地,在塔希提使用者有 11 万 7 千(1977)。

38. 拉巴努伊语(Rapanui)

拉巴努伊语分布在复活节岛、智利及塔希提岛。在复活节岛,使用者有 2 千 2 百(1982);在智利和塔希提,使用者约二三百人。

39. 毛利语(Maori)

新西兰北岛(North Island)的北端和东部沿海地区大约有 5 万至 7 万人使用毛利语,整个太平洋地区约有 31 万人在使用毛利语(1995),共 7 种方言。

40. 纽埃语(Niue,Niuean)

纽埃地区有 2 千 2 百人使用纽埃语(1991),另外还分布在新西兰。

九 东南亚和马达加斯加

1. 占语(Cham,Tjam,Chiem)

占语东部方言又称为藩朗占语(Phan Rang),分布在越南的藩朗和藩离(Phan Ri)等地,使用人口 3 万 5 千(1990)。

占语西部方言主要分布在柬埔寨,使用人口为 22 万(1992)。另外还分布在越南的朱笃(Chau Doc,Chau Phu)和西宁(Tay Ninh),使用人口为 2 万 5 千(1990)。

2. 朱鲁语(Chru,Churu,Rai,Cru,Kru)

朱鲁语分布在越南的林同省(Lim Dong),有莱和努昂(Noang,La-Dang)两种方言,使用人口 1 万 1 千(1993)。

3. 哈罗伊语(Haroi,Hrway,Bahnar Cham)

哈罗伊语分布在越南的富安(Phu Yen)、平定(Binh Dinh)和富本(Phu Bon)等省,使用人口3万5千(1988)。

4.加莱语(Jarai)

加莱语分布在越南的嘉莱—昆嵩省(Gia Lai-Cong Tum)和多乐省(Dac Lac),有多种方言,使用人口24万2千(1989)。

5.雷德语(Rade, Rhade)

雷德语分布在越南的多乐省和富庆省(Phu Khanh)等地,有多种方言,使用人口19万5千(1993)。

6.洛嘉莱语(Roglai)

洛嘉莱语分布在越南。卡克加方言(Cacgia)分布在藩朗省东北的沿海地区,使用人口2千(1973)。

洛嘉莱语的北部方言又称为拉德莱语(Radlai, Adlai),分布在芽庄(Nha Trang)西部和南部山区等地,使用人口2万(1981)。

南部方言分布在顺海省(Thuan Hai)等地,使用人口2万(1981)。

7.马达加斯加语(Malagasy)

马达加斯加语分布在马达加斯加,标准语(Sdandard Malagasy),有多种方言,使用人口939万(1993)。

安坦伽拉那马达加斯加语(Antankarana)分布在马达加斯加的安塔那那利佛(Antananavivo),使用人口8万8千(1996)。

马达加斯加南部的南部马达加斯加语使用人口260万

(1996)。

马达加斯加中北部的兹梅赫梯马达加斯加语(Tsimehety),使用人口 101 万(1996)。

主要参考文献

凌纯声《东南亚古代文化研究发凡》,《中国边疆民族与环太平洋文化》,台湾联经出版事业公司,1979年。

凌纯声《东南亚古代文化研究发凡》,《中国古代几种玉石兵器及其在太平洋地区的种类》,台湾联经出版事业公司,1979年。

凌纯声《南洋土著与中国古代百越民族》,《中国边疆民族与环太平洋文化》,台湾联经出版事业公司,1979年。

凌纯声《中国台湾与东亚的巴图石匕兵器及其在太平洋与美洲的分布》,《中国边疆民族与环太平洋文化》,台湾联经出版事业公司,1979年。

丁邦新《古卑南语的拟测》,《历史语言研究所集刊》第四十九本第三分,1978年。

何大安《论鲁凯语的亲属关系》,《历史语言研究所集刊》第五十四本,1983年。

陈叔倬、许木柱《台湾原乡论的震撼——族群遗传基因资料的评析》,Paul Jen-kuei Li, Some Remarks on Austronesian Origins,《语言暨语言学》第二卷第一期。

《台湾南岛民族的扩散图说明》,《语言暨语言学》第二卷第一期。

《南岛民族的前身》地图说明,《语言暨语言学》第二卷第一期。

林妈利《从DNA的研究看台湾原住民的来源》,《语言暨语言学》第二卷第一期。

臧振华《谈南岛民族的起源和扩散问题》,《语言暨语言学》第二卷第一期。

吴春明《粤闽台沿海的彩陶及相关问题》,《中国考古学会第九次年会论文集》,文物出版社,1997年。

杨式挺《广东新石器时代文化与毗邻原始文化的关系》,《中国考古学会第七次年会论文集》,文物出版社,1992年。

傅宪国《论有段石锛和有肩石器》,《考古学报》1988年第1期。

李壬癸《台湾南岛民族的族群与迁移》,台湾常民文化事业股份有限公司,1997年。

李壬癸《台湾原住民史·语言篇》,台湾省文献委员会编印,1999年。

陈康《台湾高山族语言》,中央民族大学出版社,1992年。

陈康、马荣生《高山族语言简志(排湾语)》,民族出版社,1986年。

何汝芬、曾思奇等《高山族语言简志(布嫩语)》,民族出版社,1986年。

何汝芬、曾思奇等《高山族语言简志(阿眉斯语)》,民族出版社,1986年。

陈康、许进来《台湾赛德克语》,华文出版社,2001年。

何大安、杨秀芳《南岛语与台湾南岛语》,远流出版有限公司,2000年。

郑贻青《回辉话研究》,上海远东出版社,1997。

钟礼强《昙石山文化研究》,岳麓书社,2005年。

梁敏、张均如《侗台语概论》,中国社会科学出版社,1995年。

吴安其《汉藏语同源研究》,中央民族大学出版社,2002年。

Paul Jen-kuei Li, *Reconstruction of Proto-Atayalic Phonology*,《历史语言研究所集刊》第五十二本第二分,1981年。

Barbara F. Grimes, *Ethnologue Language of the World*, Eleventh Edition, Summer Institute of Linguistics, Dallas, Texas, 1988.

Darrell T. Tryon, *The Austronesian, Comparative Austronesian Dictionary*. An Introduction to Austronesian Study, Berlin, New York, 1995.

Otto Christian Dahl, *Proto-Astronesian*, Studentlitteratur Curzon Press, 1977.

Isidore Dyen, *The Proto-Malayo-Polynesian*, Yale University, 1953.

Blust 1979, Darrell T. Tryon, The Austronesian, Comparative Austronesian Dictionary, An Introduction to Austronesian Study.

C. D. McFarland 1980, 1983, M. Ruhlen 1987. Darrell T. Tryon, *The Austronesian, Comparative Austronesian Dictionary*, An Introduction to Austronesian Study.

Lynch-Tryon 1985, Darrell T. Tryon, *The Austronesian, Comparative Austronesian Dictionary*, An Introduction to Austronesian Study.

Robert Blust, *Subgrouping, Circularity and Extinction: Some Issues in Austronesian Comparative Linguistics*, Selected Paper from the Eighth International Conference on Austronesian Linguistics, Taipei 1999.

Rev. W. G. Lawes, F. R. G. S., *Grammar and Vocabulary of Language Spoken by Motu Tribe*, 1888.

Andrew Pawley, *Chasing Rainbows: Implications for the Rapid Dispersal of Austronesian Languages for Subgroup and Reconstruction*, Selected Paper from the Eighth International Conference on Austronesian Linguistics, Taipei 1999.

Graham Thurgood, *From Ancient Cham to Modern Dialects*, University of Hawaii press, 1995.